U0864932

刚果（金）麦托科尔尾矿处理厂尾矿回收项目（二期）全景

刚果（金）腾科-丰谷鲁美矿业项目全景

刚果（金）卡莫阿铜矿项目750t料仓

刚果（金）卡莫亚铜钴矿二期工程氧化矿项目
逆流洗涤车间全景

“一带一路”合规经营
系列丛书

工程建设企业境外合规经营指南

刚果（金）

中国施工企业管理协会
中国十五冶金建设集团有限公司 | 编著

中国市场出版社
China Market Press
·北京·

图书在版编目（CIP）数据

工程建设企业境外合规经营指南. 刚果（金）/ 中国施工企业管理协会，中国十五冶金建设集团有限公司编著. — 北京：中国市场出版社有限公司，2023. 9

（“一带一路”合规经营系列丛书）

ISBN 978 - 7 - 5092 - 2466 - 3

Ⅰ. ①工… Ⅱ. ①中… ②中… Ⅲ. ①建筑企业-对外投资-工业企业管理-中国-指南 Ⅳ. ①F426. 9-62

中国国家版本馆 CIP 数据核字（2023）第 171847 号

工程建设企业境外合规经营指南：刚果（金）

GONGCHENG JIANSHE QIYE JINGWAI HEGUI JINGYING ZHINAN：GANGGUO（JIN）

编　　著：中国施工企业管理协会 中国十五冶金建设集团有限公司

责任编辑：王雪飞

出版发行：中国市场出版社

社　　址：北京市西城区月坛北小街 2 号院 3 号楼（100837）

电　　话：（010）68034118/68021338

网　　址：http：//www. scpress. cn

印　　刷：河北鑫兆源印刷有限公司

规　　格：145mm×210mm　　32 开本

印　　张：10. 75　　**字　　数**：280 千字

版　　次：2023 年 9 月第 1 版　　**印　　次**：2023 年 9 月第 1 次印刷

书　　号：ISBN 978 - 7 - 5092 - 2466 - 3

定　　价：68. 00 元

版权所有 侵权必究　　印装差错 负责调换

《工程建设企业境外合规经营指南：刚果（金）》

编 委 会

主　　任： 曹玉书

副 主 任： 尚润涛　李清旭　郑学选　王海怀
汪建平　周育先　陈　云　戴和根
徐鹏程　蒋德军　汪桃义　白小虎
张　建　裴宏伟　叶卫东　蔡典维
沈德法　宫长义　张桂玉　梁　亮

主　　编： 曹玉书　梁　磊

执行主编： 孙晓波　马玉宝　王武民　张长春
王　锋　喻振贤　蒋　雷　黄　辉

参编人员： 韩　磊　翟绍燚　徐建华　高　远
魏子育

专家审核组成员：

马燕冰　中国现代国际关系研究院研究员
徐大伟　中国施工企业管理协会合规顾问
何　胜　对外经贸大学教授
章旭彦　中国施工企业管理协会合规顾问
彭世红　中建国际建设有限公司副总经理

岐温华　中国电建集团海外投资有限公司总法律顾问
　　　　兼首席合规官
张　磊　中国土木工程集团有限公司中土研究院副院长
宋玉祥　上海市建纬（北京）律师事务所高级合伙人
张明明　中国石油天然气第一建设有限公司
　　　　企管法规部经理
张玉金　江西中煤建设集团有限公司企业管理部部长、
　　　　合规办公室主任

PREFACE
序言

“一带一路”倡议是顺应全球治理体系变革，彰显同舟共济、命运与共意识的国际公共产品。作为完善全球治理体系、推动构建人类命运共同体的中国方案，共建“一带一路”已经成为171个国家和国际组织开展国际合作的新模式，正在向高质量共建的阶段迈进。

共建“一带一路”在完成总体布局的基础上，聚焦重点、深耕细作，扎实推进项目实施，累计开展了3000多个项目，可圈可点的成果、实实在在的好处，让“一带一路”朋友圈不断扩大。中国企业参与“一带一路”建设的程度也越来越深入，面临的市场环境越来越复杂，合规经营在企业可持续发展中也显得越来越重要。

为更好地帮助企业提高合规经营管理水平，有效防范及化解经营风险，早在2017年5月，习近平总书记就中国企业合规经营问题，在中央全面深化改革领导小组会议上，明确指出加强企业海外经营行为合规制度建设的必要性。2018年7月1日，国家标准《合规管理体系指南》（GB/T 35770—2017）正式实施；2018年11月2日，国务院国资委《中央企业合规管理指引（试行）》发布实施；2018年12月26日，国家发展改革委正式发布《企业境外经营合规管理指引》，为中国企业更好地开展境外经营业务、建立合规管理体系和制度，提供了官方的指导意见。

中国施工企业管理协会基于工程建设行业的实践经验和研究成果，联合 12 家会员单位，在国家发展改革委区域开放司的指导下，出版《工程建设企业境外合规经营指南》（以下简称《指南》），结合企业自身情况，以丰富翔实的案例，系统地从市场环境、通用规则、国别规则以及示范项目等角度展示了中国企业在境外稳扎稳打、开拓进取的合规发展历程，具有针对性、实务性和系统性的特点，是一套指导性非常强的工具书。

《指南》的出版有利于帮助广大施工企业适应国际工程承包自由化、便利化的市场环境，引导企业以实现行业高质量发展为目标，期望通过树立境外合规经营优秀典型，分享境外合规运营经验，帮助企业完善合规运营体系，形成合规文化，提升企业在国际市场中的竞争力。同时，在更广泛的范围倡议共建“一带一路”的企业，增强机遇意识和风险意识，夯实基础，固牢底线，趋利避害，在发展中不断前进，在合作中茁壮成长。

曹玉书

2021 年 12 月

PREFACE
前言

合规经营是一个企业稳健运营的内在保证，是防范违规风险的基本前提，更是企业经营管理必须坚守的底线。近年来，随着“一带一路”倡议引领国际合作向前发展，企业海外合规经营也是我国坚持对外开放、实现高质量发展的要求，对于培育具有全球竞争力的世界一流企业、做大做强海外投资业务具有重要意义。

近年来，习近平总书记多次对强化企业合规作出指示，要求企业在合法合规中提升竞争力。建立有效合规管理体系，实现依法合规经营，是中央企业必须履行的政治责任、经济责任和社会责任，是一件“必须要做、并且一定要做好”的事情。

国家发展改革委、商务部、国务院国资委等多部委关于企业经营行为合规管理文件、规定的密集出台，特别是《中央企业合规管理办法》的出台，响应了党中央提出的加快建设世界一流企业的目标，为企业合规经营提供了法治工作保障；在当前国际竞争越来越体现为规则之争、法律之争的大背景下，为企业应对日趋复杂、严峻的国内外环境和风险挑战提供了法治支撑；为企业加快提升依法合规经营管理水平，确保改革发展各项任务在法治轨道上稳步推进提供了坚实基础。

强化合规管理是企业在新发展阶段迈向高质量发展的必然要求，是实现稳健经营的现实需要。

1973 年、1988 年和 1999 年，中刚两国政府曾 3 次签订双边贸易协定。根据现行协定，双边贸易以可兑换货币支付，并相互给予最惠国待遇。1984 年两国政府签订了关于成立经济、贸易和技术合作混合委员会的协定，迄今已召开了 8 次会议。2011 年 8 月 11 日，两国政府在金沙萨签署《关于促进和保护投资协定》，经双方履行国内法律程序，该协定于 2016 年 11 月 17 日起生效。特别是 2000 年以后，随着刚果（金）政局逐步恢复稳定，中资企业重新进入刚果（金）市场，中刚投资合作业务呈现全面快速发展的良好势头。当前，规范指导企业在刚果（金）以及全球市场坚持合规经营显得更加重要。

中国十五冶金建设集团有限公司（简称十五冶）是国务院国资委直管的中央企业——中国有色矿业集团有限公司的全资子公司，是一家以建筑业为主业、采矿业和贸易业多元发展的大型国有企业集团。

多年来，十五冶按照党中央培育具有全球竞争力的一流企业的要求，坚持实施“走出去”战略，在中国有色矿业集团有限公司的大力支持下，紧跟国家“一带一路”倡议，在哈萨克斯坦、沙特阿拉伯、白俄罗斯、赞比亚、安哥拉、刚果（金）、阿尔及利亚、缅甸、蒙古、俄罗斯、厄瓜多尔等 30 多个国家承接了 200 多个工程项目，为“一带一路”沿线国家建设了一大批工业建筑和民生工程。在长期国际化发展过程中，十五冶积累了海外工程项目管理的经验，工程建设行业海外合规经营的意识也不断加深。

十五冶致力于严格遵守相关法律法规，学习和借鉴国际先进的管理理念和实践，健全和完善风险控制体系，提升风险管控能力，并结合刚果（金）工程项目建设特点，建立起切实有效的合规管理体系和制度。

现将在刚果（金）多年来积累的合规管理经验集结成册，希望能够帮助更多在刚果（金）发展的企业避免产生违规行为，积极应对和化解各种潜在风险，与更多的中国工程建设企业一起在“一带一路”的道路上实现高质量发展。

CONTENTS
目录

Chapter 1

第一章

境外工程建设合规管理的重要性

“合规”一词源自英文 compliance，是指企业行为符合法律法规及其内部规章制度和商业道德的要求。企业合规管理本质上是对企业内部的自我管理提出了要求，不仅要求其合法合规，还要求其遵守企业自己制定的规章和社会承认的商业道德。近年来，随着中国“走出去”战略、“一带一路”倡议的推动，越来越多的企业走出国门，开始广泛参与跨国经营，而与此同时，越来越多的中国企业遭受海外合规处罚，引发了国内企业对于合规问题的关注和思考。

一、合规的起源

（一）企业合规思想的起源

合规思想最早可追溯到成立于1906年的美国食品和药物管理局（FDA）当时对食品和药物安全的监管，这促使部分企业开始将合规视为企业运营的一部分。20世纪50年代，英国为发展外向型经济，向外扩张本土企业。尽管当时的英国法律以及各个行业的规章制度相对比较完善，但对外投资要做到"入乡随俗"，英国本土的法规、企业规章和文化理念等已不适用于投资所在国。在此背景之下，从国家、行业和人员三个层面考虑，英国率先推出合规。

（二）企业合规体系的诞生

20世纪60年代，因电气设备行业龙头企业的垄断行为，美国开始反垄断大潮，政府在该领域重拳出击，合规管理随着美国《反托拉斯法》（反垄断法）的实施而得到了普及，在当时促使很多企业开始建立反垄断合规体系。

（三）企业专项合规体系的建设

20世纪70年代，为应对这一时期出现的系列财务丑闻，美国证券交易委员会在1977年颁布了《反海外腐败法》，要求上市公司在贿赂、回扣、记账和其他方面执行合规政策。《反海外腐败法》在合规的世界发展史上具有标志性意义。一方面是因为该法在反腐败领域具有广泛的域外管辖效力，至今仍然是悬在各跨国企业头上的"达摩克利斯之剑"；另一方面是因为该法要求企业对资金往来进行准确的会计记录，从而直接介入了企业财务内控体系的建设。

1986 年，美国发布了《环境审计政策声明》，将企业环保作为合规工作要点，鼓励公司对设备使用是否符合环保要求进行系统、定期和客观的检查，以确保公司合规体系的有效性，发现潜在的环保违规问题。同一年，美国军火企业联合起草了《国防工业的商业伦理与企业活动精神》，将自觉履行合规管理制度作为企业自律的要求。1988 年，美国又通过了《内幕交易与证券欺诈取缔法》，进一步防止证券内幕交易。这一系列专项法案的制定推动了企业在问题领域专项合规体系的建设。

二、合规体系的成形与完善

（一）企业合规体系的成形

20 世纪 90 年代以前的合规管理多集中在某些具体领域，从 20 世纪 90 年代开始，企业全面合规体系建设逐渐成形。标志性的事件是 1991 年美国量刑委员会发布《针对机构实体联邦量刑指南》（简称《量刑指南》）。

《量刑指南》主张将机构实体是否具备完善的合规体系作为减轻刑事责任的重要考量。该指南的出台标志着现代合规理念与合规标准的成形。企业按照《量刑指南》的合规标准审查现有合规体系或建立新合规体系。

1992 年，关于通过控制危险废物跨越国境的转移和处置来防止危险废物对环境和人体健康造成危害的全球性国际公约——《巴塞尔公约》开始生效，目前已经有 187 个国家签署。

1995 年，联合国首次提出“全球契约”的构想，号召企业以承诺遵守国际行为准则的方式，使经济活动兼顾社会公益，承担相关社会责任。2004 年，“全球契约”扩充形成人权、劳工标准、环境、反贪污四个方面的十项基本原则。

1997 年，经济合作与发展组织（OECD，简称经合组织）成员国达成《反对国际商业活动中向海外政府官员行贿行为公约》。

（二）企业合规体系的规范

2001—2002 年，安然有限公司和世界通信公司等企业发生财务造假丑闻，暴露出美国上市公司治理和财务审计方面存在的严重问题。为加强公司监管、重振投资者信心，美国国会于 2002 年通过《萨班斯-奥克斯利法案》（简称《萨班斯法案》），对美国上市公司财务监管中存在的问题作出了针对性规定。

《萨班斯法案》适用于所有在美国上市和准备赴美上市的公司，包括外国公司，如中国的阿里巴巴、网易等，因而对世界范围内的企业经营和合规管理产生了深远影响。

2004 年，巴塞尔银行监管委员会颁布《巴塞尔协议》，鼓励银行不仅要识别当前的风险，而且要识别将来的风险，并且改进现有的风险管理体系来管理这些风险。2005 年，巴塞尔银行监管委员会又发布了《合规与银行内部合规部门》高级文件。

这一时期对合规发展产生重要影响的，还包括 2004 年修订后的《针对机构实体联邦量刑指南》。修订后的《量刑指南》为评估合规体系的有效性规定了更为细致和严格的要求，包括但不限于：培养诚信合规的组织文化、强调管理层对合规体系的监督、加强员工合规培训和宣介、建立内外部风险评估机制等内容。

（三）企业合规体系的发展和完善

肇端于 2007 年的次贷危机席卷全美。为遏制金融违规、挽回公众信任，美国国会于2010年通过了《多德-弗兰克华尔街改革和消费者保护法案》。该法案的规则覆盖了几乎整个金融业和国民经济，旨在改善金融业责任制和透明度，避免再次发生经济危机，是美国金融业自大萧条以来最为深远的一次改革。

反腐败合规在这一阶段再次成为热点。以美国对德国西门子公司的反腐败执法案为代表，美国司法部和证券交易委员会在这一时期对大量跨国公司进行了反腐败调查和执法。受《反海外腐败法》巨额罚款的警示（西门子被罚约16亿美元）和会计条款的要求，众多企业开始不断加强自身的反腐败合规体系建设。

2010年，《量刑指南》再次修订，此次修订强调了合规官的独立性，对企业合规体系建设产生了不小的影响。

2010年，经合组织颁布《内控、道德与合规最佳行为指南》，要求企业制定明确的政策来禁止海外贿赂，制定针对所有员工的合规执行体系、相关交流和培训机制、完善的举报制度等。

2014年，国际标准化组织发布实施了《合规管理体系 指南》（ISO 19600），将合规管理分为建立和改进两部分，包括确定合规范围、建立合规方针、评估合规风险、制订应对计划、实施和控制、评估和报告、持续改进等阶段，为所有规模和类型的企业建立有效的合规管理体系提出了指导性建议。

2014年，亚太经合组织通过了《北京反腐败宣言》《亚太经合组织预防贿赂和反贿赂法律执行准则》《亚太经合组织高效率公司合规项目基本要素》。

2016年，国际标准化组织颁布了《反贿赂管理体系——要求和使用指南》（ISO 37001：2016），对于企业运营当中可能存在的不正当的利益往来行为，阐述了预防、发现和应对措施。

2017 年，美国司法部发布的《合规管理体系评估》罗列了问题样本清单，企业可以对照这份清单，对自身合规管理体系的充分性和效能进行评估。

2019 年，《量刑指南》更新版明确提出了 12 项评估合规体系有效性的指标，并在《商业组织联邦起诉原则》中明确提出了 3 个评价标准：合规体系是否设计良好？是否有效实施？是否实际发挥作用？

2021 年，国际标准化组织的《合规管理体系 要求及使用指南》（ISO 37301：2021）正式发布实施。ISO 37301 规定了组织建立、运行、维护和改进合规管理体系的要求，并提供了使用指南，适用于全球任何类型、规模、性质和行业的组织。

到目前为止，经营合规的概念已经深入商业领域的各个方面，各个国际组织都为构建全世界范围内公平、公正的合法合规经营环境不断努力着。而反过来对企业而言，经营风险不可能完全杜绝，但却可以利用已尽合规义务的规则来保护自身，并且利用合规管理规则来加强企业建设。可以说，合规潮流不可逆，主动拥抱使用才是正确的做法。

点评：

从合规的起源到完善成形这近一个世纪的发展历程之中，我们可以看到企业的合规从最初经济法的各领域，如反垄断法、证券和金融监管以及跨国商业行为，到现在已经扩展到经济和社会规制的各个领域。它从不同的企业和部门兴起，从最开始的分流和不同目标，到 20 世纪 90 年代，最终汇总成干流，初步形成相对完整的体系，而目前已经成为各国家、地区乃至全球商业组织和法律部门的共享制度。每一次合规的演变都是各个历史大事件迭代的结果，各个国家和组织都努力地从失败事件中总结经验，逐步完善并形成达成共识的合规规范。

站在企业的立场上，合规更多和“风险管理”“内控体系”联系在一起。对于风险事件而言，每一个风险事件有危又有机，危与机是共存的孪生兄弟。每一个风险事件，不只是事故，同时也是改进的契机，是推动前进的最深刻动力。因此，每个企业经营者都应充分意识到以下几点：

第一，合规要求不是对企业的约束，它最终的目标是引导全球商业环境朝健康有序、公平公正的方向发展。

第二，只有融入全球商业规则中，成为其中合格的一分子，才能接入全球的供应链环境，获取更多的业务机会，同时也能规避更多的风险。可以说，企业成为“合规组织”是参与全球竞争的最基本条件。

第三，注重企业发展过程中或者同行业中的每一次大事件，这是完善企业运行机制，规避运营风险的最好时机。

“走出去”与“全球性协作”是不可逆转的趋势，因时势而勃发的中国合规管理成为我国各个企业在国际化进程中的实践热点。但是源于美国并扩展到世界范围内的这一制度，在国内推行的时候的确有许多值得检讨的地方。中国式的公司治理、法治水平和大陆法系的制度局限性，限制了合规作用的发挥。然而，相对于开拓者，我们是幸运的，可以站在前人的肩膀上去处理合规问题。我们还需要不断地完善合规管理和制度，这正是我们向前迈进最正确的方向。

三、合规管理的基本概念

合规是指企业及其员工的经营管理行为符合有关法律法规、国际条约、监管规定、行业准则、商业惯例、道德规范和企业依法制定的章程及规章制度等要求，是企业通过制定合规政策，按照内部规范的要求统一制定并持续修改合规规范，监督内部规范的执行，以增强内部合规控制；对违规行为进行持续识别、监测、预警，防范、控制、化解合规风险的一整套管理活动和机制。

合规管理包括组织内部的自我审查和来自外部组织的监管，其主要内容包括（但不限于）：合规管理制度建设、合规文化建设、合规信息系统建设、合规咨询、合规培训、合规审核、合规审计、合规检查、合规考核、合规评价、合规报告、法律法规追踪、投诉举报处理、监管配合和合规问责等。

四、合规管理的意义

（一）中国当前合规管理的现状

合规管理理念和实践于 20 世纪 70 年代末由三资企业引入中国。就合规监管而言，我国也经历了由金融机构逐步向其他行业扩散的过程，目前我国政府对于企业合规管理体系的建设十分重视，要求各行业都应加强企业合规管理，完善企业合规建设。

2006 年 10 月，中国银监会颁布了《商业银行合规风险管理指引》，为商业银行合规风险的管理提出了指引。

2016 年 4 月，国务院国有资产监督管理委员会印发了《关于在部分中央企业开展合规管理体系建设试点工作的通知》，指出企业合规管理在中国移动、中国石油、东方电气集团、招商局集团、中国中铁等 5 家中央企业开始试点。

然而，和跨国企业相比，中国企业在合规问题的处理上相对落后，很多中小企业乃至部分大企业甚至都不知道合规管理的概念，而相对重视合规管理的企业，如华为、中兴和中国铁建等，其合规管理体系的构建也还处于起步阶段。我国对企业经营合规方面的相关法律法规也正在逐步完善过程中。

2008 年以来，中国企业大规模“走出去”，因为对国际上通行规则与非通行规则的认识不足或者理解不到位而产生了大量不合规的商业行为，导致企业受到经营所在地政府或者国际组织的制裁，这不仅给企业造成经济与声誉损失，还给中国企业国际形象带来负面影响。

在 2018 年，中兴通讯被美国政府处罚 14.9 亿美元的同时，被列入美国禁售制裁名单，几乎濒临倒闭。同样是中国通信行业领头羊的华为也一直受到美国相关监管机构的调查。

近年来，随着中国企业国际化程度逐步加深，我国“一带一路”倡议持续推进，更多的中国企业，尤其是工程建设、工程服务类企业，参与到世界银行以及其他国际多边开发机构贷款项目的投标、建设及服务中。然而，自 2019 年新冠疫情暴发以来，贸易保护主义日渐盛行、民粹主义不断抬头，部分地区地缘政治紧张局势难见缓解，大国政治博弈进一步加剧。受台海问题、新疆问题、印巴问题、南海问题以及 2022 年愈演愈烈的俄乌局势影响，欧美部分国家或组织为打击我国经济社会的发展，对我国在海外上市、经营的企业或项目开展过度的审核与监管，这使中国企业面临的境外经营合规风险越来越大。

截至 2022 年 3 月 11 日，世界银行官网公布数据，尚在制裁名单上的中国企业和个人共计 196 个（不含港澳台），中国是受世界银行制裁企业数量最多的国家。这为“走出去”的中国企业在合规管理方面敲响了警钟。

（二）国家对企业境外经营合规管理的重视

国家对企业境外经营合规管理越来越重视。近年来陆续出台了规范企业境外经营行为、提升企业合规管理水平的方针政策，详见表1-1。

表 1-1　中国政府近年来发布的合规要求

时间	机　构	事　项
2010 年 8 月	商务部、外交部、国家发展改革委、公安部、国务院国资委、安全监管总局、全国工商联	·印发《境外中资企业机构和人员安全管理规定》 进一步加强新形势下境外中资企业机构和人员安全保护工作，保障“走出去”战略的顺利实施。
2011 年 7 月	国务院国资委	·发布《中央企业境外国有资产监督管理暂行办法》 目的是规范境外企业经营行为，维护境外国有资产权益，防止国有资产流失。
2013 年 2 月	商务部、环境保护部	·印发《对外投资合作环境保护指南》 引导企业积极履行环境保护社会责任，推动对外投资合作可持续发展。
2013 年 3 月	商务部	·印发《规范对外投资合作领域竞争行为的规定》 促进对外投资合作业务健康和可持续发展，规范企业海外经营行为，鼓励和保护公平竞争，杜绝不正当竞争行为，提升对外投资合作企业管理水平和竞争能力。

续 表

时间	机　构	事　项
2014 年 1 月	商务部、财政部	·审议通过《对外劳务合作风险处置备用金管理办法（试行）》 目的是规范对外劳务合作企业的经营行为，保障外派劳务人员合法权益。
2014 年 8 月	商务部	·审议通过《境外投资管理办法》 促进和规范境外投资，提高境外投资便利化水平。
2017 年 5 月	中央全面深化改革领导小组	·审议通过《关于规范企业海外经营行为的若干意见》 提出要“加强企业海外经营行为合规制度建设”。
2017 年 12 月	国家发展改革委、商务部、人民银行、外交部、全国工商联	·发布《民营企业境外投资经营行为规范》 从完善经营管理体系、依法合规诚信经营、切实履行社会责任、注重资源环境保护和加强境外风险防控等五方面对民营企业境外投资经营活动进行引导和规范。
2017 年 12 月	国家发展改革委	·审议通过《企业境外投资管理办法》 加强境外投资宏观指导，优化境外投资综合服务，完善境外投资全程监管，促进境外投资持续健康发展。
2017 年 12 月	国家质量监督检验检疫总局和国家标准化管理委员会	·发布《合规管理体系 指南》（GB/T 35770—2017/ISO 19600：2014） 为企业全面系统地建设合规管理体系提供了具体的指南。

续 表

时间	机 构	事 项
2018 年 8 月	推进“一带一路”建设工作 5 周年座谈会	强调企业应规范投资经营行为，合法合规经营，注意保护环境，履行社会责任，成为共建“一带一路”的形象大使。
2018 年 11 月	国务院国资委	·印发《中央企业合规管理指引（试行）》 对中央企业的合规管理体系建设提出了要求和建议。
2018 年 12 月	国家发展改革委等七部委	·发布《企业境外经营管理指引》 对于推动企业持续提升合规管理水平提供了更加具体的行动指引。
2021 年 8 月	国家市场监督管理总局和国家标准化管理委员会	·发布《合规管理体系 要求及使用指南》征求意见稿 该稿基于 ISO 37301：2021 进行修订并代替 GB/T 35770—2017。

在 2018 年 11 月举行的民营企业座谈会上，习近平总书记指出，要在合法合规中提高企业竞争能力，形成更多具有全球竞争力的世界一流企业。在第二届“一带一路”国际合作高峰论坛上，习近平主席进一步明确，共建“一带一路”要引入各方普遍支持的规则标准，推动企业在项目建设、运营、采购、招投标等环节按照普遍接受的国际规则标准进行，同时要尊重各国法律法规。李克强总理也曾在批示中强调，强化合规经营意识是企业“走出去”的前提。他还要求国家发展改革委、商务部、国务院国资委、外交部四部委调查中国企业“走出去”遇到的问题，指导企业特别是国有大中型企业在经营中遵规守

法，切实防范风险。

2021 年 12 月，国务院国资委发布《关于进一步深化法治央企建设的意见》，提出认真落实全面依法治国战略部署，持续深化法治央企建设，着力构建世界一流企业的合规制度体系，不断提升依法治企能力，助推企业高质量发展。2021 年 12 月 3 日，国务院国资委再次召开中央企业“合规管理强化年”工作部署会，强调中央企业必须把强化合规放到贯彻习近平法治思想的高度来认识，放到落实全面依法治国战略的全局来部署，放到保障企业高质量发展的层面来推动，力争通过一年时间推动企业合规管理工作，建立健全企业合规管理体系，真正发挥规范管理、防控风险、支撑保障的重要作用。

同时，中国政府也更加积极地参与全球反腐败与合规管理的国际合作。2014 年亚太经合组织（APEC）北京会议通过了《北京反腐败宣言》（简称《宣言》），中国是《宣言》的发起者和参与者。此外，中国还参与发起并通过了《亚太经合组织预防贿赂和反贿赂法律执行准则》《亚太经合组织高效率公司合规项目基本要素》等重要文件。同时，中国也积极加入各类世界级别的公约，如《联合国反腐败公约》《国际商务交易中打击勒索和贿赂行为准则》等。作为中国的企业，必然要顺应全球合规治理加强的大趋势，履行公约所规定的义务，积极预防和应对商业贿赂，树立和维护国家形象。

（三）中国企业境外经营合规管理的重要意义

合规管理是企业稳健经营运行的内在要求，也是防范违规风险的基本前提，是每一个企业都必须重视且进行管理的一部分，也是保障自身利益的有力武器。

合规管理可以防止决策失误。领导者的权限较大，再小的决策失误都有可能引发公司的多米诺效应。合规化管理能够通过约束高层领导人员的相关行为，最大限度地减少因决策失误而带来的经营风险。

合规化管理是规范员工行为的有效手段，通过建构科学的企业合规文化以及合规体系，有利于让员工养成合规化的习惯，避免违规风险。同时在制度层面向广大员工普及合规管理的相关条例，有利于让员工自觉自律地避免违规化操作。

对于境外经营的中国企业来说，合规管理还有着更多更高层次的意义。

1. 树立和维护国家形象的需要

跨国企业虽然具有国际性，并且遵循基本的商业逻辑行事，但在以国家为主体的当代世界中，让人产生的第一印象还是其国家形象。如果中国企业在“走出去”的时候能够塑造一个遵规、亲和、友善、负责的中国形象，就会减少许多冲突和困境。因此，建立合规体系并使其有效运行，是使企业所有商业活动始终保持合法合规的基本保障，是中国企业在境外经营时，树立和维护国家整体形象、提升企业国际声誉的最基本条件。

2. 文化融入的需要

在国际市场上，我国企业在工程建设领域技术方面的差距并不大，但在管理和文化层面还有很大差距。因此，建设与国际经营接轨的先进企业文化，转变思想观念、改变思维方式，成为我们参与国际竞争的关键因素。

在合规经营、反对腐败成为主流价值观的大背景下，我们首先要创新的就是合规文化。要把文化理念转变为行为，需要通过建立系统的制度，将合规要求融入具体的工作流程及岗位中，持之以恒地严格执行。将表面的合规管理逐渐变成习惯，形成一种严谨的行为方式。通过合规制度的建立与执行、合规文化的培育，将管理文化由任意型、粗放型向信誉型、集约型转变。

中国文化比较强调变通、灵活，有时候这是优点，有时候就容易出问题。企业要想真正融入国际大家庭，实现做强做优，就必须对我们的行为方式和道德文化进行认真反思和总结，学会遵守国际游戏规则，才有可能自立于世界大企业之林。

3. 市场竞争的需要

随着中国企业的发展壮大，一部分中国企业已处于发展变革的重要阶段。在这个阶段中，一是面临更多、更复杂的合规风险。二是在合规要求更严格的环境下参与市场竞争是未来的发展趋势，这就决定我们只有走合规经营之路，才能防范合规风险，才能在世界范围内和发达国家跨国公司竞争。而合规经营又能反过来提升企业的信誉，从而增强国际竞争能力。通过行为的合规来进一步保障执行结果正确，这也是提升企业经营质量的必选之路。

4. 防范政治风险的需要

当前，世界正在经历大变局，人类社会进入大发展、大变革的新时代。世界多极化、经济全球化、社会信息化、文化多样化持续发展，全球治理体系和国际秩序变革持续推进，各国相互联系和依存大大加深，国际力量分布趋于重构，国际社会对于可持续发展的呼声更加强烈。与此同时，新冠疫情在世界范围内持续蔓延，国际及地区安全形势日趋复杂，全球性威胁挑战日益上升。国际上少数势力继续顽固奉行单边主义，诉诸强权政治，干涉他国内政，损害他国正当权益，制造矛盾、分歧和对抗，阻碍人类社会发展进步。

在这样恶劣的国际形势背景下，作为后起之秀的中国企业，在国际市场上的一举一动都备受关注，一旦出现失误就会被无限放大、抹黑。如何保持合规经营，不被某些国家用经济规则的借口制约发展，对于应对极高的地缘政治风险具有积极意义。

（四）工程建设企业境外经营合规管理的重要性

自2013年我们提出共建“一带一路”倡议以来，引起越来越多国家热烈响应，共建“一带一路”正在成为我国参与全球开放合作、改善全球经济治理体系、促进全球共同发展繁荣、推动构建人类命运共同体的中国方案。而这其中，对外工程承包企业是共建“一带一路”的“排头兵”和“重点戏”，我们与“一带一路”沿线国家一起，以基础设施互联互通建设为起点和重点，共同建设了许多重大项目，对切实改善相关国家的基础设施状况发挥了重要作用。互联互通的基础设施发展目标更为对外工程承包业务注入了活力和动力。

随着共建“一带一路”向高质量发展方向不断推进，对外承包工程业务面临发展方式创新、合规合法经营等重大挑战。近年来，每年政府报告都指出了：高质量共建“一带一路”，坚持共商共建共享。其中特别强调要“遵循市场原则和国际通行规则”。这必然要求“走出去”的中国企业把境外合规经营放在首位，不搞内幕交易，不钻漏洞空子，树立起境外合规经营优秀典范的形象，让国际社会看到，惠及世界人民的“一带一路”是有规矩、守规矩的“一带一路”。同时，企业也能通过完善合规运营体系，形成合规文化，进一步提升在国际市场中的声誉和竞争力，朝着良性、健康的方向行稳致远。

五、合规管理与风险管理和企业内部控制的关系

（一）三者的含义

1. 合规管理

合规管理的定义如前文所述。

2. 内部控制

内部控制是指企业和各个组织在经济活动中建立的一种相互制约的业务组织形式和职责分工制度，是为了实现其经营目标，保障资产的安全、完整，保证会计信息资料的准确可靠，确保企业经营方针的贯彻执行，以及经营活动的经济性、效率性、效果性，而在企业内部采取的自我调整、约束、规划、评价和控制的一系列方法、程序与措施的总称。

1980 年后，美国 COSO 委员会（全美反舞弊性财务报告委员会发起组织）将“内部控制”定义为“一个组织设计并实施的程序，以便为达到该组织的经营目标提供合理保障”。

在 COSO 委员会制定的内部控制框架中，把内部控制活动分成五大组成部分，即控制环境、风险评估、控制活动、信息与交流、监督评审。

2002 年，美国成立的上市公司会计监管委员会明确采用了《COSO 内部控制整合框架》作为内控评价的标准体系。许多国家和地区的资本市场也采用了《COSO 内部控制整合框架》，有些国家和地区在参照该框架的基础上建立了自己的内控体系。

我国在 2005 年先后出台了《上交所上市公司内部控制指引》和

《深交所上市公司内部控制指引》两个文件。这两个文件参照了美国《萨班斯法案》的要求，在理论体系上和《COSO 内部控制整合框架》一脉相承。

3. **风险管理**

风险管理是指通过对风险的识别、评估，选择最有效的应对方式，在事前主动地、有目的地、有计划地处理风险，以最小成本争取获得最大安全保证的管理方法。

企业风险管理理论的发展大致分为三个阶段。

第一阶段是以“安全和保险”为特征的风险管理。100 多年前航运企业风险管理的主要措施就是通过保险把风险转移给保险公司。

第二阶段是以“内部控制和控制纯粹风险”为特征的风险管理。随着工业革命的发展，公司对业务管理和流程方面的内部控制提出了要求。美国 1977 年的《反海外腐败法》要求公司管理层加强内部会计控制，1992 年的《COSO 内部控制整合框架》提出以财务管理为主线的内部控制系统。

第三阶段是以“风险管理战略与企业总体发展战略紧密结合”为特征的全面风险管理。风险管理实践表明，仅靠内部控制难以实现企业的最终目标。为此，COSO 委员会于 2004 年 9 月出台了《COSO 企业风险管理整合框架》，提出了由三个维度构成的风险管理整合框架。

我国国务院国资委于 2006 年发布《中央企业全面风险管理指引》，标志着我国中央企业建立全面风险管理体系工作的启动。

（二）三者的侧重点

合规管理是内部控制的一个重要方面，也是风险管理的一个关键环节。内控制度的完善离不开合规化的管理及操作。

这三者各有侧重点，详见表 1-2。

表 1-2　合规管理、内部控制与风险管理的侧重点

合规管理	内部控制	风险管理
1. 反商业贿赂、反欺诈、反舞弊； 2. 反垄断、反不正当竞争、反洗钱； 3. 贸易管制、海关估值、转移定价； 4. 数据安全、信息保护、隐私保护； 5. 高管刑事责任； 6. 税务合规； 7. 安全健康环保； 8. 知识产权保护。	1. 组织架构的设计与运行； 2. 发展战略的制定与实施； 3. 人力资源的引进与开发、使用与退出； 4. 安全生产、产品质量、环境保护与资源节约、促进就业与员工权益保护； 5. 企业文化的建设与评估； 6. 资金活动：筹资、投资和资金营运； 7. 采购业务：购买、付款； 8. 资产管理：存货、固定资产、无形资产； 9. 销售业务：销售、收款； 10. 研究与开发：立项与研究、开发与保护； 11. 工程项目：立项、招标、造价、工程建设、工程验收； 12. 担保业务：调查评估与审批、执行与监控； 13. 业务外包：承包方选择、外包实施； 14. 财务报告：编制、对外提供、分析利用； 15. 全面预算：编制、执行、考核； 16. 合同管理：合同订立、履行； 17. 内部信息传递：内部报告的形成、内部报告的使用； 18. 信息系统：开发、运行与维护。	1. 战略风险； 2. 财务风险； 3. 市场风险； 4. 运营风险； 5. 法律风险； 6. 环境风险； 7. 政策风险； 8. 技术风险。

合规管理的核心是若企业不合规，“企业及相关利益主体将遭遇声誉损害、高额赔偿，乃至刑事处罚”。将企业和个人行为纳入合规管理体系中，保障主体不因不合规而遭受以上损失。这是合规管理的驱动力，也是合规管理的内在核心。完善的合规体系可成为减轻责任的抗辩理由，这是合规可创造的价值，也是锦上添花的事。

内部控制的核心是“通过内部控制五要素，对管理层及员工的行为进行约束，以尽可能实现企业的运营有效、报告可靠、合规这三大目标”。内部控制可以帮助企业实现业绩和盈利目标，同时又保证企业出具的财务报告可靠和企业行为符合法律法规。

风险管理的核心是“以可接受的成本保护和创造价值”。可接受的成本是指企业对风险的偏好程度，保护价值是指企业进行风险管理的基本目的，创造价值是指企业运用风险带来的机会，它是企业进行风险管理的高级目的。随着社会波动性、复杂性和模糊性日益增加，以及利益相关者的参与度越来越高，企业更加需要完善的风险管理机制来应对。将风险管理贯穿于整个企业会产生许多好处，包括增加新的机遇、识别和管理企业的风险、增加竞争优势、减少负面损失、降低绩效偏离度、改善资源部署、提升企业韧性等。近年来，基于风险导向的管理理念逐渐兴起，企业管理中常见的公司治理、企业文化、战略管理、绩效管理、危机管理等方面都可以使用风险管理框架，以促使其更好地标准化、科学化。

（三）三者的关系

合规管理、内部控制、风险管理都是企业治理与管理必不可少的一部分。在经济与社会不确定性不断增加的情形下，以及政策作为经济与社会治理的重要手段不断加强的时代中，在历经一些惨痛教训之后，三者都越发显得重要。

与战略管理、营销管理、人力资源管理等职能与职责相比，合规管理、内部控制与风险管理在企业中偏向于基本保障、风险预防。如果将企业比喻为一辆向前行驶的车辆，那么合规管理、内部控制与风险管理应该类似于刹车、前后护栏、ABS（防抱死制动系统）等组合在一起的功能。

合规管理、内部控制、风险管理侧重的视角不同。合规管理强调对规则（法律、规章制度、商业伦理、当地宗教和文化）的遵守，内部控制强调对行为（企业各层级、业务各环节）的限制，风险管理强调对未来不确定性事件的控制。

合规是内部控制要达到的目标之一，而内部控制则被涵盖在企业风险管理之内，是风险管理的一个基础和组成部分。因此，从三者的内涵来看，合规管理小于内部控制，内部控制小于风险管理。但从价值上来看，三者目前并不是可以相互取代的。

Chapter 2
第二章

刚果（金）概况

一、地理位置和人口分布

（一）地理位置

刚果民主共和国［简称刚果（金）］[1] 地处非洲中部，有“非洲心脏”之称。据2023年刚果（金）国家投资促进署网站最新数据显示，刚果（金）国土东西长2193千米，南北长2094千米，面积234.54万平方千米，在非洲仅次于阿尔及利亚，居第2位。

刚果（金）边界总长9165千米，与9国接壤：东邻乌干达、卢旺达、布隆迪、坦桑尼亚，南接赞比亚、安哥拉，北连南苏丹和中非共和国，西与刚果（布）隔刚果河相望。中部和西北部为刚果盆地的一部分，约占全国面积的40%，海拔300~500米。西部有狭长走廊通向大西洋，海岸线长37千米，其余皆为陆地边界。东南部为高原和山地，平均海拔1000~1500米。

首都金沙萨面积9965平方千米，人口1207.15万。金沙萨位于东1时区，当地时间比北京时间晚7个小时，无夏令时。

（二）人口分布

2022年刚果（金）人口总数9524万，人口密度42.01人/平方千米，人口出生率4.06%，死亡率0.97%，生育率571.4%，出生性别比例男：女为1.03∶1，人口增长率为3.19%，是世界上人口增长率最高的国家之一，预计到2030年人口增长率将翻一番。刚果（金）最大的城市金沙萨

---

［1］ 因其首都为金沙萨，因此，刚果民主共和国又称为刚果（金）国家。区分与其名称相近的刚果共和国，即刚果（布），该国首都布拉柴维尔。

拥有约 780 万人，其次是卢本巴希 140 万人，戈马 100 万人。

二、自然环境和自然资源

（一）自然环境

1. 气候条件

赤道横贯刚果（金）北部，赤道南北两侧雨、旱季交替，北部为旱季时，南部为雨季，反之亦然。全国各地气候多样，北部属热带雨林气候，南部属热带草原气候，年平均气温 27℃，年降雨量 1000 毫米。中央盆地炎热潮湿，热带疾病流行，人烟稀少。东部地势较高，气候宜人，南北基伍省年平均温度 19℃，加丹加省 20℃，适于发展农牧业。金沙萨地区年平均温度 25℃，6 月至 9 月为旱季，多云无雨，气候凉爽；10 月至次年 5 月为雨季，多阵雨，气温较高。

2. 地形地貌

刚果（金）绝大部分土地为盆地和高原。中央盆地（刚果盆地）位于该国西北部，绝大部分为热带雨林所覆盖。中央盆地的四周高原耸立。东部和东南部高原的海拔为 1000～1500 米，有的地方甚至达到 5000 米以上。南部高原地势平坦，最高点在沙巴高原上。西南部在刚果河的北岸，有一片窄长的土地，是刚果（金）唯一的海岸地区。总体来看，刚果（金）全境地势西面低，北、东、南 3 面高，从东南向西北倾斜。

（二）自然资源

1. 森林资源

刚果（金）森林资源丰富，森林覆盖率达 53%，森林面积约 123

万平方千米，占整个非洲赤道带森林面积的 47%，占世界热带森林面积的 6.5%，至今已开采量不到 30%。位于刚果盆地的刚果雨林是除巴西亚马孙原始森林外世界第二大原始森林。林木品种多达数百种，其中比较珍贵的树种有：乌木、金柚木、非洲柚木、沙比利、大鸡翅木、巴花等。

2. **水利资源**

刚果（金）河流湖泊众多，降雨量充沛，水利资源极为丰富。刚果河干流全长 2900 千米，平均每秒流量 4.2 万立方米，流量大小仅次于巴西亚马孙河，位列世界第二，是世界上流量最稳定的河流。刚果河下游的英加河段水电开发潜能约 44000 兆瓦，目前已开发的不到 2100 兆瓦。据刚果（金）水电部专家估计，全国可开发的水电潜能约 10.6 万兆瓦，约占整个非洲大陆的 37%，占世界的 6%。

3. **矿产资源**

刚果（金）矿产资源有 20 多种，其中，铜、钴、锌、钻石、钽铌、黄金、锡、锰、铬等资源储量占世界重要地位。铜的储量 7500 万吨，占世界的 15%；钴的储量 450 万吨，占世界的 50%，是世界上最重要的钴生产国之一。刚果（金）钽铌矿资源 3000 万吨，占世界总量的 80%。钻石储量约 2.06 亿克拉。此外，刚果（金）还拥有丰富的铁矿等黑色金属以及非金属矿等资源。

刚果（金）西部的沿海盆地、中部的中央盆地、东部的坦噶尼喀湖、阿尔拜尔湖、埃杜瓦尔湖和基伍湖等广大区域蕴含大量的油气资源。位于中孔果省 Mavuma 地区沥青砂的确定储量 1453.1 万吨，潜在储量 8 亿吨。刚果（金）主要矿产资源已知储量见表 2-1。

表 2-1 刚果（金）主要矿产资源已知储量

矿产名称	储量	备注
铜	7500（万吨）	占世界总量 15%
锂	3100（万吨）	—
钽铌	3000（万吨）	占世界总量 80%
锰	700（万吨）	—
锌	700（万吨）	—
钴	450（万吨）	占世界总量 50%
铁	100000（万吨）	品位 60%
锡	45（万吨）	—
黄金	600（吨）	—
钻石	2.06（亿克拉）	主要为工业钻石

资料来源：刚果（金）矿业部。

三、经济状况和发展规划

（一）经济状况

1. 总体经济

刚果（金）是联合国公布的最不发达国家之一。农业、采矿业占经济主导地位，加工业不发达，粮食不能自给自足。

刚果（金）曾是非洲经济状况较好的国家之一，20 世纪 90 年代初期，因政局持续动荡，刚果（金）经济连年负增长。1996 年的内战和 1998 年的地区冲突，使国民经济雪上加霜，濒于崩溃。2001 年约瑟夫·卡比拉继任总统及 2003 年组成临时过渡政府后，刚果（金）大幅调整经济政策，推行市场经济，放松经济管制，加强与国际金融机构的合作，宏观经济状况逐步改善。2002 年国家经济出现拐点，由原来持续负增长转为正增长。2006 年 12 月约瑟夫·卡比拉当选总统后，刚果（金）新政府继续奉行稳健的经济政策，并启动国家重建计划和“五大工程”，国家经济继续保持恢复性增长。2011 年约瑟夫·卡比拉蝉联总统后提出国家“现代化革命”战略以及到 2030 年建成新兴国家的战略目标，重点发展农业、矿业、水电开发等。

刚果（金）外债负担沉重，主要债权人为巴黎俱乐部、国际货币基金组织和世界银行。2010 年 7 月 1 日，国际货币基金组织和世界银行宣布刚果（金）达到重债穷国减债倡议完成点，减免其 111 亿美元债务。2019 年，齐塞克迪总统就任后推行“执政百日紧急计划”，大力筹措资金，推进交通、卫生、教育、住房、能源、就业、农渔牧等各领域项目实施。2015—2021 年该国主要经济数据如表 2-2 所示。

表 2-2　2015—2021 年刚果（金）经济数据（现价美元）

类　别	2015 年	2016 年	2017 年	2018 年	2019 年	2020 年	2021 年
GDP 增长率（%）	6.9	2.4	2.4	23.2	7.6	-3.1	17.2
GDP（亿美元）	379.2	371.3	380.2	468.3	504.0	487.2	571.0
人均 GDP（美元）	482.1	456	451.1	546.2	575.9	524.7	577.2

资料来源：中国国际贸易促进委员会、世界银行。

2. GDP 构成

根据刚果（金）中央银行统计，2019 年，第一产业，包括农、林、牧、渔和采掘、冶炼业等，占该国 GDP 比重为 31.7%；第二产业，包括制造业、水/电/气的生产和销售以及建筑业等，占比 25.2%；第三产业，包括商业批发和零售、交通及通信、旅店服务和金融服务、公共行政和安保服务等，占比 37.7%。其中，矿业是刚果（金）经济增长的主要来源，具体情况如表 2-3 所示。

表 2-3　2015—2019 年刚果（金）三大产业占 GDP 比重

（单位：%）

类　别	2015 年	2016 年	2017 年	2018 年	2019 年
第一产业	38.8	37.9	37.8	39.3	31.7
第二产业	21.3	21.8	24.0	23.7	25.2
第三产业	32.4	33.1	32.9	32.0	37.7
小计	92.4	92.8	94.8	95.0	94.6
税收占比	7.6	7.2	5.2	5.0	5.4

资料来源：刚果（金）中央银行。

3. 财政收支

近年来，在世界银行和国际货币基金组织的监督和支持下，刚果（金）财政预算总体执行良好。2020 年，刚果（金）财政收入 41 亿美元，较财政预算法案中确定的 57 亿美元相差 16 亿美元。其中国内税收收入为 34 亿美元，占 83%，其他收入（如国债等）占 17%。工资、行政支出占财政支出的 75.2%，其余主要用于债务、紧急支出等，基本没有用于公共投资。2016—2020 年刚果（金）财政收支执行情况如表 2-4 所示。

表 2-4　2016—2020 年刚果（金）财政收支执行情况

（单位：亿美元）

类　别	2016 年	2017 年	2018 年	2019 年	2020 年
收入	36.04	38.8	44	38.85	41.17
支出	40.98	36.8	43	41.98	41.63
收支平衡情况	-4.94	0	1	-3.31	-0.46

资料来源：刚果（金）中央银行。

4. **财政预算**

2019 年底刚果（金）政府制定了近 110 亿美元的 2020 年预算法案，较 2018 年预算增长了 63. 2%。在 2020 年第一季度，由于财政收入不足，政府赤字不断扩大，国际货币基金组织（IMF）以“脱离实际”为由要求刚果（金）政府重新修订预算草案。最终，议会对预算草案进行了修订，将财政计划调整为 57 亿美元，减少了 48%。2020 年，受新冠疫情影响，刚果（金）政府实际财政收入为 41 亿美元，较调整后的财政计划收入仍相差 16 亿美元。2021 年的预算为 68 亿美元。2022 年 12 月，刚果（金）政府宣布 2023 年财政预算为 158 亿美元，比 2022 年的 107 亿美元增长 48%，其中大部分预算收入来自税收。预算的 33%用于一般政府开支，22%用于经济事务，18%用于教育，10%用于卫生，7%用于国防，5%用于司法、公共秩序和安全。在 22%经济事务中，近 6%用于农业和畜牧业，3%用于农村发展，近 3%用于一般经济和贸易，2%用于道路运输，2%用于电力，近 2%用于公共工程。

5. **公共债务**

刚果（金）是世界银行列出的 39 个重债穷国之一，对外借债受 IMF 和世界银行等国际组织的限制。所借用新债务必须符合 IMF 及世界银行规定的优惠条件，即赠予率必须达到 35%。所投资的项目也必须对国家发展具有明显增长效应。

根据有关规定，刚果（金）对外债务余额不得超出其当年 GDP 的 30%。此外，每年应偿还外债比例不得超出其当年财政收入（不含外国赠款）的 25%。相关债务情况见表 2-5。

表 2-5　2016—2022 年刚果（金）政府债务情况

类　别	2016 年	2017 年	2018 年	2019 年	2020 年	2021 年	2022 年
公债占 GDP 比重（%）	19.5	19.2	15.1	15	16.5	16.3	14.7

资料来源：国际货币基金组织。

6. 主权信用评级

2019 年，国际评级机构惠誉对刚果（金）主权信用评级为 CCC。2022 年 1 月 28 日，国际评级机构标普对刚果（金）长期和短期主权信用评级为 B-，展望为稳定。2022 年 11 月 11 日，国际评级机构穆迪对刚果（金）的信用评级最后定为 B3，展望稳定。

（二）重点/特色产业发展情况

1. 工矿业

矿业是刚果（金）经济的重要支柱。刚果（金）拥有大量未开发的黄金、钴和高品位铜储量，但同样重要的安全风险因缺乏稳健的基础设施而加剧。钴是生产电动汽车的关键金属之一，使刚果（金）处于能源转型的战略位置。2022 年，刚果（金）钴产量为 11.5 万吨，是全球最大的钴矿产地。刚果（金）是 2020 年第六大工业钻石生产国，产量为 370 万克拉。2022 年上半年，刚果（金）生产了 658 万克拉钻石，出口钻石 352 万克拉，贸易额约 4200 万美元，比利时是刚果（金）钻石的第一目的地。

刚果（金）拥有全球最优质的铜储量，其中一些矿山的品位估计超过 3%，远高于 0.6%~0.8%的全球平均水平。被高品质和低成本矿山吸引的国际矿业公司越来越多地被刚果（金）南部的铜矿带所吸引。2021 年矿产资源产量从 1 万吨增加到近 100 万吨。尽管新冠疫情造成了前所未有的负面冲击，但刚果（金）2022 年矿业依然保持其主要金属相同生产水平，铜的生产甚至比2021年更好。2021—2022年刚果（金）部分矿产品产量如表2-6所示。

表2-6 2021—2022年刚果（金）部分矿产品产量

（单位：吨）

矿产品	2021年	2022年
铜	1924373.59	2515846.74
钴	93010.53	115371.31
锌	16079.39	13578.30

资料来源：刚果（金）矿业部

2. 油气

刚果（金）东部石油和天然气的发现使其成为中非和南非仅次于安哥拉的第二大原油储量国。这些区域主要位于与坦桑尼亚、布隆迪、卢旺达和乌干达接壤的四大湖泊中。

连同最近发现的潜在油田，刚果（金）的3个主要石油矿床可能蕴藏着多达300亿立方米的甲烷和天然气。基伍湖与卢旺达和布隆迪接壤，其水域中溶解了近600亿立方米的甲烷。虽然甲烷气体对其沿岸人口构成威胁，但这种气体可以被捕获并转化为电能。位于该湖中的部分甲烷已经能够通过在卢旺达建造的发电厂提取，发电量为30~40兆瓦。

2022年8月，总统齐塞克迪发起了27个油气区块的运营招标，这些区块可以生产高达220亿桶石油和660亿立方米天然气。截至2023年6月，该国总探明的天然气储量为2380亿立方米。[1]

目前有三大石油公司在刚果（金）开展采掘业务：英法公司佩朗科从刚果（金）中部穆安达海岸附近的大西洋开采海上石油；法国石油公司道达尔和刚果（金）半国营企业Sonahydroc正在刚果（金）东

[1] 数据来源：刚果（金）国家投资促进署网站、2023年刚果（金）年鉴经济报告。

部进行勘探和初步采掘作业。

3. 农业

刚果（金）拥有8000万公顷的耕地、400万公顷的水浇地，以及拥有重要渔业资源的多条河流，具有成为全球农业强国的潜力。尽管农业部门雇佣了60%以上的刚果（金）人，农业产值占GDP的19.7%，但未能确保本国粮食安全并产生足够的收入。刚果（金）主要经济作物有咖啡、棕榈油、橡胶、棉花、糖、茶叶和可可。政府致力于开发用于出口的可可和咖啡等经济作物，并取得了一些成功。刚果（金）的粮食作物还包括木薯、大蕉、玉米、花生和水稻，商业农业生产发展仍然有限，大多数生产者从事自给农业。为应对粮食短缺，政府鼓励在刚果（金）不同地区创建农业工业园，在农业领域提供从生产到营销的多个投资机会，以在该区域创建具有竞争力的产业价值链。

事实上，刚果（金）虽然拥有超过8000万公顷的可耕地，其中目前被开发的不到10%。刚果（金）气候的多样性允许其开展各种各样的农业投资活动。广袤的大草原可以养活大约4000万头牛；热带森林占地1.35亿公顷，占国土面积的53%，保证生物多样性的同时可以产出更多的森林友好型产品；虽然灌溉潜力估计为400万公顷，但该潜力并未被完全开发；大西洋刚果（金）部分地区、刚果河和所有湖泊的渔业潜力估计为每年产出707000吨鱼。凭借其非凡的农业潜力，如果开发得当，刚果（金）可以养活20亿人。

（三）发展规划

2019年12月，齐塞克迪政府制定的《刚果（金）国家战略发展计划（2019—2023年）》在第16次部长理事会上获得批准并生效，该计划提出将保障人权、政府治理、经济可持续发展和社会稳定作为执政四大核心，并确定了20个优先发展领域，主要包括：国家和平与安全；民族和解；恢复国家法治及其权威；恢复国家外交形象；打击腐败和经济犯罪；维护宏观经济稳定，巩固公共财政，改革金融体系；教育改革；实施全民医保覆盖；改善营商环境，促进创业；发展旅游、文化和艺术等。此外，刚果（金）政府在世界银行、联合国粮农组织协助下，编制了农业、基础设施等重要经济部门规划。世界粮食计划署、联合国开发计划署等国际组织也为刚果（金）制定了援助计划，包括支持政府实现粮食和营养安全等。

四、国家象征和政治制度

（一）国家象征

1. 国旗

刚果（金）国旗采用该国1966年到1971年间国旗的样式，但将底色由深蓝色改为浅蓝色。国旗长宽之比为4：3。浅蓝色象征和平；左上角的星星代表了光明的未来；一道黄-红-黄的带子从左下角到右上角把旗帜划开，黄色代表丰富的资源，而红色代表了为国捐躯者的鲜血（见图2-1）。

图2-1　刚果（金）国旗

2. 国徽

刚果（金）国徽启用于 2006 年 2 月 18 日，饰带以法语书写国家格言“正义、和平、劳动”。正中是一只猎豹的脑袋，代表总统的权威；两旁是一根象牙（代表该国丰富的动植物资源）和一只梭标（代表公共机构用以保护国家利益和共和国价值观的武器）；下面是一个石质基座，代表坚实的民族团结（见图 2-2）。

图 2-2　刚果（金）国徽

3. 国歌

《刚果人站起来》是刚果（金）的国歌。于 1960 年采用，至 1971 年扎伊尔夺取了刚果（金）的政权，国歌被替换为《扎伊尔人》。1997 年扎伊尔政权覆灭，《刚果人站起来》被再次采用为国歌至今。

歌词大意：起来，刚果人。我们命运与共，要为了争取独立而团结起来。俯首太久，让我们把头抬。现在为了幸福，让我们大胆地迈进在和平年代。啊，人民热情澎湃只要努力，在和平年代，国家建设得更加美丽多彩。同胞们，快唱响，那神圣的团结颂歌来。敬个礼，向着你，金色的国徽是多么豪迈。刚果！幸福的礼物（刚果），是祖先留下来（刚果），啊，祖国（刚果），亲爱的（刚果），人民有责任和义务维护你国土的伟大。啊，温暖的太阳，在 6 月 30 日升起来。神圣的日子，见证了自由誓约永存。它将相传到千秋万代永不朽。

歌词中提及的6月30日指的是1960年6月30日，为刚果（金）独立之日。

（二）政治制度

1. 宪法

2006年2月18日，刚果（金）时任总统约瑟夫·卡比拉颁布了新宪法。宪法规定：国家机构由总统、政府、议会两院和法院组成。总统为国家元首、三军统帅，由普选产生，任期5年，可连任一届，负责维护宪法尊严、国家独立主权和领土安全，在议会监督和政府参与下，保障国家机构正常运行。总理为政府首脑，与总统共同制定国策，政府主要是政策执行机构，对议会负责。国民议会可对政府成员提出不信任案，议会两院还可对总统任命的总理向法院提起诉讼，总统有权解散议会。司法权独立于立法权和行政权，由最高法院、上诉法院、法院、民事法庭、军事法庭和检察院组成。

2. 议会

刚果（金）议会实行两院制。政府向国民议会负责，国民议会有权通过不信任案的方式制裁政府。此外，国民议会同样有权通过投不信任票的方式对政府成员的个人职责提出指控。国民议会及参议院有权以召开全会的方式，在制宪委员会面前对国家总统及总理提起诉讼，特别是对于严重叛国罪和知情投机罪。当议会和政府之间产生持续矛盾危机，总统有权解散国民议会。

国民议会成员享有国民议员头衔，由直接秘密投票选举产生。候选人代表各自政党或政治组织，也可代表个人。国民议员数目及选举和被选举权由选举法制定。候选人条件是：原籍刚果（金）人，至少

25 岁，享有完整公民权利，不存在违反选举法的行为。每名国民议员都有两名替补人选。议员代表国家，强制任命无效；任期 5 年，可连任；任期自国民议院成立开始，到新国民议院产生结束。

参议院成员享有参议员头衔。参议员代表本省，由省议院第二级选举产生，但其权责是国家性质的。参议院代表各自政党或政治组织，也可代表个人。参议员数目及选举和被选举权由选举法制定。候选人条件是：原籍刚果（金）人，至少 30 岁，享有完整公民权利，不存在违反选举法的行为。每名参议员都有 2 名替补人选。参议员任期 5 年，可连任；任期自参议院成立开始，到新参议院产生结束。国家前总统为终生参议员。

3. **司法体系**

根据 2006 年 2 月 18 日颁布的新宪法，国家司法权独立于立法权和行政权，由宪法法院、最高法院、行政院、特别最高军事法院、民事法庭、军事法庭和隶属于司法权限的检察院组成。法院和法庭的判决、审判与裁定以共和国总统的名义执行。司法人员由法官、检察院司法警察、司法治安人员组成。最高司法会议（最高法官理事会）是司法权的管理机构，对法官的任命、晋升、罢免提出建议，执行对法官的纪律处分，并对有关特赦事宜提出建议。

点评：

刚果（金）独立以来曲折的政治发展历程也是非洲国家政治发展的缩影。非洲国家独立后，既要抵御前宗主国对新生政权的渗透，还面临东西方冷战被迫选边站队的局面。20 世纪 90 年代起，西方国家将援助与民主化改造捆绑，许多非洲国家仓促中走上民主转型道路。但西式民主制度在非的“水土不服”引发许多非洲国家政局动荡，政变频发，民众苦不堪言。非洲政治精英对本土政治发展的反思愈加深刻。2000 年以来，中国等新兴国家逐步加大对非合作力度，治国理政经验交流也成为中非合作的重头戏。非洲国家从中国改革开放和新时期建设发展成就中看到坚持走符合本国国情发展道路的巨大优势，进一步增强了自主探索发展道路的信心与动力。刚果（金）未来的政治发展需总结历史经验和教训，充分考虑本国经济发展和地缘关系，尤其是与大湖区邻国和域外大国的关系，在利用外部援助发展国内经济的同时，保持自身政策的独立性，避免重蹈历史覆辙。

（三）主要党派

1990 年 4 月，扎伊尔［刚果（金）曾用国名］实行多党制后，曾出现 400 多个政党，其中有影响力的不足 10 个。洛朗·卡比拉执政期间曾禁止政党活动。2001 年 5 月，约瑟夫·卡比拉（总统洛朗·卡比拉之子，2001 年 1 月，洛朗·卡比拉总统遇刺身亡后，任总统兼武装部队总司令，被内阁会议全面授权领导政府和军队）颁布《政党和政治团体组织活动法》，正式解除党禁，同时规定各党需重新登记。截至 2022 年 7 月，在刚果（金）内政部注册登记的政党有 602 个。其中，主要党派情况如下。

1. 引领变革方向（CACH）

原为成立于 2018 年的竞选平台，主要由现任总统齐塞克迪的民主与社会进步联盟（UDPS）和现任总统府办公厅主任卡梅雷的刚果国家联盟（UNC）组成。现正转型成为政党同盟。

2. 刚果共同阵线（FCC）

成立于 2018 年的竞选平台，目前正转型成为政党联盟，主要由前总统约瑟夫·卡比拉领导的争取重建与民主人民党（PPRD）组成。

其他成员包括众多独立政治人士、社会团体、非政府组织、部族首领等，社会影响广泛。

3. **神圣同盟**

为打破 FCC-CACH 执政联盟，齐塞克迪总统于 2020 年 11 月倡导成立“神圣同盟”，以成立新的多数派。随后，刚果（金）多数党派和政客相继宣布支持并加入齐塞克迪总统“神圣同盟”倡议。

4. **争取重建与民主人民党**（PPRD）

成立于 2003 年 3 月 31 日，该党党章规定，党的理想目标是通过民主途径执掌国家政权，保障民族团结、领土完整和国家繁荣。主要机构包括全国代表大会和全国执行委员会。总部设在金沙萨。该党是在刚果（金）内部对话达成“全面包容性协议”、刚果（金）结束内战步入和平过渡期的背景下，为支持约瑟夫·卡比拉赢得过渡期后大选而成立的政党，也是支持约瑟夫·卡比拉总统的主要政党。

5. **民主与社会进步联盟**（UDPS）

成立于 1982 年 2 月 15 日，是蒙博托政权后期和刚果（金）过渡政府期间最具影响力的反对党。在各省设有基层组织，在金沙萨、下刚果省和东开赛省、西开赛省较具影响力。现任总统齐塞克迪曾任该党主席。

6. **刚果国家联盟**（UNC）

成立于 2010 年 6 月，由前国民议会议长、前 PPRD 总书记维塔尔·卡梅雷创立并自任党主席。2011 年 7 月，UNC 召开第一次全国大会，卡梅雷推出自己的竞选纲领，正式宣布参加总统大选。卡梅蕾在 2011 年 11 月举行的总统选举中以 7. 74%的得票率位居第三。该党在 2018 年底举行的总统大选中同齐塞克迪领导的民主与社会进步联盟结盟。齐塞克迪就任总统后，卡梅雷被任命为总统办公厅主任，2020 年 5 月因挪用公款和腐败被判刑。

7. 刚果解放运动（MLC）

1998年11月10日成立，原为前总统蒙博托旧部成立的政治军事组织，曾长期得到乌干达支持，与约瑟夫·卡比拉政府武装对峙。2003年6月宣布转为政党，并参加刚果（金）内部政治对话，后加入过渡政府，获得外交、计划、预算等部部长职位，党主席本巴担任过渡期主管经济和财政事务的副总统。总部设在赤道省，在首都金沙萨及全国主要大城市建有分支机构。该党在2018年底举行的总统大选中同法尤卢领导的为公民和发展而战斗党结盟。

五、政府机构和行政区划

（一）政府机构

根据刚果（金）宪法，政府由部长、副部长（副部长）和若干国务部长（这是一种高级个人尊称）组成。这些部长的人数因每一届政府不同而异。内阁由总理领导，也称为政府首脑，由总统任命，来自在国民议会中占有多数席位的政党、团体或联盟。在刚果（金），内阁通常简称为政府。

政府是国家的有效执行机构，负责国家的所有主要行政管理、宪法规定由中央政府保留的所有领域以及中央政府与各省共同管辖的所有领域。政府对议会负责。政府的任何个别成员，以及整个政府，都可以由其下议院国民议会通过谴责动议或不信任动议的投票进行审查。当总理受到谴责时，整个政府都会被要求下台。

2021年4月12日，刚果（金）齐塞克迪总统签署总统令，宣布组建新政府。新政府共 57 人，包括 1 名总理、4 名副总理、9 名国务部长、31 名部长、1 名部长级代表、11 名副部长。上届政府中留任 10 人，新入阁人员 80%。女性 15 人，占比 27%。平均年龄 47 岁。

刚果（金）经济发展对口政府部门主要有：

（1）农业部，负责 8.7 万千米的乡村公路的管理维护。

（2）交通部，管辖项目涉及铁路建设，铁路设备、公务用车、港口设备、船只飞机配件、旱码头建设、仓储区建设的项目采购。

（3）矿业部，负责矿业立法，执行政府矿产开发计划，绘制地质图集并推广开采矿产资源，监督和控制采矿活动。

（4）石油部，负责开发油气资源以满足日益增长的能源需求。

（5）中央协调办公室，归属财政部，负责亚洲开发银行、非洲开发银行等外来资金关于卫生设施设备项目、市政体育场建设、基建项目等的实施监管。

（6）城市道路与排水局，隶属公共工程和基础设施重建部，负责国内各个城市市政道路的维护管理。

（7）公路局，隶属公共工程和基础设施重建部，负责由国家和区域道路组成的 5.8 万千米的公路网维护管理。

（8）大型工程局，隶属公共工程和基础设施重建部，负责一揽子合作框架下的公路、铁路等基建项目的实施监管。

（9）供水管理局，归属水利资源和电力部，负责全国水网系统以及附属基建设施的改善维护。

（10）供电管理局，归属水利资源和电力部，负责全国电网系统以及附属基建设施的改善维护。

（11）国家投资促进署，负责促进外来投资和改善商业环境，为决定在该国领土上建立或扩大经济活动的投资者提供行政支持。

（二）行政区划

按照原宪法，刚果（金）分为 10 个省和 1 个直辖市（金沙萨市）。金沙萨为首都，是全国政治、经济和文化中心。上加丹加省首府卢本巴希为第二大城市，是矿业重镇。东部的戈马、布卡武等是重要的边境城市。西部的马塔迪是重要的港口城市。

2006 年 2 月 18 日，刚果（金）总统约瑟夫·卡比拉在颁布新宪法时，将全国行政区划从原来的 11 个省市扩展为 26 个省市。金沙萨仍为省级直辖市。

2015 年 3 月，时任刚果（金）总统约瑟夫·卡比拉颁布成立新省区划分实施计划法令，要求尽快启动 26 个省（含金沙萨直辖市）行政划界和成立工作。在刚果（金）政府大力推动下，自 2015 年 7 月起，刚果（金）行政区划已正式分为 26 个省。刚果（金）各省情况如表 2-7 所示。

表 2-7　刚果（金）各省情况

省　名	面积（平方千米）	首　府
金沙萨	9965	金沙萨
北基伍	59483	戈马
南基伍	65070	布卡武
中孔果	53920	马塔迪
东开赛	9545	姆布吉马伊
伊图里	65658	布尼亚
上加丹加	132425	卢本巴希
奎卢	78441	基奎特
开赛	95631	罗埃伯
中开赛	59111	卡南加

续 表

省　名	面积（平方千米）	首　府
南乌班吉	51648	盖梅纳
乔波	199567	基桑加尼
上洛马米	108204	卡米纳
坦噶尼喀	134940	卡莱米
马涅马	132250	金杜
洛马米	56426	卡宾达
宽果	89974	肯盖
上韦莱	89683	伊斯洛
蒙加拉	58141	利萨拉
马伊恩东贝	127243	伊农戈
卢阿拉巴	121308	科卢韦齐
赤道	103902	姆班达卡
楚阿帕	132957	博恩代
下韦莱	148331	布塔
北乌班吉	56644	格巴多利特
桑库鲁	104331	洛贾

资料来源：中华人民共和国商务部。

刚果（金）主要商业活动集中在金沙萨市、上加丹加省和乔波省。

金沙萨是刚果（金）首都、直辖市，撒哈拉以南非洲最大城市。工业规模居全国首位，其中粮食加工、纺织、水泥工业最为发达，榨油、木材、烟草、化工、炼油、机械修配等工业企业较为聚集。建有全国仅有的钢铁厂，产量约 25 万吨/年。建有 6 个银行总部，金融业和商业相对发达。建有全国最大河港，港口年吞吐量在 150 万吨以上。金沙萨恩吉利国际机场是刚果（金）最大的机场，有 13 家航司运营 27 条航线，与 14 个国家和地区的 23 个城市有定期航班，主要国际通航点有巴黎、布鲁塞尔、伊斯坦布尔、达尔贝达、亚的斯亚贝巴、约翰内斯堡和内罗毕。

上加丹加省与赞比亚接壤，首府是刚果（金）第二大城市和最大的工矿城市卢本巴希。上加丹加省盛产铜、锌、铅、镉、锗、锕、钽等多种金属，是刚果（金）工矿业最发达的省份。刚果（金）最大的国营矿业公司杰卡明总部设在该省。此外，该省水泥、纺织、食品、车辆和机械修配等工业较为发达，通过公路和铁路与上洛马米、坦噶尼喀、卢阿拉巴、开赛等省份紧密相连，是刚果（金）南部地区重要交通枢纽。首府建有卢本巴希国际机场，有 6 家航司运营着 12 条航线，通航 5 个国家和地区的 10 个城市，主要有金沙萨、卢萨卡、约翰内斯堡、内罗毕和亚的斯亚贝巴等。

乔波省位于刚果（金）东部，乔波河在该省注入刚果河，水力资源丰富。农林业、黄金和钻石开采及加工业较为发达。首府基桑加尼是刚果（金）第三大城市，东北部地区工商业中心，东部钻石交易中心。全省纺织、酿酒、榨油、水泥、化学、印刷等行业相对发达，周围地区油棕、稻米、棉花、咖啡、可可、橡胶、林业等农林企业聚集度高。首府郊区建有基桑加尼国际机场，有通往国内 6 个城市和亚的斯亚贝巴的航班。

六、社会组织和公共交通

（一）社会组织

刚果（金）共有 80 多个国家级工会组织，声望最高的 10 个工会组织组成工会联合会，代表各工会组织在劳动者工资、福利等方面与政府进行协调沟通。

目前比较活跃的工会组织情况如下。

1. 刚果劳动者全国联盟

刚果劳动者全国联盟简称“劳联”，1967 年 6 月 23 日由劳工联盟、劳工总联合会、独立无产者协会等 7 个工会合并而成，是刚果（金）第一大工会，是中部非洲劳动者组织（OTAC）、非洲工会联盟组织（OUSA）成员，国际工会联盟（FSM）观察员，在各省、区设有基层组织。

2. 刚果劳动总联合会

刚果劳动总联合会成立于 1961 年 11 月 17 日。1964 年与卢蒙巴统一党合并，同年获得合法地位，是国际工会联合会（FSM）理事会理事。该工会有 3 万余会员，下辖 14 个行业工会，在班顿杜、下刚果、东方省等地设有支部。

点评：

企业进入刚果（金）从事投资合作，要全面了解其《劳动法》和《投资法》，熟悉当地工会组织的发展状况和运行模式，尊重当地员工成立工会的权利。在日常生产经营中，企业要与工会组织或工会代表保持必要的沟通，了解员工要求和思想动态，进行必要疏导，发现问题及时解决。要重视建立和谐的企业文化，邀请工会成员或员工代表参与企业的管理，激发并保护员工的爱岗精神，增强员工的凝聚力和创造力。遇到问题，可以通过协商、谈判或仲裁机构解决。

（二）公共交通

1. 公路

刚果（金）全国道路分为国道、一级道路、二级道路和地方道路四级。全国公路网长达15.24万千米（3126千米为沥青路），其中国家级公路5.8万千米（路况较好的路段仅占总里程的23%），由刚果（金）公路局负责管理和维护；乡村公路8.7万千米，由农业道路服务局负责管理和维护。另有城市公路约7400千米，由刚果（金）公共工程和基础设施重建部下属市政道路和排水局负责管理和维护。

点评：

由于长年战乱破坏以及缺乏维护，绝大部分公路路况很差。目前，国家级公路中沥青路仅占1.8%，大部分乡村公路已名存实亡。近年来，刚果（金）在推进国家重建过程中，改造和新修了数千千米的公路，首都金沙萨市道路及部分国道有所改观，但公路交通整体上仍十分落后。刚果（金）每年用于现有道路维护及新建道路所需费用达10亿美元，其中20%为道路维护费，而政府无力承担如此巨大的费用。

公路客、货运主要集中在西部地区的马塔迪-金沙萨-基奎特线（665千米）、东南部地区的卡松巴-卢本巴希-利卡西-科卢韦齐线（310千米）、东部地区的戈马-布卡武线（100千米）以及西南部地区的卡南加卡兰巴-姆布吉线（220千米）。

刚果（金）地处非洲大陆中部，幅员辽阔，其公路网与多个邻国互通。其中，东南部矿区与赞比亚接壤，每年有100多万吨矿产品通过赞比亚运至坦桑尼亚达累斯萨拉姆港（约40万吨）和南非德班港（约60万吨）；东部及东北部地区主要连接卢旺达、布隆迪和乌干达公路网，货物可运至肯尼亚的蒙巴萨港或者坦桑尼亚的达累斯萨拉姆港；西北部地区可通过刚果（布）或中非共和国通往喀麦隆的杜阿拉港；西南部地区则连接安哥拉通往洛比托港。

2. **铁路**

刚果（金）铁路运输较不发达，仅有5033千米的非互联铁路，其中95%以上路段需要现代化改造或修复。运输和港口商业公司、韦莱铁路和刚果国家化学工业公司有权对铁路进行投资、管理和开发。

原有4条铁路线均为单行线，技术标准不统一。第一条为金沙萨-马塔迪铁路，全长366千米；第二条为基桑加尼-乌本杜铁路，全长125千米；第三条位于东南部，全长3516千米，将加丹加省、东开赛省的矿区通过赞比亚、坦桑尼亚和安哥拉与南部非洲相连（其中，卡米纳-卢本巴希段为电气化铁路，全长858千米）；第四条位于北部的东方省，全长1026千米，将基洛莫托金矿区与刚果河相连。

由于年久失修，上述铁路网中的大部分路段已不能通行。截至2022年，仅有金沙萨-马塔迪段、卢本巴希-姆布吉马伊段（每半个月一趟）、卢本巴希-金杜段等部分路段尚在运行，但运力非常有限。部分路段路基损毁严重，甚至部分铁轨被掩埋在尘土之中，列车时速较慢，且列车时有故障，无法保证按时抵达目的地。

此外，还有金沙萨市城市铁路（75千米）、卢本巴希市城市铁路（10千米）。截至2022年，金沙萨城市铁路仅有35千米尚在运营。

3. **空运**

刚果（金）空运相对发达，刚果（金）共有270个机场。其中，101个机场向大众开放，164个为私人使用，5个为军用。主要国际机场有：金沙萨、卢本巴希、基桑加尼、戈马、布卡武等机场。国外航线由外国航空公司运营，与布鲁塞尔、巴黎、约翰内斯堡、亚的斯亚贝巴、内罗毕、伊斯坦布尔、卡萨布兰卡、杜阿拉、哈拉雷、迪拜等有定期航班。

航空运输业在刚果（金）国内运输体系中占有重要地位，由于全国大部分省会城市之间没有公路、铁路或水路相连，飞机是唯一交通工具。但由于缺乏维护和更新，几乎所有航空基础设施和飞机均严重老化。国内航班服务质量、航班准点率以及安全性均不佳，设备有待更新，服务质量亦有待改善。国际航线主要由外国大型航空公司运营，安全相对有保障，服务质量也较好。

国内航线主要由刚果航空公司、非洲航空公司等航空公司运营，各大城市间航线主要由中型客机执行飞行任务，各省会城市与其他地区城市间航线多由小型飞机执行飞行任务。刚果航空公司于 2016 年 11 月开通了刚果（金）金沙萨至南非约翰内斯堡国际航线，这将是该公司自 2016 年 7 月获取航空经营许可证以来开通的首条国际航线。2018 年，该公司开通了金沙萨至杜阿拉（喀麦隆）航线、金沙萨至罗安达（安哥拉）航线、金沙萨至布琼布拉（布隆迪）航线、金沙萨至阿比让（科特迪瓦）航线。2019 年 3 月，卢旺达和刚果（金）签订航空协议，开通金沙萨直飞基加利（卢旺达）的航线，刚果航空公司和卢旺达航空公司均有往返航班。

金沙萨恩吉利国际机场年客流量约 80 万人次，货运量约 9 万吨；卢本巴希卢机场年客流量约 40 万人次，货运量约 3 万吨；基桑加尼机场年客流量约 11.4 万人次，货运量约 1.3 万吨。

截至 2022 年 9 月，中国没有直航刚果（金）的航班，需经巴黎、亚的斯亚贝巴、内毕罗等城市转机。

4. **水运**

从刚果河下游的马塔迪顺流而下至大西洋，是刚果（金）唯一的直接出海通道。主要港口有马塔迪港、博马港、巴纳纳港。其中马塔迪、博马为内河港，只有巴纳纳港为海港。目前，刚果（金）海运航线基本上可通达世界各地，但没有定期直达远洋班轮，远洋海运货物进出一般都要经刚果（布）的黑角港或其他邻国的港口进行分驳中转（万吨级以上船舶难以进入马塔迪港或博马港，只能在刚果河水深季节进入）。马塔迪港与金沙萨相距约350千米，由于这段刚果河不通航，货物只能通过公路或铁路运输。

刚果（金）政府于2018年3月与迪拜环球港务集团签署了建设巴纳纳深水港的合同，合同金额超过10亿美元，环球港务集团负责项目融资。项目一共分为四期完成，迪拜环球港务集团将与刚果（金）政府成立合资公司负责建设部分的招标及建设完成后的运营工作。

刚果（金）内河总长2.3万千米，其中有1.6万千米的通航河道，40个码头。主要航道为刚果河和开赛河，一般可通行150~400吨位船只。有2785千米航道可通行800~1000吨位船只，其中金沙萨至基桑加尼1734千米河段（中游）是最主要的航道，年货运量49万吨左右。内河运输是内地省份主要的交通方式，沿岸居民出行亦主要依靠内河水上交通。

金沙萨市与刚果（布）首都布拉柴维尔市隔刚果河相望，两岸人员往来、货物运输主要通过轮渡和快艇实现。每天有多班轮渡往返，也可包租快艇随时出发，单程仅需10~15分钟。

七、外交关系

（一）对外政策

刚果（金）奉行独立自主的外交政策，反对外来干涉。主张睦邻友好和在互相尊重主权和领土完整、互利互惠的基础上发展同世界各国的友好合作。积极参与和推动地区经济和安全合作，是中部非洲国家经济共同体、南部非洲发展共同体、东非共同体、东部和南部非洲共同市场成员国。

（二）同中国的关系

1960 年 6 月 30 日，刚果共和国独立，周恩来总理和陈毅外长分别致电卢蒙巴政府表示祝贺和承认。10 月，刚卡萨武布政府与“台湾当局”“建交”。1961 年 2 月 19 日，中国承认基赞加政府为刚唯一合法政府。2 月 20 日，两国建交。同年 9 月 18 日，由于基赞加投奔阿杜拉，而阿杜拉政权同台湾有所谓的“外交关系”，故中国决定撤回使馆，中刚关系暂时中止。刚 1964 年改国名为刚果民主共和国，1971 年改国名为扎伊尔共和国。1972 年 11 月 24 日，中扎两国实现关系正常化。

此后，两国关系不断发展。蒙博托总统先后 5 次访华（1973 年 1 月、1974 年 12 月、1980 年 3 月、1982 年 6 月、1994 年 10 月）。扎伊尔曾访华的领导人还有外交和国际合作事务国务委员卡尔·伊邦德·恩古扎（1973 年 11 月）、议长卡松戈·穆孔吉（1984 年 7 月）、第一国务委员肯戈·瓦·东多（1986 年 6 月）等。中国访扎的主要有黄华外长（1978 年 6 月）、李先念副总理（1979 年 1 月）、赵紫阳总理（1983 年 1 月）、田纪云副总理（1984 年 12 月）、荣毅仁副委员长（1985 年 1 月）、张劲夫国务委员（1986 年 11 月）、李铁映国务委员兼国家教委主任（1989 年 11 月）、钱其琛副总理兼外长（1995 年 1 月）。

1997 年 5 月，洛朗·卡比拉总统上台后，恢复“刚果民主共和国”国名。两国在各个领域的友好合作关系继续巩固和发展。

刚方访华的有：洛朗·卡比拉总统（1997 年 12 月）、外交和国际合作部长奥基通杜（2001 年 12 月）、约瑟夫·卡比拉总统（2002 年 3

月，2005年3月，2008年8月出席北京奥运会开幕式，2015年9月出席中国人民抗日战争暨世界反法西斯战争胜利70周年纪念活动）、耶罗迪亚副总统（2006年11月出席中非合作论坛北京峰会）、奇班达外长（2015年7月，2016年7月来华出席中非合作论坛约翰内斯堡峰会成果落实协调人会议）、奇巴拉总理（2018年9月出席中非合作论坛北京峰会）。

中方访刚的有：唐家璇外长（2003年1月）、杨洁篪外长（2008年1月）、中联部部长王家瑞（2010年1月）、戴秉国国务委员（2010年7月）、回良玉副总理（2011年1月）、王毅外长（2015年1月）、王毅国务委员兼外长（2021年1月）。

2021年5月，习近平主席应约同齐塞克迪总统通电话。11月，齐塞克迪总统以视频方式出席中非合作论坛第八届部长级会议开幕式并致辞。

（三）同美国的关系

1997年洛朗·卡比拉夺取政权后，美国率先承认。1998年刚武装冲突爆发后，刚果（金）指责美偏袒乌干达、卢旺达。约瑟夫·卡比拉（洛朗·卡比拉之子）执政后多次访美，两国关系有所改善。2011年4月，美刚签署减债协议，美同意对刚减债18.23亿美元。2013年2月，马塔塔总理访美。10月，马塔塔总理再度率团访美。2014年5月，美国国务卿克里访刚，宣布美方将为刚东重建和2016年大选提供3000万美元的援助资金。8月，约瑟夫·卡比拉总统出席在华盛顿举行的首届美非峰会。2017年2月，巴迪班加总理访美。同月，美政府发表声明，呼吁刚各方保持克制，按2016年政治协议尽快组建过渡政府。10月，美驻联合国代表妮基·黑莉访问刚果（金）。2018年6月，美政府以在选举进程中存在贪腐和侵犯人权行为为由，宣布对部分刚果（金）高层官员实施制裁。12 月，美方谴责刚果（金）竞选活动中的暴力事件。2019 年 4 月，齐塞克迪总统访问美国，会见美国国务卿蓬佩奥、能源部长佩里。7 月，美国宣布将向刚果（金）拨款 9800 万美元以应对埃博拉疫情。2020 年 3 月，齐塞克迪总统再次访美。

2021 年 2 月，齐塞克迪总统同美国副总统哈里斯通电话。4 月，齐塞克迪总统以视频方式出席美国发起的领导人气候峰会。7 月，齐塞克迪总统同美国国务卿布林肯通电话。2021 年 9 月，齐塞克迪总统出席第 76 届联合国大会期间会见美国国务卿布林肯。10 月，齐塞克迪总统同美国国务卿布林肯通电话。12 月，齐塞克迪总统以视频方式出席“领导人民主峰会”并发表讲话。2022 年 2 月，美助理国务卿梅迪纳访刚。8 月，美国国务卿布林肯访刚。12 月，齐塞克迪总统赴美出席美非峰会。

（四）同法国的关系

1998 年刚果（金）冲突爆发后，法国主张应尊重其主权和领土完整。2011 年 6 月，法刚签署减债协议，法对刚减债 10 亿美元。2012 年 10 月，法国总统奥朗德出席在刚举行的第 14 届法语国家峰会。11 月，刚总理马塔塔访法。2014 年 5 月，约瑟夫 · 卡比拉总统正式访问法国。2016 年 12 月刚各方签署政治协议后，法对此表示欢迎，敦促各方切实履行协议内容。2017 年 1 月，刚副总理兼外长奥基通杜赴巴马科参加第 27 届法非峰会。6 月，法总统非洲事务顾问巴里斯访刚。9 月，奇巴拉总理访法。11 月，法总统马克龙表示支持刚方于 2018 年根据《宪法》要求举行大选，但约瑟夫 · 卡比拉总统不得谋求第三任期。2019 年 3 月，齐塞克迪总统赴肯尼亚出席联合国环境大会期间会见马克龙总统。5 月，法外长勒德里昂访刚。11 月，齐塞克迪总统赴法出席巴黎和平论坛，并会见马克龙总统。2021 年 1 月，齐塞克迪总统同马克龙总统通电话。4 月，齐塞克迪总统访法。5 月，齐塞克迪总统赴巴黎出席非洲经济体融资峰会。2023 年 3 月，法国总统马克龙到访刚果（金），并与总统齐塞克迪举行联合新闻发布会。然而在会上，两人却发生了争执。马克龙声称法国对刚果（金）国内动荡现状没有责任，还指责刚果（金）政府无能；而齐塞克迪则反击称，法国必须停止对非洲“居高临下”的态度，“要像真正的伙伴一样”看待非洲国家。双方关系降到低谷。

（五）同比利时的关系

比利时是刚果（金）重要援助国和贸易伙伴。2011 年 3 月，比政府宣布免除刚 1.2 亿欧元债务。5 月，比宣布继续减免刚 7.73 亿美元债务。2013 年 8 月，比副首相兼外交大臣雷德尔斯访刚。2014 年 6 月，马塔塔总理访比。2016 年 12 月刚各方签署政治协议后，比对此表示欢迎，敦促各方切实履行协议内容。2018 年 1 月，比政府发表声明谴责刚安全部门暴力执法，并表示在刚举行可信的选举前，暂停双边合作项目。同月，刚方宣布关闭由比驻刚使馆管理的签证代办机构“申根之家”和比开发署驻刚办公室。2 月，刚方关闭在比安特卫普的领馆，并要求比方关闭在戈马、卢本巴希的领馆。9 月，约瑟夫·卡比拉总统和比利时首相米歇尔在纽约举行会见。2019 年 3 月，“申根之家”重新开放，并改名为“欧洲签证中心”。9 月，齐塞克迪总统访问比利时。2020 年 2 月，比利时看守政府首相维尔梅斯访刚。7 月，齐塞克迪总统对比利时进行私人访问。2021 年 9 月，齐塞克迪总统出席第 76 届联合国大会期间会见比首相德克罗。2022 年 6 月，比利时国王菲利普访问刚果（金）并向刚提供2.5亿欧元，用于2023年至2027年刚果（金）卫生、农业、基础设施和妇女自治等方面。

（六）同德国的关系

刚和平进程启动后，德恢复1991年以来中止的与刚原有合作项目。2012年10月，刚总理马塔塔访德。2014年9月，马塔塔总理赴德出席德非经济发展论坛并会见德总理默克尔。2015年2月，德外长施泰因迈尔访刚。3月，德经济合作与发展部长米勒访刚。2019年11月，齐塞克迪总统访德并会见德总理默克尔。2020年3月，联合国有关机构宣布，德将提供5000万欧元援助用于改善刚南、北基伍省冲突地区民众生活。2021年3月，齐塞克迪总统同德国总理默克尔通电话。8月，齐塞克迪总统赴德国柏林出席G20非洲契约投资峰会，并会见德国总理默克尔。

（七）同欧盟的关系

2003年，根据联合国安理会决议，欧盟曾派出2000人的部队驻扎刚东部地区，以保障刚安全局势并改善人道状况，该军事行动后由联合国驻刚果（金）特派团接管。2006年至2014年，欧盟向刚提供援助总额近12亿欧元，主要用于国家治理、环境保护、基础设施建设和医疗卫生。2014年6月，刚总理马塔塔赴布鲁塞尔出席第二届教育资源整合会议（2015—2018年），欧盟宣布将在第11期欧洲发展基金框架下向刚果（金）政府提供6.2亿欧元无偿援助。2016年10月召开的欧盟外长会通过公报，对刚局势表示担忧，呼吁有关各方尊重宪法，要求刚政府在2017年组织选举。2017年2月至3月，欧盟同联合国、非盟和法语国家组织两次发表联合公报，对2016年政治协议落实情况及开赛地区人道主义危机表示关切。11月，欧盟发布公报，呼吁刚各方积极参与大选进程，落实刚独立选举委员会公布的大选时间表。2018 年 3 月，欧盟宣布将向刚境内外的刚难民提供 6000 万欧元人道主义援助。2020 年 2 月，齐塞克迪总统在亚的斯亚贝巴会见欧洲理事会主席米歇尔。2021 年 2 月，齐塞克迪总统同米歇尔举行视频会见。

（八）同非洲国家及地区组织的关系

刚果（金）重视发展睦邻友好关系，加强与南非、安哥拉等非洲国家交往，提升在地区事务中的影响力。

2012 年 4 月刚东部地区安全局势升温以来，刚与卢旺达、乌干达等地区国家元首多次会晤，刚外长还先后访问乌干达、赞比亚、布隆迪等国，与周边国家保持密切沟通。2017 年 8 月，刚国民议会议长米纳库赴卢参加卡加梅总统连任就职仪式。2018 年 2 月，刚军在北基伍省鲁丘鲁地区同卢政府军发生边境摩擦。2019 年 3 月，齐塞克迪总统访问乌干达，此外还赴卢旺达出席第七届非洲 CEO 论坛，并会见卡加梅总统。6 月，齐塞克迪总统先后访问加蓬、坦桑尼亚、布隆迪、赞比亚。7 月，多哥总统福雷访刚，齐塞克迪总统赴安哥拉出席次区域小型峰会，会上刚、安哥拉、卢旺达、乌干达四国发表联合声明，表示将致力于缓解卢、乌关系。8 月，齐塞克迪总统赴安哥拉首都罗安达出席卢旺达、乌干达、安哥拉和刚果（金）四国首脑会议，其间，卢、乌签署缓和两国关系的谅解备忘录。2020 年 2 月，卢旺达、乌干达、安哥拉和刚果（金）又两度就缓和卢、乌关系举行四国峰会。4 月，中非总统图瓦德拉访刚。10 月，齐塞克迪总统主持召开卢旺达、乌干达、安哥拉和刚果（金）四国首脑视频会议，与会各国领导人就维护大湖地区和平稳定、推进地区一体化进程、共同应对新冠疫情等进行深入交流。2021 年 5 月，齐塞克迪总统在戈马会见卢旺达总统卡加梅。6月，同乌干达总统穆塞韦尼共同出席两国边境公路修复工程启动仪式。7月，布隆迪总统恩达伊施米耶访刚。8月，赴赞比亚出席希奇莱马总统就职典礼。11月，卢旺达总统卡加梅访刚。11月，齐塞克迪总统和乌干达总统穆塞韦尼决定在刚开展联合军事行动，共同打击非法武装“民主同盟军”。

2022年2月，齐塞克迪总统同布隆迪总统恩达伊施米耶共同决定设立联合参谋部打击非法武装。4月，肯尼亚、乌干达、卢旺达、刚果（金）四国两次举行小型峰会讨论刚东局势。5月，齐塞克迪总统访问布隆迪。5月以来，刚果（金）指责卢旺达支持刚反政府武装M23，刚卢关系持续紧张。9月，在马克龙总统倡议下，齐塞克迪总统、卡加梅总统在纽约会晤。10月，刚果（金）政府驱逐卢旺达大使离境，并召回刚果（金）驻卢旺达使馆临时代办。11月，齐塞克迪同卢旺达外长比鲁塔在罗安达进行会晤，并签署M23同刚果（金）政府的停火协议。

刚果（金）同刚果（布）仅一河相隔，两国各层级人员往来频繁。萨苏总统曾多次调解刚果（金）内部矛盾及其同卢旺达关系。2019年2月、2020年2月、2020年7月、2021年1月，齐塞克迪总统先后访问刚果（布）。2021年4月，齐塞克迪总统赴布拉柴维尔出席萨苏总统就职典礼。12月，齐塞克迪总统访问刚果（布）。2022年2月，齐塞克迪总统赴刚果（布）出席刚果（布）、刚果（金）、多哥、乌干达四国峰会，讨论地区形势和西非国家政变问题。6月，齐塞克迪总统同萨苏总统在刚果（布）会面，就大湖地区形势交换意见。10月，萨苏总统访问刚果（金）。

刚果（金）同南非在政治、经济、安全等领域交往密切，并积极斡旋刚东问题。2012年10月，约瑟夫·卡比拉总统赴南非出席两国大混委会第八次会议。2014 年 5 月，约瑟夫 · 卡比拉总统赴南非出席祖马总统就职典礼。2015 年 10 月，南非总统祖马访刚并出席两国大混委会第九次会议。2017 年 6 月，约瑟夫 · 卡比拉总统赴南非出席两国大混委会第十次会议。10 月，南非总统祖马访刚。2018 年 8 月，南非总统拉马福萨访刚。2019 年 5 月，齐塞克迪总统赴南非出席拉马福萨总统就职典礼。2020 年 12 月，齐塞克迪总统访问南非。

刚果（金）同安哥拉关系传统友好，各层次交往频繁。2018 年 8 月，约瑟夫 · 卡比拉总统访问安哥拉。2019 年 2 月，齐塞克迪总统访问安哥拉。5 月，安哥拉总统洛伦索、卢旺达总统卡加梅赴刚出席齐塞克迪总统之父葬礼并与齐塞克迪总统举行三方会谈。7 月，齐塞克迪总统赴安哥拉参加卢安达次区域小型峰会。2020 年 1 月，齐塞克迪总统访问安哥拉。2022 年 5 月，齐塞克迪总统访问安哥拉。

2019 年 2 月，齐塞克迪总统出席非盟峰会，并当选轮值副主席；出席南部非洲发展共同体特别峰会；访问肯尼亚、纳米比亚。3 月，多哥总统福雷、中非总统图瓦德拉先后访刚。8 月，齐塞克迪总统赴坦桑尼亚首都达累斯萨拉姆出席南部非洲发展共同体峰会。9 月，齐塞克迪总统赴刚果（布）首都布拉柴维尔出席第五届对非投资论坛。12 月，齐塞克迪总统出席中部非洲国家经济共同体特别峰会。2020 年 2 月，齐塞克迪总统出席非盟峰会并当选为非盟第一轮值副主席。4 月，中非总统图瓦德拉访刚。11 月，齐塞克迪总统赴哈博罗内出席南部非洲发展共同体“三驾马车”及联刚稳定团快速反应旅出兵国峰会。12 月，非盟委员会主席法基访刚。2021 年 1 月，埃塞俄比亚总统萨赫勒 · 沃克访刚。2 月，齐塞克迪总统访问埃及。3 月，齐塞克迪总统主持召开非盟成员国国家元首视频会议，非盟委员会主席法基访刚。4 月，肯尼亚总统肯雅塔、赞比亚总统伦古先后访刚。5 月，齐塞克迪总统先后访问苏丹、埃及、埃塞俄比亚，刚果（布）总统萨苏访刚。6 月，齐塞克迪总统赴布拉柴维尔出席中部非洲国家经济共同体首脑特别峰会。7 月，齐塞克迪总统访问加纳、几内亚、几内亚比绍。11 月，塞内加尔总统萨勒访刚。2022 年 1 月，齐塞克迪总统赴布拉柴维尔出席中部非洲国家经济共同体首脑峰会。2022 年 4 月，刚果（金）加入东共体。8 月，第 42 届南共体峰会在金沙萨举行。10 月，齐塞克迪总统访问坦桑尼亚。

（九）同其他国家和国际组织的关系

英国是刚主要捐助国之一，2015 年向刚提供了 2.4 亿美元援助，主要用于公共卫生、教育、供水等领域。2017 年 2 月，英非洲事务特使埃得伍访刚。10 月，英方宣布未来 5 年将向刚提供 1.75 亿英镑人道主义援助。2019 年 5 月，英非洲事务外交大臣鲍德温访刚。2020 年 1 月，齐塞克迪总统赴伦敦出席英非峰会。11 月，英非洲事务国务大臣杜德里奇访刚。

2014 年 6 月，刚经贸部长贝热波勒赴日本东京参加了首届日本–非洲国际经济论坛。2017 年 5 月，日本同刚方就 3 个发展项目签署金额为 2700 万美元的合作协议。2015 年 10 月，奇班达外长代表约瑟夫·卡比拉总统出席第三届印非峰会。2016 年 8 月，奇班达外长访问韩国、印度。同月，奇班达外长代表约瑟夫·卡比拉总统出席第六届东京非洲发展国际会议峰会。2019 年 8 月，齐塞克迪总统赴日本出席东京非洲发展国际会议。

2019 年 3 月，齐塞克迪总统赴内罗毕出席联合国环境大会。8 月，联合国秘书长古特雷斯访刚并会见约瑟夫·卡比拉总统。9 月，齐塞克迪总统出席第 74 届联合国大会。12 月，齐塞克迪总统赴肯尼亚出席第九届非加太-欧盟首脑峰会。2020 年 10 月，联合国教科文组织总干事阿祖莱访刚。12 月，联合国负责维和事务的副秘书长拉克鲁瓦访刚。2021 年 9 月，齐塞克迪总统出席第 76 届联合国大会。12 月，国际货币基金组织总裁格奥尔基耶娃访刚。

点评：

刚果（金）的外交政策是建立在非暴力、友好合作、宗教和文化互助以及解决地区热点问题上的。它致力于与其他国家建立良好的外交关系，同时以平等、尊重并重视各国的独立和领土完整、主权这些原则为基础，促进和平、安全、稳定，尊重其他国家权利、自主权和议定权，以及各种人权和国际法，并努力推动国际关系民主化、平等性和共同繁荣。刚果（金）外交部在促进国家的外交政策实施中起着关键作用，主要有三方面的努力，包括加强对国际事务的快速反应、制定有助于外交目标实现的正式政策和程序，以及宣传推广与国家利益有关的重大政策宣传活动。此外，外交部还负责管理外交使团，协调各国外交文件的交换等工作。

八、民族和宗教

（一）民族

刚果（金）全国有 254 个部族，较大的部族有 60 多个，分属班图、苏丹和尼洛特三大语系。班图语系各部族占全国人口的 84%，主要分布在南部、中部和东部；苏丹语系各部族多居住在北部，人口最多的是阿赞德和孟格贝托两族；尼洛特语系各部族是最早生活在刚果（金）境内的土著居民，大多已被其他部族同化，仅余俾格米和阿卢尔等少数部族现生活在赤道密林。

（二）宗教

刚果（金）约 70%的居民信奉天主教（约 50%）和基督教（约 20%），上层社会中有很多人有欧美留学背景，受西方文化影响较深，是一个文化上相对开放和包容的国家。此外，还有约 10%信奉伊斯兰教，约 10%信奉金邦古教，其余信奉各种本土原始宗教。

教会是刚果（金）社会公共服务的重要提供者。刚果（金）国土幅员辽阔，但政府力量较为孱弱，官方公共服务体系无法实现对全社会的有效覆盖，因而基督教会在为民众提供精神支撑和道德规范的同时，还肩负起了提供教育、公共卫生、粮食救济等原本应由政府承担的责任。也正是因为这种角色为其进一步干预国家政治提供了一定的合法性。

点评：

纵观天主教会在刚果（金）独立后的社会和政治生活中发挥的重要作用，可以看出其具备较强的社会公信力和政治动员能力，对国家政治的塑造能力甚至超过绝大多数在册政党。不可否认的是，从刚果（金）天主教会与罗马教廷和西方国家的关系，以及前总统约瑟夫·卡比拉与西方国家不睦的政治背景来看，天主教会干政在一定程度上得到了外部势力的支持。时任刚果（金）天主教会大主教洛朗·蒙森格沃·帕西尼亚曾是罗马教宗方济各推动教廷改革的 9 名顾问之一。齐塞克迪上台后，天主教会态度明显较为和缓，积极推动结束约瑟夫·卡比拉与齐塞克迪的“联合执政”。2021 年 1 月，齐塞克迪组建“神圣同盟”实现对议会的控制后，天主教会对国内政治的批评力度明显减弱，但表示将继续密切关注政治舞台。

九、语言和习俗

（一）语言

刚果（金）官方语言为法语，地方语言约 250 多种。主要民族语言有林加拉语，通用于赤道省、金沙萨市和班顿杜省部分地区；斯瓦希里语，通用于加丹加省，南、北基伍省和东方省；基孔果语，通用于下刚果省、金沙萨市和班顿杜省部分地区。流行的外国语言为英语，但仅有少部分受过西方教育背景的学者和官员能用英语交流。

（二）习俗

当地人非常注重仪态仪表，白领阶层在各种正式场合、上班期间都非常注重着装，男士一般都西装革履。

在外事和商务礼仪方面，见面握手即可，亲朋好友见面行贴面礼，当地男士之间一般行顶额头礼。

刚果（金）居民以木薯粉为主食，木薯叶为主要蔬菜。木薯粉经热水冲烫，搅拌成“福福”，蘸着辣椒鱼汤食用，或者将木薯粉团用芭蕉叶包裹发酵后蒸熟，做成“西光克”，去除叶片即食，而切片油炸是最受欢迎的。木薯叶和调料一起捣碎后，加入鱼、肉和水煮熟，便成可口菜肴。

除有些地方外，在大城市一般没有特别的禁忌。

（三）节假日

刚果（金）政府规定的全国性固定节假日有：元旦（1 月 1 日）、独立烈士节（1 月 4 日）、洛朗·卡比拉祭日（1 月 16 日）、卢蒙巴祭日（1 月 17 日）、教育日（4 月 30 日）、国际劳动节（5 月 1 日）、解放日（洛朗·卡比拉上台执政日）（5月17日）、独立日（6月30日）、已故亲人祭日（8月1日）、圣诞节（12月25日）等。

每周一至周五工作，周六、日为公休日。有些政府机构和私人部门周六上午继续工作。

十、货币与物价

（一）货币兑换

刚果（金）本国货币名称为刚果法郎（简称刚郎），货币代码为CDF。刚果中央银行是刚郎的唯一发行机构。在当地市场和各银行，刚郎可以与美元等外币自由兑换。自2013年3月起，人民币与当地货币可以在当地的洛氏银行（巴基斯坦人开设的银行）直接结算。

2016年以来，刚郎兑美元呈大幅波动态势，2017年，刚郎兑美元比价从上年的1108.3：1跌至1620.10：1，2018年稳定在1600~1630刚郎兑1美元之间，2019年基本稳定在1630~1750刚郎兑1美元之间。2020年，刚郎略微贬值，兑美元汇率从1800：1降到2000：1左右。2020年至2023年，刚郎兑美元态势趋于平稳，稳定在2000：1左右。2023年3月，刚果（金）央行公布的刚郎兑美元的比价为2075：1，刚郎兑欧元的比价为2212：1，刚郎兑人民币的比价为299.39：1。

（二）消费水平

刚果（金）生产生活用品严重依赖进口。受交通、税收等因素影响，进口产品物价高昂，物价总体高于欧洲物价水平，且地域差别明显。2023年2月当地部分生活食品平均价格如表2-8所示。

表 2-8 刚果（金）2023 年 2 月部分生活食品均价表

商　　品	平均价格（美元）
牛奶（普通）（1L）	1. 88
新鲜白面包（500g）	1. 87
大米（白）（1kg）	2. 74
鸡蛋（普通）（12 个）	3. 64
本地奶酪（1kg）	7. 77
鸡柳（1kg）	5. 00
牛臀肉（1kg）（或等量的后腿红肉）	20. 00
苹果（1kg）	5. 81
香蕉（1kg）	3. 43
橙子（1kg）	4. 22
番茄（1kg）	4. 10
马铃薯（1kg）	3. 88
洋葱（1kg）	3. 43
生菜（1 头）	1. 39
水（1. 5L/瓶）	1. 35
一瓶葡萄酒（中档）	15. 84
国产啤酒（0. 5L 瓶装）	1. 41
进口啤酒（0. 33L 瓶装）	2. 79
香烟 20 根/包（万宝路）	3. 39

资料来源：Numbeo 数据库。

十一、金融服务

（一）外汇管理

刚果（金）实行外汇管理，但总体较为宽松。美元在当地市场可自由流通。外资企业只需按要求提供相关文件便可申请开立外汇账户。按照刚果（金）中央银行规定，跨境转账业务超过10000美元，进口业务超过2500美元均需办理许可证。一般开户银行会协助办理审批手续。利润汇出需交20%的动产税。外国人携带现金出入境限额为10000美元，超过10000美元需申报，并说明理由。2020年刚果（金）中央银行致函刚果（金）银行协会，重申取现额度不得超过10000美元或等额货币的规定。

（二）银行

刚果（金）中央银行承担国家央行职责，负责起草和执行货币政策、管理外汇储备和制定汇率、发行货币等。其贷款对象均为国家机构，很少向私人部门发放贷款。根据刚果（金）中央银行公布的资料，在刚果（金）现运营的商业银行有18家。主要有刚果商业银行、洛氏银行、刚果经济银行、标准银行等。

目前，中资银行尚未在刚果（金）设立分支机构。国内银行与当地银行基本没有直接的业务合作关系。2019年5月2日，刚果（金）中央银行正式宣布将人民币同美元和欧元一道作为该国外汇储备货币，以促进两国间经贸关系的发展。

当地外资银行洛氏银行近年来与中国多家银行建立了合作关系，2019年5月，洛氏银行正式启动人民币转账汇款和结算业务。

（三）保险

2016年，刚果（金）政府成立刚果（金）保险监督管理局，主要职能是确保保险合同受益人权益，保险公司及分保公司资本充足并有足够的偿付能力。截至2022年底，保险监督管理局为4家保险公司和4家保险经纪公司发布许可。根据安永会计事务所对刚果（金）金融保险行业营商环境的研究结果，刚果（金）保险市场发展极为落后，普及率仅0.4%，低于周边国家1.5%的平均水平。

点评：

2023年2月22日起，刚果（金）保险监督管理局在财政部的协调下设立国家保险证书颁发系统。这种新的数字工具旨在控制强制保险并有效保护保单持有人，扩大保险产品的分布，对普及率和整体经济将产生积极影响。

（四）信用卡

刚果（金）银行个人业务并不普及。据调查，城市居民只有12%拥有银行账户，其中79%拥有银行卡，且主要为年轻人。国际信用卡仅能在当地较大的酒店、超市等少数场所使用。外国各银行开具的支票及旅行支票在当地尚不能使用。

据洛氏银行有关人士介绍，自2013年4月起，中国银联卡用户可在刚果（金）洛氏银行的ATM提款机取现金，也可在金沙萨、卢本巴希等主要城市各大酒店和超市刷卡消费。

（五）融资

当地金融机构和外资银行在当地开设的分支机构基本上以存储业务和汇兑业务为主，贷款业务非常少，且利率偏高。因此，外资企业在当地银行融资的可能性不大。如需申请融资，则视各银行的不同要求进行操作，没有统一要求。

刚果（金）现行国家基准利率为 8.25%（2023 年 4 月数据），但根据世界银行统计，其实际贷款利率约 23.1%。很显然，刚果（金）中央银行的指导利率对当地商业银行实际上并无实质性指导作用，也没有约束力。在刚果（金）开展业务的公司一般会选择海外融资。

点评：

刚果（金）各主要商业银行均可为外国企业开具保函，但需提供相关资料。以刚果（金）经济银行为例，该行在出具保函方面主要有以下三类服务产品：

（1）投标保函：企业需出具申请书、招标书封面、招标通知书、投标人须知中关于投标保函的描述、投标书特别说明中相应的规定（保函金额、有效期等）的复印件以及招标书的投标保函模板。办理时间一般为 4 个工作日。

（2）履约保函：企业需出具申请书、合同主要签字页、施工进度计划表、履约保函模板。办理时间一般为 5 个工作日。

（3）预付款保函：企业需出具申请书、合同主要签字页、预付款资金使用计划、预付款保函模板。办理时间一般为 5 个工作日。

十二、通信与电力

（一）邮政

刚果（金）境内共有约 20 多家邮政运营商。由于交通不便，刚果（金）邮政服务主要集中在大城市，小城镇和边远地区的邮政服务不发达。目前，DHL、EMS 和 TNT 等国际快递公司在刚果（金）主要城市均开通了快递业务。

（二）电话

截至 2022 年初，刚果（金）移动电话用户约 4395 万人。但大部分偏远区域尚无电信网络覆盖，电信市场未来发展潜力较大。截至 2021 年四季度，全国移动电话普及率为 53. 1%，有 4 家通信运营公司，分别是 Vodacom、Airtel、Orange 和 Africell，市场占比分别约为 35. 94%、32. 60%、25. 69%和 5. 77%。

根据不同区域和不同套餐，国际通话费为每分钟 0. 07～0. 25 美元不等；国内通话约 0. 1 美元/分钟，随套餐略有不同；移动电话没有月租费和国内长途费。

刚果（金）国家区号是+243。当前刚果（金）运营商未提供固定电话服务。

（三）网络

互联网服务商约 50 家，主流服务商仍然为 Vodacom、Orange、Airtel 和 Africell。截至 2022 年 5 月，刚果（金）有 1650 万互联网用户，全国互联网普及率为 17. 6%，有 7 家甚小孔径终端（VSAT）服务商、14 家光纤网络服务商和 29 家互联网接入服务商。

连接金沙萨至姆安达光缆骨干网一期（650 千米）已于 2011 年 1 月顺利验收投入使用，使用中国优惠贷款实施的包括金沙萨至班敦渡、金沙萨至卢本巴希，连接赞比亚边境城市萨卡尼亚共约 3250 千米的全国光缆骨干网二期于 2016 年 2 月完成验收并交付刚果（金）使用。因光缆骨干网不足和城域网不健全等原因，部分运营商采用光缆-微波的传输方式为终端用户提供语音和网络服务。

由于各种原因，刚果（金）国内尚无真正意义上的宽带上网服务，普通用户只能以手机方式访问互联网。互联网服务主要集中在大城市，价格因服务商、相关设备及所提供的带宽不同而差异较大。2018 至 2019 年，主要网络运营商均已部署 4G 网络，面向个人用户推出 4G 无线数据业务，包月套餐价格一般在每月 20～100 美元，网络服务质量较往年已有一定改善，上网资费有所下降。以 Vodacom、Orange 公司推出的 3G/4G 网络套餐和 Orange 公司推出的 Homebox（无线宽带家用猫，以家用为主）为例，其包月费用分别见表 2-9 和表 2-10。

表 2-9　刚果（金）手机上网（4G）包月费用

套餐流量（GB）	价格（美元）	运营商
4.5	20	Orange
7	30	Orange
7.5	25	Vodacom
16	50	Orange
20	50	Vodacom
30	75	Vodacom
100	100	Orange
101	100	Vodacom

资料来源：中国国际贸易促进委员会，2022 年 5 月数据

表 2-10　刚果（金）Orange Homebox 包月费用

套餐流量（GB）	价格（美元）
10	30
30	60
130	100
300	200

资料来源：中国国际贸易促进委员会，2022 年 5 月数据。

（四）媒体

1. **通讯社**

刚果新闻通讯社是刚果（金）的国家通讯社，2009 年 4 月，前总理穆兹托颁布规定，将刚果新闻通讯社改制为公营机构。另有一家私人通讯社——联合通讯社。

2. **电视台**

刚果（金）拥有 625 家广播电台和 387 家电视台，主要集中在首都。

3. **报刊**

刚果（金）新闻传媒较活跃。据刚果（金）媒体部统计，全国有 571 家纸质媒。影响较大的报纸有《潜力报》《未来报》《参考报》《光荣榜报》《灯塔报》《观察家报》《青年非洲》等。

点评：

刚果（金）的媒体对华立场相对中立，报道相对客观。《未来报》和《精英论坛报》等纸媒会定期转载新华社消息，对华蓄意抹黑的报道或评论很少见诸报端。偶尔会有当地政客针对中资企业的不实言论或蓄意抹黑，大使馆会第一时间发声，以正视听。

（五）电力

刚果（金）拥有丰富的水利资源，水电潜能约为 10 万兆瓦，占世界水电总量的 13%。其中，4.4 万兆瓦集中在英加大坝周围地区，5.6 万兆瓦分布在其他 80 个可开发电站的地区。装机容量约为 2516 兆瓦，约占世界总量的 2.5%。英加水电站是刚果（金）目前最大的水电项目，其中英加Ⅰ项目共有 6 台机组，装机容量 351 兆瓦，英加Ⅱ项目共有 8 台机组，装机容量 1424 兆瓦。截至 2021 年，英加水电站只发挥了其中 40%的装机容量。但由于经济落后，缺乏基建和养护资金，全国通电率仅为 19.1%，远低于撒哈拉以南非洲 24.6%的平均通电率。

近年来，刚果（金）国家电网建设也取得较大发展。根据国际能源署的最新数据统计，刚果（金）2020 年石油发电量 190 吉瓦时，水力发电量 900 千瓦时，天然气发电量 2742 千瓦时。

［**案例** 2-1］

在 2021 年 12 月 3 日举行的部长会议上，刚果（金）水利资源和电力部部长报告称，首都金沙萨电力供应远不能满足居民需求。按照人口年增长率 4.7%计算，电力方面，金沙萨电力需求为 1300 兆瓦，国家电力公司目前只供应 450 兆瓦，短缺约 850 兆瓦。电力供应设备老化，已经运行 35 至 50 年，中压故障频繁，电网中“非法干扰”导致故障，公共照明系统过时。2021 年 12 月底，公共配电网将采取 19 项紧急行动，2021 年 12 月后将采取 6 项行动，包括减少负荷、改善服务和照亮城市主干道。

十三、医疗和安全

（一）医疗

刚果（金）全国有 515 个医疗卫生服务区，393 家标准化社区医院、6 家省级医院、3 家国家级医院，主要集中在金沙萨和省会城市，国家整体医疗水平落后，人均医疗费用不足 1 美元。

刚果（金）私有部门、宗教组织和一些非政府机构管理着许多卫生中心和一半的医院。城市和农村、金沙萨和其他地区卫生服务覆盖面很不平衡。金沙萨有 1 家比利时私营医院，设施较好，但收费昂贵。

此外，印度、加拿大私营医院在当地也颇有口碑。

刚果（金）是各种传染病多发的国家，死亡率较高的疾病有埃博拉出血热、艾滋病、疟疾、麻风、肺结核、霍乱、昏睡病、伤寒、血吸虫病等。由于卫生条件较差、缺少清洁水源，2017 年刚果（金）有超过 2.4 万例霍乱疑似病例，有 500 余人因感染霍乱丧生。2018 年 5 月和 8 月，刚果（金）赤道省和东部地区先后暴发埃博拉疫情，其中 8 月在刚果（金）东伊图里，南、北基伍省暴发的埃博拉疫情，已造成超过 3400 人感染、2280 人死亡。2020 年 6 月，第 11 轮埃博拉疫情在赤道省暴发，于 2020 年 11 月份结束，期间累计报告确诊病例 130 例，其中死亡 55 例，治愈 75 例。2021 年 2 月，北基伍省暴发第 12 轮埃博拉疫情，5 月份结束，期间共报告 12 例病例，死亡 6 例，治愈 6 例。2022 年 4 月，刚果（金）西北部赤道省姆班达卡市报告 1 例埃博拉病毒确诊病例。

[**案例** 2-2]

中国从 1973 年开始向刚果（金）派遣医疗队并开展医疗援助。几十年来，中国援刚果（金）医疗队员以精湛的医术为刚果（金）广大患者提供医疗诊治和义务巡诊，得到广泛赞誉。目前，中国第 21 批援刚果（金）医疗队，由河北省选派，于 2023 年 1 月 4 日从石家庄启程，全队 21 人将前往刚果（金）执行为期一年的援外医疗任务。第 21 批援刚果（金）医疗队队员主要来自河北省、市级医院和省疾控中心，涉及内科、外科、骨科、儿科、妇产、医学影像、公共卫生、中医、麻醉、护理等 12 个专业，将派驻在由中国政府援建的刚果（金）中刚友谊医院和刚果（金）上加丹加省综合示范医院开展工作。

点评：

医疗保险：刚果（金）社会保险由国家社保局负责，但因社会医疗覆盖面和医保赔付能力有限，国内医疗资源不足，建议投资人提前购买保额在 10 万元人民币以上的商业医疗保险和相关意外险，并随身携带保险单。

就医与买药：刚果（金）公立医院医疗设施匮乏，外籍人士多选择金沙萨私人医院或诊所就诊。私人诊所医生为未投保患者看病的平均医疗费用约 50 美元/人，若包括护理、药物、诊断测试、食品等费用，约为 1500 美元/人。

因当地医疗系统治疗能力有限，如遇紧急情况，患者通常被空运到南非等医疗服务更好的国家。建议外籍人士在劳动合同中明确健康保险有关事宜，以便在发生医疗紧急情况时得到有效援助。值得注意的是，刚果（金）暂未有全国通用的医疗急救号码，如遇突发情况，建议联系如下机构：

世界卫生组织全球呼叫电话：+47-241-39000

中国援刚果（金）医疗队：+243-852883560

中国驻刚果（金）使馆领保电话：+243-851474669

刚果（金）主要城镇设有药房，但因全国药物供应紧张，建议需定期服用处方药的外籍人士携带足够药物，并开具相应法文证明以应对入关检查。

点评：

中国驻刚果（金）大使馆提醒中国公民谨慎前往疫情所在城市和地区，请身处疫区的中国公民和中资企业密切关注疫情并做好防护。注意避免与疑似病人、野生动物及被其血液、体液污染的物品接触，不要出席葬礼，尽量不要前往诊所、医院等病人聚集的地方；保持良好的卫生习惯，随身携带卫生消毒用品，一旦接触疑似病人或野生动物的血液、分泌物或排泄物，应立即用肥皂水清洗；不要食用、接触、处理野生动物肉类及其制品，通过正规商业渠道购买符合卫生标准的生肉制品，煮熟后食用；如发现疑似症状，请立即就医。

（二）安全

刚果（金）由于多年战乱以及贫困加剧，导致社会治安问题较为突出。虽然法律禁止当地居民擅自持有枪支，但社会上枪支较多，持枪抢劫事件时有发生。东部地区，特别是南基伍、北基伍、伊图里三省叛军和地区武装活动频繁，与政府军冲突不断，持枪抢劫、杀人案件等恶性案件频发，已被中国驻刚果（金）大使馆列为安全风险红色区域，不建议中国公民前往。上加丹加省、卢阿拉巴省治安情况近年也有恶化，新冠疫情加剧了当地治安的恶化，偷盗、抢劫事件频发。中国驻刚果（金）大使馆及时跟进刚果（金）安全局势、传染病疫情等最新情况，发布安全预警通告，提醒中国公民注意加强安全防范。相关信息可登录中国驻刚果（金）使馆网站查询。

[**案例** 2-3]

近年来，中国公民受伤害的恶性案件时有发生。2019 年 12 月，伊图里省某金矿发生持枪抢劫，3 名中国人被劫持。后在中国使馆的积极斡旋下，3 名中国人被安全释放。2020 年 4 月，伊图里省首府布尼亚附近某金矿发生持枪抢劫，3 名中国人被杀害。事发后，中国驻刚果（金）大使朱京致电伊图里省长，要求刚方深入调查，尽快将凶手绳之以法，同时要求当地政府部门立即采取一切必要措施，确保中国公民的人身和财产安全。

点评：

请在刚果（金）的中国公民高度警惕，随时关注中国领事网安全提醒公告，加强安全防范和应急准备，积极参与当地中资企业和侨团的联防联保机制。如遇紧急情况，请及时报警并联系中国驻刚果（金）使馆。

联系电话：

刚果（金）报警电话：+243-818906284，+243-816770006，+243-827205000

外交部全球领事保护与服务应急热线（24 小时）：+86-10-12308 或+86-10-59913991

驻刚果（金）使馆领事保护与协助电话：+243-851474669

Chapter 3
第三章

前往刚果（金）手续办理及相关须知

一、刚果（金）签证

依据法律和相关条例，刚果（金）国家移民局负责外籍人员签证申请和居留事宜。申请者需提出申请，在持有合法证件的情况下，方可在刚果（金）出入境、中转和居留。

刚果（金）出入境及居留证件共有13种，办理具体签证前建议联系刚果（金）国家移民局或刚果（金）驻华大使馆获取最新要求。

（一）签证发放规定与条件

1. 落地签证

此类签证面向刚果（金）未设外交代表机构国家的人员，由国家移民总局局长批准签发。持有该签证即可通过机场或边境口岸入境。另，该签证还可发放给刚果（金）政府邀请来刚果（金）人员。签证费用由财政部、预算部和内政部等联合制定。

获得落地签的条件：

· 向国家移民总局局长递交书面申请；

· 递交申请人护照复印件；

· 递交刚果（金）境内担保人身份证件复印件，担保人若为刚果（金）籍，需提供身份证复印件；若为外籍人员，需提供护照复印件。

2. 海空港落地签证

凭国家移民总局局长签署的紧急批准令或由边检站颁发的落地签证入境，编号为11a（机场签证）和11b（港口签证）。签证有效期为7天。超过有效期后，须在国家移民总局办公厅或省移民局办理合法停留手续，签证费为40美元/次。

3. 旅游签证

由刚果（金）驻外使领馆签发。申请条件如下：

· 持有效护照；

· 在境内停留期间生活保障证明；

· 由在刚果（金）合法居留法人或自然人承担费用或邀请。

持旅游签入境人员需在入关时出示在刚果（金）注册企业或国家移民总局出具的邀请函或担保函纸质件。持旅游签者不得在刚果（金）境内从事任何带有生产、经营性质的活动。有效期最长为六个月。国家移民总局局长可签署文件延长签证为一年期，也可依据有关情况延长两个月或三个月。

4. 居留签证

发给拟在刚果（金）居住的外籍人员。除具有长期居留权利外，还可在法律允许的范围内从事生产或经营活动。

（1）居留签证的类别：

· 普通居留签证；

· 工作签证；

· 特殊工作签证；

· 留学签证；

· 刚果（金）公民外籍配偶居留签证；

· 特殊签证；

· 永久居留签证。

（2）居留签证签发的基本要求：

· 在刚境内合法居留；

· 至少在刚果（金）居住6个月；

· 持有效期内的护照（有效期至少 6 个月）；

· 申请表；

· 注册登记表；

· 4 张近期证件照；

· 国际疫苗接种证书；

· 提交本国［经同刚果（金）方协商，此材料可免除］和在刚果（金）居住地市镇出具的品行良好证明（有效期为 3 个月）；

· 提交居住地开具的居留证明（有效期为 3 个月）；

· 提交领事证明或在使馆登记注册证明的原件和复印件［经同刚果（金）方协商，此材料可免除］；

· 具备充足旅费的证明。

5. 刚果（金）公民外籍配偶签证

· 结婚证（复印件）；

· 配偶合法身份证公证件复印件；

· 配偶同意书公证件复印件（外籍女性配偶需提供）。

点评：

出入境往返签专门发放给持有刚果（金）长居证件希望出国的人员，对于从事慈善活动的自由职业者（如传教士、非政府组织人员）而言，有效期自其第 1 次离境后 7 个月到 11 个月不等。

6. 特殊居留签证（5 至 10 年）

根据投资法，该签证发放给在刚果（金）投资的企业代理人或投资人，持有特殊签证者可免费办理出入境往返签。

· 向国家移民总局局长递交书面申请；

· 提交国家投资促进署同意投资证明；

· 跨部委为投资项目联名颁发的法令。

7. 永久居留签证

永久居留签证无期限限制，无须办理出入境往返签。

特殊要求：

· 向国家移民总局局长提交书面申请；

· 在刚果（金）连续合法居住 15 年以上；

· 从事农业、自由职业、商业或工业活动；

· 依法纳税。

（二）免护照和签证的情况

1. 免护照和签证人员

· 在同行的亲属、长辈或监护人护照上注明身份的 15 岁以下外籍人员；

· 持有飞行器、船舶驾驶证或证明材料，且在刚果（金）短期停留，从事空、海航运输的外籍机组人员。

2. 过境签证

· 活动范围仅在空港或海港内的外籍过境中转人员；

· 需乘航班在刚果（金）境内短期中转的外籍人员；

· 在金沙萨机场经停，前往布拉柴维尔的外籍人员，可免除“金沙萨—布拉柴维尔”签证；

· 航空、船舶机组的外籍人员凭驾驶证和执照免办签证。

（三）签证办理费用

刚果（金）签证办理费用如表 3-1 所示。

表 3-1　刚果（金）移民局各种签证费用

序号	签证种类	费用（美元）
1	5 年特殊长住签	653
2	10 年特殊长住签	700
3	永久居住签	1500
4	商人或带有营利性质的自由职业普通长住签	700
5	带有慈善性质的自由职业普通长住签	200
6	工作长住签	653
7	未成年人或留学生长住签	100
8	外籍妻子签［针对刚果（金）人］	200
9	更换护照时，需转移原有签证	43
10	一次出境签	117
11	多次出境签	183
12	未成年人或留学生一次出境签	22
13	未成年人或留学生多次出境签	43
14	单次过境签	50
15	往返过境签	100
16	一个月旅行签证，一次入境	83
17	一个月旅行签证，多次入境	133
18	两个月旅行签证，一次入境	150
19	两个月旅行签证，多次入境	200
20	三个月旅行签证，一次入境	217
21	三个月旅行签证，多次入境	250
22	六个月旅行签证，一次入境	300
23	六个月旅行签证，多次入境	400

续 表

序号	签证种类	费用（美元）
24	机场签	40
25	港口签	40
26	个人通行证	5
27	邻国通行证持有人延长 30 天签证	20
28	邻国通行证持有人延长 15 天签证	10
29	签证期满后非法居留罚款（按月计算）	100~150
30	无签证罚款	150~300

资料来源：刚果（金）移民局。

二、入境须知

移民总局设在边境的检查站对入境和出境的人员是否合法进行例行检查。

（一）普通出入境的条件

依据法律和条例的规定，入、出刚果（金）的人员必须符合下列条件：

· 持能够入境的有效旅行证件；

· 持有效签证；

· 出示旅行期间足以生存和返回保证的法律文件；

· 不在被列入禁止入境的名单内；

· 不被认为构成威胁；

· 持公务护照的人员需出示公务证明；

· 本国公务员和雇员需出示休假证明。

（二）边境相邻国家公民入、出境的特殊条件

鉴于与刚果（金）边境相连的国家有特别的体制，即允许在无护照、签证情况下入、出境和居留邻国，其条件是：

· 短期滞留；

· 接待国家确定的有限的出行区域；

· 移民能够取得出境邻国家居住的身份证明；

· 移民能够从同一边境检查站取得通行证或其他证明。

边境常用的特殊证件如下：

· 个人通行证；

· 集体通行证；

· 车辆通行证；

· 特别通行证；

· 替代护照的通行证。

（三）证件检查

移民总局对旅行证件进行检查以确定旅行证件是否有效并发现各种假证件。

三、注意事项

（1）要学会和掌握一些能应对日常工作所需的简单外语，以免在遭遇困难时无法交流，处于被动。

（2）不可忽视安全防范措施。中资企业常常会碰到不明身份人员的“拜访”甚至安全威胁，为此，要从当地正规的安保机构雇佣保安人员，且要与当地各政府部门保持良好关系，做到遇事能及时联系上相关单位和人员。

（3）保管好个人的有效身份证件，以免丢失和被盗。签证快到期时，应提前办理延期手续。中方人员曾发生因护照丢失后不及时报案而被当地警察拘留、扣押的事件。

（4）在购买土地、房产、矿权时要十分谨慎，对持有者的各种证件，应到当地正规合法部门进行认证，并聘请当地有经验的律师参与，以免造成无法弥补的损失。

（5）由于刚果（金）东北部和中部开赛地区仍有反叛武装组织残余势力活动，安全风险大。建议尽量避免前往拓展业务。如确需前往，应向使馆报告并特别注意自身安全。

（6）中方人员要注意自身形象，与当地员工和睦相处，切不可有歧视当地人的举动，以免发生恶性冲突事件。

（7）合法经营，遵守当地有关法律法规。

（8）不得从事走私活动或非法携带象牙等野生动物制品出入境。近年来连续发生多起中国公民携带象牙等野生动物制品出入或过境部分国家机场等口岸时，被当地执法部门依法查扣并被处以监禁或巨额罚款的案件。购买和携带象牙、犀牛角等野生动物制品严重违反《濒危野生动植物种国际贸易公约》和我国及刚果（金）等国家的法律，将受到各国严厉打击。往来刚果（金）的中国公民须严格遵守有关法律法规，切勿心存侥幸，铤而走险。

四、刚果（金）紧急求助联系方式

中资企业及公民在刚果（金）如遇突发状况，或遇有语言不通等特殊情况，应尽快通过各种联系方式与中国使馆领事部门取得联系，告知所遇困难及地理信息，以便尽快解决。

在中资企业间、华人内部发生的纠纷，应尽量内部协商解决，避免矛盾扩大，如需通过法律途径解决纠纷，可通过国内有关单位进行。

如遇恐怖袭击、绑架、抢劫等恶性治安事件，请及时报警，并与中国驻刚果（金）大使馆和工作单位取得联系。

中国驻刚果（金）使领馆依法维护我公民在刚果（金）合法权益不受侵害，对于违反当地法律法规的中国公民将提供法律咨询，最大限度提供必要协助。

相应的联络方式如下：

报警电话：+243-818906284，+243-816770006，+243-827205000

医疗救助电话：+243-852883560［中国援刚果（金）医疗队］

Chapter 4

第四章

刚果（金）有关法律规定

一、刚果（金）法律体系概述

刚果（金）属于大陆法系国家。因历史原因，其法律制度主要基于比利时法律。刚果（金）法律渊源主要有宪法、国际条约、制定法（包括习惯法）、行政法规、习俗、判例法和教义，以及刚果（金）所加入的泛非组织通过的法律条约，如中非经济与货币共同体、中非经济共同体、非洲商法协调组织和非洲联盟等。宪法是刚果（金）的基本大法。由于刚果（金）近60%的人口居住在农村地区，当地的习惯法规定了该国各种传统社区的个人身份法（如婚姻和离婚法）和财产权，特别是继承权和土地所有制度，解决了当地人的多数纠纷，因此习惯法在刚果（金）法律体系上占有很重要的地位。宪法规定正式缔结的条约和国际协定必须在政府公报上公布，且效力优先于国内立法，但某些特例除外。判例法或司法判例、教义、法理是不具有约束力的法律渊源。

刚果（金）的法律体系主要包括商业法、公司法、财政和海关法、社会法、能源法、银行和保险法、公法、部门法以及程序法这九大类别，以保证国家体系的有效运转。

刚果（金）宪法规定，司法系统分为宪法、普通司法（即民事和刑事）、公法三个部分，实行三审终审制。宪法法院是维护宪法的最高司法机关。初级法院负责案件初审，上诉法院负责审查初级法院的判决，最高法院是最高审判机关，负责普通司法、公法两部分案件的终审判决。刚果（金）法院判决主要依据法律规定，而非以往判例。

二、在刚果（金）投资注册企业需要办理的手续

（一）主管部门及相关法律

根据2002年2月21日第004/2002号《关于投资法的补充法》和2009年8月8日第09/33号总理令，刚果（金）国家投资促进署是负责刚果（金）境内公共和私人投资的唯一服务窗口。国家投资促进署行政上隶属计划部，但具有相对独立性。主要职责：一是受理境内外的投资申请，审理并决定投资许可；二是制定和调整投资政策，促进国内外投资。

根据刚果（金）时任总理马塔塔2012年11月1日签署的总理令规定，在司法部设立“企业注册一站式服务窗口”，专门负责受理本国及外国企业在刚果（金）注册企业的审批事宜。外资企业可通过刚果（金）国家投资促进署递交相关文件，并在符合条件的情况下享受税收优惠。

刚果（金）2002年出台的《投资法》对外国直接投资者作如下定义：任何没有刚果（金）国籍或只有刚果（金）国籍、但居住在国外的自然人和所有总部设在刚果（金）国土以外，但在刚果（金）从事直接投资的国营或私营企业法人。

点评：

刚果（金）企业注册一站式服务窗口的法令原文及中文译文已在中国驻刚果（金）大使馆经商处子站发布，可在政策法规栏目中浏览。

（二）设立企业的形式

刚果（金）公司法律形式包括法人企业和自然人企业，外国企业还可在刚果（金）设立代表处或联络处用于处理非直接经营业务。

1. **法人企业**

法人企业能够以企业名义独立享有法定权利和承担法定义务，类型包括有限责任公司、股份有限公司、简易股份有限公司、集体所有公司、有限合伙企业和经济利益集团。

2. **自然人企业**

自然人企业指的是个人出资、经营、自负盈亏和自担风险的企业，类型仅有个体工商户。

（三）注册企业主要程序

根据刚果（金）国家投资促进署公示，外国企业可向国家投资促进署或企业注册一站式服务窗口提交注册所需资料，有关部门将在资料递交后3日内受理注册请求，并给予企业相应证明材料。

外国企业代表处如希望转变为实体，必须向商业注册与动产信用登记处提出申请。注册企业的具体程序和所需材料详见表4-1。

表4-1 刚果（金）实体设立程序及所需材料

实体类型	法人实体	自然人实体
企业向主管单位递交的材料	(1) 致企业注册一站式服务窗口的公司创建申请书； (2) 公司章程一式4份+电子版（用于官方刊物公告）； (3) 公司总经理签字样本（如是外国人，需附上有效签证复印件）； (4) 认购和支付股本的声明； (5) 支付股本证明（正式批准的银行或小额金融机构出具的缴款单或证书）； (6) 行政费用支付证明； (7) 如申请特许经营行业，需一并提交主管部门要求的申请材料。	(1) 致企业注册一站式服务窗口的公司创建申请书； (2) 产权证书或租赁合同； (3) 有效身份证件； (4) 75天内开具的无犯罪记录证明； (5) 居留签证（仅适用于外国人）； (6) 婚姻证明（必要时适用于外国人）。

续　表

实体类型	法人实体	自然人实体
政府给企业的开业证明材料	（1）公司注册回执； （2）收款单； （3）公司章程和公证书； （4）商业注册与动产信用登记； （5）存款证明； （6）企业国家代码、税号、INPP 编号、CNSS 编号； （7）国家就业办公室的注册证书等。	
设立企业成本	120 美元（不含注册资本税及银行手续费用）	40 美元（不含注册资本税及银行手续费用）
其他费用	根据刚果（金）税法，在创建、增加注册资本或延长公司期限时还需缴纳注册资本金价值 6%的比例税	
备注	（1）有限责任公司：无最低注册基本要求； （2）股份有限公司：未上市时注册资本应至少为 1000 万刚果法郎，上市时应至少为 1 亿刚果法郎。	暂无

资料来源：刚果（金）国家投资促进署。

点评：

如若通过刚果（金）企业注册一站式服务窗口申请企业注册，还需提供致企业注册一站式服务窗口的公司创建申请书。

三、刚果（金）对外国投资的市场准入

（一）投资主管部门及相关法律法规

刚果（金）国家投资促进署是负责刚果（金）境内公共和私人投

资的唯一服务窗口，其主要职责是受理境内外的投资申请，审理并决定投资许可；制定和调整投资政策，促进国内外投资。刚果（金）的投资主管部门根据在当地开展业务的所属领域（如采矿、电信、银行等）有所不同。

刚果（金）《投资法》规定了适用于本国人或外国人在该国进行直接投资的条件、优惠政策和一般规定。任何希望享受刚果（金）《投资法》规定优惠的投资者均需向国家投资促进署提交一份申请批准文件。

刚果（金）《投资法》第 23 和 24 条规定，外国法人或自然人享受本国法人或自然人同等的待遇，但国家保留对属于本国侨民的外国法人或自然人适用同等原则的权利。刚果（金）不能把参与自由贸易区、海关联盟、共同市场或其他一切形式的地区经济组织所取得的优惠待遇给予第三国国民和公司。

根据刚果（金）《投资法》第 33 条，任何企业均需遵守下列一般义务：

· 根据批准令规定的内容和期限，实施《投资法》普惠制所批准的项目；

· 根据刚果（金）会计法设立专职会计；

· 接受有关行政当局的各种检查；

· 根据批准的计划，负责人员的培训和晋升；

· 遵守外汇管制、环保和自然保护条例；

· 企业在享受普惠制期间，每半年向国家投资促进署申报说明投资和经营进度的资料；

· 遵守现行的雇工规定，在能力相同的情况下，优先使用本国人；

· 生产的产品与服务要符合国家和国际标准。

享受刚果（金）《投资法》普惠制的企业不履行或违反其作出的承诺或违反法律规定，计划部在征得国家投资促进署同意后，派人员将行政文件送达企业，索取收据，敦促其进行弥补。如果从该文件收到之日起三十天内敦促无效，则根据国家投资促进署建议撤销批准。撤销批准会引起给予企业的优惠失效，此时企业归普通法管理。在这种情况下，自撤销批准生效之日起，企业将被追溯按其曾获得过免税的关税和税收规定办理。一旦批准被宣布撤销，投资人即需缴纳根据批准而少交的各种税和罚款，并将受司法追究和惩罚。

点评：

根据《投资法》规定，由具有规划和投资职能的部长以及国家投资促进署负责刚果（金）国内外投资，但下列领域除外：

- 采矿和碳氢化合物领域；
- 银行业；
- 保险和再保险业；
- 武器生产和军事相关活动；
- 炸药制造；
- 军事武装及准军事装备和材料组装；
- 武器生产、军事、准军事活动或安保服务；
- 商业活动。

对上述这些领域的投资受特定法律的约束。需要注意的是，尽管这些领域的相关部门都出台了具体规定，但所有投资者都必须向国家投资促进署提交一份投资文件的副本。

（二）投资行业的规定

刚果（金）《投资法》及各行业相关法令规定，禁止外资进入军事领域。矿产、石油、天然气、银行、金融、保险以及政府间的重大投资合作由其他相关政府部门单独管理，投资者需要向政府主管部门单独提出申请。

2018 年 3 月，刚果（金）政府颁布修改后的《矿业法》。新《矿业法》对矿权取得、矿产冶炼和开采、下游分包、股权分红和转让、税基、税率和外汇等规定作出调整。其中稳定期的取消，超额利润、战略资源税等概念的引入将给企业经营带来较大不确定性。

刚果（金）鼓励外商投资农业和农产品加工业、畜牧业、渔业、制造业、酒店和餐饮业、建筑和房地产业、林业和木业、交通运输业、电信和信息技术业、纺织业等。其中，民用设施领域，如建筑、道路维修、公共运输、学校和医院等，是刚果（金）面向外商投资的重要行业。在农业投资方面，刚果（金）希望通过农业机械化实现粮食自给或者降低进口并且增加乡村地区的收入，增加工业原料的供应。同时，刚果（金）十分重视外商对该国工业的投资，比如建立工业基地以实现长久的经济效益，促进社会就业；对自然资源进行开采；提倡提高资源的附加值及扩大生产规模。

（三）投资方式的规定

在刚果（金）的投资方式主要包括设立实体、兼并收购和工程承包三大类别，设立实体的相关内容可详见本书“第四章 第二部分 在刚果（金）投资注册企业需要办理的手续”，工程承包的相关内容可详见本书“第五章 工程项目投建营全生命周期中的合规要求”。

目前，刚果（金）还没有专门针对并购业务的相关法律，一般执行现行的《投资法》以及相关技术部门制定的转让法规等。此外，刚果（金）作为东部和南部非洲共同市场成员，需遵守该组织竞争条例和规则，包括《东南非共同市场竞争规则》《东南非共同市场竞争条例》以及《东南非共同市场合并评估指南》，并接受东南非共同市场竞争委员会管理。

1. 兼并收购申报要求

只有跨区域性的合并才需向东南非共同市场竞争委员会申报，即收购公司或目标公司需在两个或多个东部和南部非洲共同市场成员间开展业务，具体要求可前往东南非共同市场竞争委员会官方网站查询。

除跨区域要求外，《东南非共同市场竞争规则》第 23 条第 2 款还规定，需向东南非共同市场竞争委员会强制申报的合并应满足一定金额门槛。2015 年 3 月颁布的规则修正案《关于确定合并申报和计算方法的规则》第 4 条，明确了具体金额门槛：

（1）合并各方在东部和南部非洲共同市场中的总计年营业额或资产价值（以较高者为准）等于或超过 5000 万美元；

（2）合并各方（至少 2 个当事方）在东部和南部非洲共同市场中的年营业额或资产价值（以较高者为准）均需等于或超过 1000 万美元，除非合并各方在同一成员内的营业收入超过其在东部和南部非洲共同市场总营业额或资产的 2/3。

2. 兼并收购申报程序

（1）申报主体：由合并各方共同完成，如在一个企业收购另一企业控股权情况下，收购方必须完成申报；在公开投标收购企业情况下，投标人必须完成申报。

（2）申报时间：决定合并之日起 30 日内。

（3）申报费用：按合并方年营业额或以东部和南部非洲共同市场资产价值（以较高者为准）的 0.1%计算，上限为 20 万美元。

（4）申报形式：以书面形式填写申请表（可前往东南非共同市场

竞争委员会官方网站获取)，并通过邮件提交给东南非共同市场竞争委员会。

（5）审查期限：东南非共同市场竞争委员会在收到申报后120日内作出决定。如东南非共同市场竞争委员会未在120天内作出决定，可视此次合并被批准。如申报信息不完整，审查期从收到完整信息的次日起开始计算。如东南非共同市场竞争委员会在期限届满前通知各方需更多时间，则可延长审查期限。

（6）审查结果：在对合并进行评估后，东南非共同市场竞争委员会可能会作出无条件批准合并、有条件批准合并和拒绝合并3种决定。

[**案例 4-1**]

截至目前，金川矿业、五矿资源、洛阳钼业等中资企业已通过并购方式获得了原由南非、澳大利亚、加拿大、美国等外国公司在刚果（金）控制的矿山（含冶炼厂）经营权。

（四）投资项目审批

刚果（金）2002年出台的《投资法》第6条、第7条规定：投资项目批准申请由国家投资促进署审查，并由该署转送主管的计划部和财政部，以部际令批准。

审批决定应在文件提交国家投资促进署30个工作日内作出，并通知投资者。

如果到期未作出任何答复，被视为批准。在这种情况下，有关当局应在7天内颁布批准令，日期以提交文件的回执为准。

如果否决，该决定应以书面文件说明理由，并明确指出这一申请不符合《投资法》规定提供优惠所要求的条件。

部际批准令应明确：投资目的、地点和开工时间，投资者及其受托人的身份，投资方案、期限和实施计划，生产目标在正常情况下应在投资项目完成时达到，给予优惠的性质和期限及其实施细则，企业和国家应尽的义务以及国家参与的条件，项目可能进口的财产清单，创造就业的数量，解决分歧的程序，政府有关部门的检查及检查条件。

四、刚果（金）对外国投资的优惠

（一）优惠政策框架

刚果（金）《投资法》授予外国投资者如下优惠：

· 免征所得税；

· 免征财产税；

· 免除设备和其他材料的入场费；

· 免征制成品的出口关税。

点评：

中小型企业还可享受免除设备和其他二手材料入场费、免除进行批准的投资所需工业投入的进口关税优惠。

投资公共设施的公司以及法律认可的其他投资公司，在法律规定的免税期限内，公司进口与项目相关的设备以及价值不超过设备价值10%的零配件，免除所有关税。进口设备必须符合以下条件之一：

（1）进口的设备必须是刚果（金）本地没有能力生产的；

（2）刚果（金）本地有能力生产，但是产品的税前价格高于进口产品价格10%以上；

（3）公司产品出口免征出口税。

此外，新增投资所产生的利润在优惠期内免除相关的税收，公司优惠期内用于经营的土地免收土地税。

刚果（金）《投资法》为向国家投资促进署提交投资草案（商业计划书）的投资者提供了具有吸引力的免税和免关税政策，一旦其草案在不超过30天的期限内获得国家投资促进署的批准，投资者可享受以下海关、税务和附加税方面的优惠政策：

（1）机械、器材和设备免征收进口税费（2%的行政税和增值税将由发起人预先支付，但之后由税务机关退还）；

（2）免征收利润税；

（3）免征收土地税；

（4）在成立有限责任公司或增加其注册资本时免征收比例税。

刚果（金）《采矿法》授予外国投资者如下优惠：

（1）海关方面；完全免除商业产品出口关税；支付1%以内的费用作为对出口服务的报酬；矿山有效投产前的关税为2%，之后为5%；对燃料、润滑油、试剂和消耗品征收3%的关税；

（2）财政方面：免征土地税，免征车辆税和特别道路交通税，免征财产税，按股息的10%征税，利润税率为30%，外籍人士薪酬特殊税率为10%。

刚果（金）时任总统约瑟夫·卡比拉2011年12月24日颁布了《农业基本法》，对从事农业领域投资合作的企业给予相应的优惠鼓励政策：

（1）从税基中扣除与维护农场和公共道路运营有关的费用；

（2）农民在水、电能和石油产品消费方面享受优惠关税；

（3）授权拨出不超过本财政年度营业额3%的免税拨款，用于恢复可用耕地，预防重大风险和农业灾害。

此外，约瑟夫·卡比拉2014年2月11日签发总统令，批准由国民议会和参议院讨论通过的《关于大型合作协议和合作项目税务、海关、附加税、非税收入和外汇制度优惠政策法案》（简称大型投资项目优惠政策法案）。

该法案规定，在刚果（金）投资额达10亿美元以上并承担一定社会与环保责任的合作企业和合作项目可免除应缴纳的直接或间接国地税、关税和进出口税等各类税费，但增值税、矿业入门费、外籍人员薪酬特别税、矿区使用费等25种税费仍需缴纳。

在外汇管理方面，刚果（金）政府承诺，依据现行外汇管理制度，允许大型投资企业和合作项目自由转移资金及收入，并允许其在刚果（金）境内银行自由开设外汇和本币账户。此外，作为过渡性条款，该法案还特别规定，政府在颁布本法案前已与外国企业联合体签订的合作协议，特别是2008年4月22日签订的合作协议（特指“华刚矿业+基建”合作项目协议）所给予的优惠政策和承诺将继续有效，直至项目结束为止。

点评：

大型投资项目优惠政策法案的颁布，为华刚公司此前已享有但未得到法律确认的税收等优惠政策提供了法律依据和保障，对于确保华刚项目顺利实施，进一步规避投资风险具有积极意义。

（二）地区鼓励政策

1. 税收优惠鼓励政策

刚果（金）《投资法》规定，外资企业在满足下列条件情况下，可根据其投资所在区域享受相应税费减免：

（1）外商投资的企业为经济实体，且应符合刚果（金）法律要求；

（2）计划投资的总成本（包括税费）至少为200万美元（中小企

业至少为 10 万美元）；

（3）承诺遵守环境法规；

（4）承诺遵守劳动法规；

（5）投资的增值率至少为 35%。

外资企业在刚果（金）不同区域开展投资，所享受的优惠政策也有所不同，具体的区域分级和优惠内容参见表 4-2。

表 4-2　刚果（金）外资企业优惠政策

区域分级	包含区域	优惠期	优惠内容
A 类	金沙萨	3 年	（1）免征机械、材料和设备的进口关税（不包括 2%的行政税和增值税）； （2）免征企业所得税； （3）免征财产税； （4）可在创建有限责任公司或增加其股本时选择“同股不同权”等特殊股权机制。
B 类	下刚果、卢本巴希、利卡西、科卢韦齐	4 年	
C 类	其他地区	5 年	

资料来源：刚果（金）《投资法》。

点评：

尽管刚果（金）各省政府对投资没有明显鼓励政策，但对一定规模以上的投资可以通过省政府协调，从土地方面获取一定的优惠，这些优惠仍然需要得到中央政府的许可。

2. 经济特区优惠鼓励

刚果（金）2012 年公布第 12/021 号法令，提出要在金沙萨建立马鲁古经济区，马鲁古经济区将成为刚果（金）第一个经济特区。2020 年 4 月，刚果（金）颁布了对经济特区内企业给予税费减免的法令。截至 2022 年 12 月，马鲁古经济区相关基础设施建设仍在启动阶段。

点评：

截至目前，该特区配套设施并未完善，也未有企业入驻，尚处在建设和推广阶段。

2014 年 7 月，约瑟夫・卡比拉颁布了《关于设立经济特区的法案》的总统令。该法案没有规定具体的优惠政策，原则上仍参照刚果（金）《投资法》规定的优惠税收安排，并确定有关优惠政策将由主管部门结合具体项目和项目所在地区另行商定。

2020 年 3 月，刚果（金）颁布第 20/004 号法令，规定给予在刚果（金）经济特区经营的投资公司如下优惠：

（1）5 年免征财产税、家具税和营业税，评估后可续期一次；

（2）第 11 年起固定税率降低 50%；

（3）10 年内免除机械、工具和新旧设备、资本货物等的进口关税和税款。

五、刚果（金）贸易的法律规定

（一）贸易主管部门

刚果（金）贸易部是负责管理贸易活动的主管部门。该部下设对外贸易司，负责相关日常工作。除贸易部外，矿业部、农业部、海关总署、检验检疫署等机构按照各自职责承担相应的工作。

（二）贸易法规体系

刚果（金）主要贸易相关法律有《商业公司法》《投资法》《本国进口商担保基金条例》《保障商品供给和分配的控制措施条例》《进

出口企业登记号的管理规定》《公平竞争法》《物价法》等。

除了上述对外贸易法律外，非洲商法协调组织出台的统一法也是刚果（金）在贸易投资等领域的重要法律参考。目前，非洲商法协调组织已经通过了10部统一法，涉及商业的不同方面，分别是《一般商法统一法》《商业公司和经济利益集团统一法》《合作公司统一法》《担保法统一法》《债务清偿集体程序（破产程序）统一法》《仲裁统一法》《会计和财务信息统一法》《债务追偿简易程序和执行措施统一法》《公路货物运输合同统一法》《调解统一法》。

点评：

非洲商法协调组织通过的10部统一法在其成员国是不需要任何国内承认程序而直接适用且有约束力的，且在有冲突情况下统一法的效力高于国内实体法，无论成员国国内法是否存在之前或之后的相反条款，都不影响统一法条款的适用。

（三）签署的贸易协定

刚果（金）是关贸总协定缔约方，于1997年1月1日加入世界贸易组织，也是多个国际和地区经济组织成员。就区域和次区域而言，刚果（金）是非洲、加勒比和太平洋国家集团、非洲联盟、中部非洲国家经济共同体、南部非洲发展共同体、东部和南部非洲共同市场成员国。

刚果（金）于2018年3月份签署了非洲大陆自由贸易区协定，于2021年4月份批准了该协定，并于2021年10月将批准书上交非盟后获得通过。

此外，刚果（金）与超过50个国家和地区签订了双边贸易协定，与16个国家和地区签订了特惠贸易协定，与中国、沙特阿拉伯、卢森堡经济联盟等 13 个国家或联盟签订了双边投资协定。刚果（金）与世界各国或地区的经贸协定签署情况可参考表 4-3。

表 4-3 刚果（金）经贸协定签署情况

协议类型	简要说明
双边贸易协定	与中国、美国、法国、比利时、南非、赞比亚、肯尼亚等超过 50 个国家和地区签订了双边贸易协定。
特惠贸易协定	与中国、亚美尼亚、澳大利亚、加拿大、欧盟、日本、哈萨克斯坦、吉尔吉斯斯坦、新西兰、挪威、俄罗斯、瑞士、土耳其、英国、美国、印度、智利、韩国、泰国、塔吉克斯坦、黑山等国家和地区签订了特惠贸易协定。
区域贸易协定	与东部和南部非洲共同市场达成了区域贸易协定。
双边投资协定	与中国、沙特阿拉伯、土耳其、葡萄牙、印度、意大利、韩国、比利时-卢森堡经济联盟等 13 个国家或经济联盟签订了双边投资协定。

1973 年、1988 年和 1999 年，中刚（金）两国政府曾 3 次签订双边贸易协定。根据现行协定，双边贸易以可兑换货币支付，并相互给予最惠国待遇。1984 年两国政府签订了关于成立经济、贸易和技术合作混合委员会协定，迄今已召开了 8 次会议。2011 年 8 月 11 日，两国政府在金沙萨签署《关于促进和保护投资协定》，经双方履行国内法律程序，该协定于 2016 年 11 月 17 日起生效。

2007 年至 2014 年，两国政府先后 4 次签订关于中方给予原产于刚果（金）部分输华产品零关税待遇的换文。根据第四次换文规定，自 2015 年起享受零关税待遇的原产于刚果（金）的输华商品范围扩大至 97%。

目前，中国与刚果（金）尚未签署货币互换协议。

（四）贸易管理的相关规定

刚果（金）实行自由贸易政策，但部分商品的进出口受许可证或其他限制。

在进口管理方面，刚果（金）工业基础差，国内生产和生活必需品大多需要进口。枪支、弹药、凤眼蓝及色情杂志禁止进口。汽车新轮胎、纯棉提花布等需办理进口许可证。水泥、用于投资的硬币、纪念币、纸币和二手材料限制进口。

在出口管理方面，国家对一般商品出口限制较少，但部分特殊商品出口需事先到相关部门提出申请，在获得出口配额或许可证后，才能开展此项业务。需要办理出口许可的商品包括：

（1）矿产品，包括铜、钴、黄金、钻石、钽铌、放射性矿物质等，需获得矿业部发放的许可证；

（2）木材出口需获得环境与可持续发展部发放的砍伐证、销售证、购买证及出口配额。

根据刚果（金）综合货物运输管理局要求，中国发往刚果（金）的货物需办理进口货物电子跟踪单。

（五）刚果（金）进出口手续

刚果（金）检验检疫署是国际标准化组织成员机构，负责制定一般产品的标准并在贸易部监督下对进出口商品进行合格评定。主要职责是帮助国家监督价格，制止走私行为和维持对外支付平衡，负责检验进出口商品的质量、数量。检验检疫署检验进出口商品实行收费制，检验费用为每笔商品发票金额的 3%，食品饮料每吨收取 5%的费用，检测标准根据 ISO/CEI/17020 的要求实施。

刚果（金）海关总署负责监管所有进出货物的通关、征收关税、调查走私等。

刚果（金）政府2003年3月13日第002/03和003/03号法令颁布的《进出口商品海关税则》对主要商品的进出口关税税率作出了详细规定，具体商品种类所对应的进出口关税税率详见表4-4和表4-5。

表4-4 刚果（金）商品进口税率

商品分类	名称	数量单位	关税税率（%）	占到岸价发票金额的比例（%）
咖啡	不烘烤咖啡	千克	10	13
	不含咖啡因	千克	10	13
	含咖啡因	千克	20	13
	烘烤咖啡	千克	20	13
	其他咖啡	千克	20	13
茶叶	绿茶（不发酵）	千克	20	13
	红茶（不发酵）	千克	20	13
大米	稻谷	千克	5	13
	脱谷米	千克	5	13
	精制大米	千克	10	13
	碎米	千克	10	13
面粉	小麦粉	千克	10	13
	其他面粉	千克	10	13
	黑麦、玉米粉	千克	10	—
水凝水泥	粉末水泥	千克	20	13
	白水泥	千克	10	13
	氧化铝水泥	千克	10	13
气体	天然气、液化气、煤气	千克	20	13

续 表

商品分类	名称	数量单位	关税税率（%）	占到岸价发票金额的比例（%）
服装	服装、服饰	件	20	13
钢材	平轧板、热轧板	千克	10	13
车辆	特种专用车辆	辆	5	3
	其他车辆	辆	20	13
	摩托车（包括摩托自行车）	辆	20	13
	自行车	辆	20	13
电器	家用电器	件	20	13
	广播传媒相关的影像设备	件	5	3

资料来源：刚果（金）海关总署。

表 4-5 刚果（金）商品出口税率

商品税则号	商品名称	数量单位	关税税率（%）
	咖啡	千克	1
矿产品	铜、钴、铅、锌、铝等	千克	1
钻石	工业钻石	千克/克拉	1.5
	非工业钻石	千克/克拉	3
木材	原木	千克/立方米	6

资料来源：刚果（金）海关总署。

必维国际检验集团是刚果（金）装运前检查的官方指定代理公司。进口价值在2500美元或以上的货物，需由必维国际检验集团作为授权代理进行装运前检查。出口商必须向必维国际检验集团提供一张发票，含货物的详细说明和接受检查的声明。主要流程如下：

（1）进口商接收出口商发票；

（2）进口商将发票提交给授权商业银行以获得进口许可证；

（3）进口许可证验证后，进口商将其提交给刚果（金）必维国际检验集团；

（4）刚果（金）必维国际检验集团为进口许可证分配代码号；

（5）代码号转移到出口国必维国际检验集团办事处；

（6）刚果（金）必维国际检验集团对货物进行装运前检查，验证发票上申报产品的质量、数量和价值与实际是否一致，并符合国际标准。

（7）验证后，出口国必维国际检验集团办事处签发验证证书，并通过刚果（金）必维国际检验集团提交给进口商。

点评：

验证证书必须包含供应商的发票号、提单号、集装箱编号、进口许可证号和产品数量的确认书。

在金沙萨、卢本巴希、马塔迪、戈马、博马和基桑加尼等试点地点的货物进出口，可登录企业注册一站式服务窗口电子平台进行清关。

六、刚果（金）关于劳动就业的法律规定

（一）劳动就业主管部门及相关法律体系

刚果（金）主管就业与劳资关系的部门为劳动和社会保障部。刚果（金）《劳动法》是管理刚果（金）国内雇佣劳动者的主要法规。最新版《劳动法》颁布于2002年10月16日。该法对普通劳动者的合法权益进行法律保护，突出了劳动卫生、安全、环境和职业培训等方面的内容。

点评：

刚果（金）《劳动法》原文和中文译文已在中国驻刚果（金）大使馆经商处子站发布，可在政策法规栏目中浏览。

（二）劳工（动）法的核心内容

1. 劳动合同及合同解除

刚果（金）《劳动法》第4篇对劳动合同一般性条例、期限及试用条款等内容作出规定。

刚果（金）劳动合同分为定期合同及不定期合同两种。定期合同适用于阶段性用工，最长期限不能超过2年。不定期合同适用于长久性用工，根据岗位需要，合同可包含1到6个月的试用期。对于未满18岁的实习性质用工，可签署实习生合同。

在刚果（金）雇佣员工须按照该国《劳动法》规定签署劳动合同，劳动合同应在雇佣前48小时送达被雇佣者签署。所有双方签署的劳动合同均需呈送劳动和社会保障部国家用工办公室批准及备案。未在劳动和社会保障部备案的用工合同，被雇佣者有权随时终止，并有权要求损害赔偿。劳动合同应以书面形式确定，如没有以书面形式约定雇佣关系，将按照不定期合同执行。合同格式应按双方商定的格式拟定，需包含的内容如下：

（1）雇主或企业名称、在全国社保局的登记号；

（2）雇员的姓名以及性别、在全国社保局的编号和雇主为管理给予雇员的序号（如有）、出生日期（如难以具体到日，应至少明确雇员出生年份）、出生地点和国籍、家庭现状（含配偶、孩子姓名和出生日期）；

（3）提供劳务的种类和方式；

（4）报酬和约定的其他福利；

（5）合同实施地点；

（6）相关日期或期限，包括受雇期限；提前通知解雇的期限；合同生效日期；缔约合同的地点和日期；

（7）由医生出具的具有劳动能力证明。

解除劳动合同须有正当理由，并在合同解除前 14 天通知员工。对干部阶层的劳动合同解除须提前 3 个月通知本人。被解聘员工如认为解聘理由不充分或离职结算不合理可上诉劳动检察法院，由劳动检察官裁决。

在 8 种情况下，劳动合同可暂停履行。满足一定条件后，劳动合同可相应终止，详见表 4-6。

表 4-6　劳动合同暂停与终止的相关情况

情况	合同暂停	合同终止
第 1 种情况	因生病、事故、怀孕、分娩而失去工作能力	（1）在生病或事故时，当雇员连续 6 个月丧失工作能力后，雇主可通知雇员解除合同，但工伤事故或职业病除外； （2）合同在通知雇员的第二天结束。雇主要支付解除合同赔偿金，金额相当于解除不固定期限合同时的预先通知赔偿金。
第 2 种情况	应召入伍，在战争时期志愿加入刚果（金）或其盟国的武装部队	在中止合同 12 个月后，雇主可在支付合同规定的赔偿金（如有）后结束合同。
第 3 种情况	因政府军事征用或出于公众利益征用而服役	
第 4 种情况	履行公众委派的任务或履行公民义务	

续 表

情况	合同暂停	合同终止
第 5 种情况	当劳动合同、劳资协议或企业规章制度有停工处分的条例，而雇员每年受到的停工处分达到 2 次 15 天	由劳动和社会保障部长以部长令形式确定。
第 6 种情况	当发生罢工或工厂关闭，且罢工或关闭工厂是按照《劳动法》或劳资协议中规定的劳资冲突解决程序而发生	
第 7 种情况	雇员被监禁	在合同中止 3 个月后或雇员被判处 2 个月以上牢役时，雇主可解除合同而无须赔偿。
第 8 种情况	发生了不可抗力事件，暂时使其中一方无法履行义务	（1）是否构成不可抗力事件须由劳动监察员确认 （2）如确为不可抗力，在合同中止 2 个月后，相关一方可解除合同而无须赔偿。

资料来源：刚果（金）《劳动法》。

此外，雇主或雇员均可主动要求解除合同，但雇主不能以以下原因终止合同：

（1）加入工会、不加入工会、在工作时间以外或经雇主同意后在工作时间参加工会活动；

（2）申请、行使或曾经行使雇员代表的权利；

（3）以违反法律的理由投诉雇主、加入相关司法程序或向相关行政部门上诉；

（4）人种、肤色、性别、婚姻状况、怀孕、分娩、宗教、政治观点、原国籍、族群；

（5）因生育无法工作。

无充足有效理由解除不定期合同时，雇员有权要求被重新安置，否则有权获得损害赔偿。赔偿金由劳动法庭主要根据工作种类、雇员在企业的工龄、本人的年龄及各种应有的权利计算确定，但总额不超过最后一次薪酬的36倍。没有预先通知或没有完整全面地遵守预先通知的规定就结束不定期合同时，有责任一方要向另一方支付赔偿金，其金额等于雇员在预先通知期间应享受的各种报酬和福利。

定期合同在双方确定的时间到期后结束。合同如带有以解除通知书的方式结束合同的条款，该条款将被视为无效条款。

2. 薪酬、工时及加班

刚果（金）《劳动法》规定，员工工资包括基本工资、交通补贴、住房补贴及家庭补贴。正常工作时间每天不能超过9小时，每周不超过45小时。执行周六、周日每周2天休息制。正常工作时间以外的加班工作，享受加班工资。具体计算方式见表4-7。

表4-7 刚果（金）加班工资发放标准

类型	计算方式
加班的前6小时	正常工资的130%
加班超出6小时	超出6小时部分为正常工资的160%
节假日	200%
夜班（19：00—次日7：00）	120%

资料来源：刚果（金）《劳动法》。

工资由雇员和雇主通过个人劳动合同或劳资协议确定。工资使用刚果法郎结算，并按小时、天、周、月或单件数量或一项任务确定。

如果无法证明事先约定了工资，雇主应按行业协会或工会劳资协议确定的工资支付；如果没有劳资协议或劳资协议没有提及，则参照最低工资标准执行，或参照合同执行所在地的惯例、工作性质、专业技能、雇员在本企业的工龄确定。

在减去可能的等值实物工资后，工资必须以现金支付。支付必须在工作时间，具体时间和地点应事先约定。月薪发放周期应不超过一个月，且应在不超过约定时间 6 天内支付。季度佣金可在该季度结束的 3 个月内支付。会计年度分红必须在该会计年度结束的 9 个月内支付。

点评：

《劳动法》禁止妇女、未满 18 岁的儿童及残疾人士上夜班。儿童和残障人士在两班间的休息时间应不低于连续 12 小时。

刚果（金）劳动者工作满 1 年，即享有年假。雇员未使用的年假可折半累计到第二年。18 岁以上劳动者服务满 1 个月即享有 1 个工作日年假；18 岁以下劳动者服务满 1 个月即享有至少 1.5 个工作日年假；工作每满 5 年，年假即增加 1 个工作日。

员工每年享受 12 天带薪年假。除国家法定节假日外，员工还可因以下事由享有带薪假期：

· 结婚（2 天假期）；

· 配偶生产（2 天假期）；

· 子女结婚（1 天假期）；

· 配偶或父母死亡（4 天假期）；

· 祖父母死亡（2 天假期）。

妇女可享受连续 14 周产假，其中分娩前 6 周，分娩后 8 周。妇女在产假期间报酬应不少于合同规定的 2/3，且享受合同规定的实物福利。妇女哺乳期间享受每天 2 次，每次半小时的哺乳休息，该休息时间视为工作时间并给予报酬。

3. **社会保险及医疗保险**

社会保险由国家社保局负责。根据《劳动法》规定，劳动者应缴纳的社保费用为其基本工资的18%，其中13%由雇主缴纳，5%由员工自己承担。男女性均为65岁退休以后领取社保津贴。工伤及职业病经鉴定和认可，也可以享受社会保险。员工医疗保险费用由雇主承担。一般来说，由雇主与合作医院签署医疗保证协议，员工及其家属在合作医院享受免费医疗。

4. **劳资纠纷**

刚果（金）劳资纠纷适用非洲商业法协调组织《调解法》和刚果（金）《劳动法》。

劳动和社会保障部设劳资纠纷调解委员会负责具体调解。在劳资纠纷未提交给相关劳动监察员的情况下，刚果（金）法院不受理个人劳资纠纷。在进入调解程序的情况下，刚果（金）法院法官可以干预的形式介入，促使双方在劳动监察员调解下提出具有可行性的解决方案，但具体事宜仍然由劳资纠纷调解委员会负责。

（三）刚果（金）全国劳动委员会

刚果（金）《劳动法》第223条规定，在劳动和社会保障部下设立一个咨询性的机构，命名为全国劳动委员会。全国劳动委员会由劳动和社会保障部长或其代表领导。委员会中国家、雇员和雇主的代表人数应对等。国家方的代表来自下列部门：劳动和社会保障部，财政和预算部，国家经济部，公职部，国家教育部，计划部，司法部，社会和家庭事务部，公共卫生部以及青年、体育和娱乐部，人权部，农业、渔业和牧业部。雇员和雇主方代表由劳动和社会保障部认定的、在全国最具代表性的行业组织指定。

所有涉及在劳动和社会保障方面修改或新增雇员和雇主权利和义务的法律草案、政府命令、法令和部长令都要征询全国劳动委员会的意见。全国劳动委员会还有下列职责：

（1）研究所有涉及劳动、劳力和社会保障的问题；

（2）研究可用于确定跨行业最低保障工资以及其经济后果的要数；

（3）对这些方面的法规发表意见、提出建议和决议。

（四）外国人在当地工作的规定

刚果（金）法律规定，外国人在当地就业，首先需要与刚果（金）境内的一家企业签署劳动用工合同，然后由该企业为其申请劳动许可证，获得工作许可以后，该劳工可以申请劳工签证入境并居留。

关于企业中外国劳工比例也有规定。根据刚果（金）《劳动法》第 185 条的规定，禁止任何雇主，无论是自然人还是法人，无论是国营还是私营企业，也无论是刚果（金）籍还是外籍，拥有外籍劳工的人数超过员工总人数的 15%。根据企业的不同性质，对外国人在各个级别中的比例都有限制。以电信合资企业为例，低级员工中外国人比例为零，公司基层干部及辅助领导中外国人最高比例为 2%，领导干部中外国人最高比例为 2%。详情可到刚果（金）劳动和社会保障部查阅。

2005 年 10 月 26 日，刚果（金）政府发布了关于企业外国劳工用工比例上限的部长令。经刚果（金）国家外籍劳工就业委员会同意并提供合理理由后，劳动部长可批准特例情况，但不得超过所允许最高限额的 50%，各业务部门关于企业外国劳工用工比例上限可参考表 4-8。为此，申请人一方面需证明无法在刚果（金）境内找到符合岗位能力的员工，另一方面此特殊申请只能维持两年期限。

表 4-8　刚果（金）关于企业外国劳工用工比例上限

业务部门	岗位一般分类（从一级到五级）（%）	主管和协作干部（%）	管理干部（%）
农业	2	2.5	2
采掘业	2	2.5	2
制造业	2	2.5	2
建筑业和公共工程	2	2.5	2
电力、水和卫生	2	2.5	2
商业	0	2	2
银行、保险和房地产	0	2	2
运输	0	2	2
服务	0	2	2
通信与信息新技术	0	2	2

资料来源：刚果（金）劳动和社会保障部。

对于不同行业的企业，刚果（金）法律规定了一些禁止外国人担任的职位，以商业、银行、保险、不动产等行业中的合资企业为例，以下职位禁止外国人担任：部门秘书、部门副手、部门助理、行政经理、会计、商务经理、销售经理、采购经理、副主管、副经理助理、供应主管、经济顾问、法律顾问、翻译秘书、计划员和人事经理等。其他部门及其他公司类型不允许外国人担任的职务，在《劳动法》第81条中亦有具体规定。

（五）外国人工作准证办理

刚果（金）内政安全部移民总局负责具体办理外国人工作准证。外国人到刚果（金）工作需事先取得工作许可。获取工作许可后，才可申请工作签证。

在刚果（金）工作的外国人，需获得刚果（金）移民总局颁发的工作签证，并需在居住满 6 个月后，向所在地市政府申请居住证。需要注意的是，工作签证仅是签证持有人在刚果（金）工作的许可证明。持工作签证人员回国时，如计划近期返回，仍需向刚果（金）移民总局申请办理出入境签证，方可在出境后再次入境。持有刚果（金）出入境签证的外籍人员，在其工作签证有效期内再次入境时，无须申办入境签证。

长住签证分为 3 年普通长住签证和 5~10 年特殊长住签证。刚果（金）自 2009 年 4 月 1 日起已开始筹划引入生物识别技术，通过存储护照持有人指纹等生物特征信息、使其身份识别更加安全高效。该生物识别电子护照系统自 2016 年 1 月 2 日起在刚果（金）境内启动，护照种类依旧包括普通、公务和外交三种类型，而原已签发的有效期内的护照仍可使用，直至期满予以更换即可。

企业需提前向刚果（金）劳工部申报外籍员工派遣信息，劳工部审核通过后签发付款通知，在企业缴纳相应款项后，劳动局颁发工作卡。外籍员工抵达刚果（金）后，凭工作卡向刚果（金）移民局申请工作签证。签证有效期一般为 1 至 2 年，与工作卡有效期相对应。

申请人需要提交的材料包括工作卡、刚果（金）全国职业局认可的劳动合同、职业技能证明和工作证明等。不同签证类型所需费用也有所差异。

如果申请人是到刚果（金）经商，申请 3 年长住签证需要提交的材料包括经过公证的公司章程、新的工商登记、合法纳税证明、参加社会保险和同业工会证明、企业在当地银行流动资金证明、不从事小商贸活动证明等。

申请 5~10 年特殊长住签证，需向移民总局局长提出申请，提交国家投资促进署的同意投资证明、部际单位同意项目投资的法令文件等。

[**案例** 4-2]

争议由来：2022 年 7 月，武黄建筑贸易有限公司（简称武黄公司）收到科卢维齐市劳动监察局检查函，针对武黄公司卢阿拉巴省 Diziwa 项目部、KFM 项目部、TFM 项目部等外籍人员工作卡、外籍及属地化员工社保申报等进行检查。由于政府人员时效性差、武黄公司外籍员工众多等问题导致了工作卡十分难办理，此前武黄公司只有部分外籍员工办理了工作卡。

法律依据：根据刚果（金）《劳动法》及权益保障相关条例，所有在刚果（金）就业的外籍人员都需持有工作卡、两年工作签和居住证。由于目前武黄公司外籍员工只有部分人员有工作卡，故劳动监察局对此进行了罚款。

解决经过：在收到检查函的第一时间，武黄公司外事翻译与其检查员进行了联络并多次约谈。由于劳动监察局的检查员们每年都有例行检查企业的规定，外事翻译对他们都很熟悉也一直保持着友好关系。故此次检查进展顺利，解决了罚款问题。

七、刚果（金）关于税收的法律规定

（一）税收管理机构及税收法律体系

目前刚果（金）有三大税务部门：税务总局，海关总署及行政、司法、土地收入与国有企业收入总局。除此以外，国家层面有 58 家税基单位，地方层面有 26 家税务部门、260 家税基单位，在地方尚有名目繁多的税费征收部门。

刚果（金）的税收管理分普通税和行政税费两种，以属地税制为主。自 2012 年 1 月 1 日起，刚果（金）推行新的税制——增值税，单一税率为 16%，取代了原来的营业税。

2017 年 9 月，刚果（金）召开国家税制改革论坛。财政部部长亚夫·穆朗在其发言中指出刚果（金）当时实行的税制的四大弊端：

（1）税基狭窄，给部分人员和企业带来沉重的负担，客观上造成税制不平等；

（2）税目种类繁多，令纳税者不堪重负。除十余种捐税外，尚存在 400 余种税费，其中有些税费甚至没有法律依据；

（3）存在税制特例导致免税条款滥用；

（4）众多行政部门参与及执行程序的差别令征税工作难以贯彻，并影响行政部门和纳税者之间的关系，这使得刚果（金）的税制错综复杂。

上述症结一方面导致市场参与者举步维艰，另一方面导致税收对财政支撑乏力。

为解决刚果（金）税制存在的弊端，刚果（金）于 2018 年对国家税法的增值税部分进行了重大改革。法律规定免除新企业为创建公司投入的进口设备的增值税，出口型矿业企业、石油生产公司以及在公司创立阶段有巨额投资的公司也在此次改革的范围内。改革的目的是减轻公司在创建阶段的资金负担。公司向所属税务部门申请免税证明，并将此证明出示给供货商，便可免缴增值税。如果所购买的物品或享受的服务不在免税的范围内，则公司应缴纳增值税。

2019 年起，为鼓励投资，刚果（金）发布新税法，将企业所得税由 35%降为 30%。此外，支付给本地和外籍雇员的工资和所有福利，在扣除雇员的社会保障缴款后，最高税率为 30%。税款由雇主代扣，雇主有责任支付税款。家庭津贴、养恤金、年金、住房、交通津贴和医疗费用可按政府公布的比例豁免。新税法发布以来，一定程度上解决了原有税制的主要问题，减轻了企业的税赋压力。

（二）主要税负和税率

刚果（金）企业税收分为普通税和行政税两种，总体来看，刚果（金）税负较高，税目较多。

1. 普通税

普通税主要税种详见表4-9。

表4-9　刚果（金）普通税主要税种

类别	税种	税率	说明
企业收入税	企业所得税	30%	生产或流通环节成本加利润。
	最低所得税	根据公司规模确定	适用于亏损公司以及企业所得税低于营业额1%的公司。在纳税年度开展业务但未实现营业额的公司也需缴纳最低所得税。缴纳标准为：大型公司250万刚果法郎/年，中型公司75万刚果法郎/年，小型公司3万刚果法郎/年。
	租金收入税	各省自定	对房屋、办公室、仓库等建筑物的租金收入征税，由省级税务机关自行确定税率。金沙萨的租金收入税率为22%。
	养老资本营业税	10%	适用于实施特殊类别员工补充养老金计划的公司。
工资税	个人所得税	最高不超过应纳税额的30%	如有大企业代扣为20%，自行缴纳为22%。
	动产税	20%	收入金额，针对外国公司在刚果（金）的资本/贷款所得。

续　表

类别	税种	税率	说明
工资税	个人所得税	30%	由第三方支付的任何报酬都需要缴纳个人所得税。具体计税标准见表 4-10。
	特殊薪酬税	25%	外籍员工雇主需就外籍员工薪酬缴纳 25%的特殊薪酬税。
	国家保险基金	13%+5%	用于购买国家保险。雇员需缴纳工资总额的 5%，由雇主代缴。雇主需缴纳雇员工资总额的 13%。
	国家专业技能培训费	视公司性质和规模而定	用于向国家职业准备学院缴纳技能培训费。国有企业和雇员不超过 50 人的私营企业缴费比例为员工工资总额的 3%；雇员在 51~300 人的私营企业缴费比例为 2%；雇员超过 300 人的私营企业的缴费比例为 1%。
其他	消费税	5%~80%	以下商品需缴纳消费税：酒精和酒精饮料、碳酸饮料、矿物油（汽油、机油、柴油等）、润滑油和润滑剂、用于液压制动器的液体和用于液压传动的其他液体、香水、化妆品和彩妆产品、肥皂、有机表面活性剂、润滑制剂、抛光剂、塑料制品、橡胶制品、烟草、车辆、电信产品等。
	注册资本税	6%	对企业注册资本征收。
	增值税	16%	商品增值后所缴纳的税费，包括作为运营补偿而收到的任何金额、商品或服务。
	财产税	根据具体情况确定	适用于位于刚果（金）的建筑（即别墅、公寓和其他建筑物）和土地。别墅为每立方米 600~1100 刚果法郎，其他建筑和土地，税款视楼层、公寓和所在地而有一定差异。
	转让税	3%	建筑物转让时购买者需支付相当于该建筑物正常销售价值 3%的转让税。

资料来源：刚果（金）税务总局。

刚果（金）个人所得税以个人收入在扣除个人承担社保费用后为基础，采用超额累进税率计算，自2020年1月1日起，雇佣所得应缴纳的每月最低所得税（扣除税收抵免额后）为2000刚果法郎，具体内容可参见表4-10。

表4-10　刚果（金）个人所得税超额累进计算表

应税年收入（刚郎）	税率（%）
0至1944000	3
1944001至21600000	15
21600001至43200000	30
43200001以上	40

资料来源：刚果（金）税务总局。

点评：

在刚果（金），公司被区分为小、中、大型公司。年营业额在1000万以下是小型公司，年营业额在1000万以上，8000万以下是中型公司，大型公司年营业额、净资产价值和工资总额合计8000万以上。

小型或中型企业从大企业获取的收入，大企业有责任在支付费用时代扣代缴1%的款项。

[案例4-3]

武黄建筑贸易有限公司（简称武黄公司）2021年度增值税抵扣供应商相关资质问题。

争议由来：2022年初，刚果（金）税务总局就武黄公司与其分包商（供应商）关于增值税发票及分包商是否有增值税资质问题进行检查。此次检查包含24家与武黄公司往来的公司，其中分包商GS公司和大冶公司属于此次检查中问题最大的两家公司。GS公司和大冶公司自行接洽与大企业局检查团队协商解决办法，并得以顺利解决。但税务总局在12月针对此检查下的罚款函中包含了原先对GS和大冶的罚款费用。

法律依据：根据刚果（金）增值税相关法律，公司必须拥有增值税资质才可开增值税发票，且增值税申报需与开具的增值税发票一致。

解决经过：收到税务总局的罚款函第一时间，武黄公司外事翻译、律师多番联系检查团队，对此事的前因后果以及解决经过进行了详细解释。武黄公司要求检查团队真实反馈GS公司、大冶公司与他们协商的经过及结果，并立即取消此罚款函中包含这两家公司的罚款数额。目前，刚果（金）税务总局检查团队尚未推进取消此次罚款数额问题，武黄公司仍积极跟进中。

2. 行政税

行政税性质等同于行政事业性收费，种类繁多，如环境与可持续发展部针对各种企业的环境许可费用、邮电管理局制定的各项邮电许可及使用费用等，详细行政税种和税率参见表4-11。主管纳税机关为刚果（金）行政、司法、土地收入与国有企业收入总局以及各级省市行政、司法、土地收入与国有企业收入分局。集团企业需分别进行申报缴纳，具体收费种类及标准由行政部门与财政部一起制定。

表 4-11　刚果（金）主要行政税种和税率

序号	税种	税率/税金	基数
1	广告税	5%	对于广告牌，3 米×4 米的为每月 50 美元，大于 3 米×4 米的 100 美元，小于 3 米×4 米的 30 美元；汽车广告每月 50 美元；抽奖或其他社会活动按照盈利额 5%缴纳；视听/报纸/各类宣传用品如帽子/T 恤按照支付金额的 5%进行缴纳。
2	工业促进基金税	5%	工业促进基金税，和关税区分开，由广告商支付。
3	广告许可证	—	根据各个广告品种来定，一般是 500 ~ 2000 美元。
4	抽奖许可证	2000 美元	根据次数，以后每次缴纳 1000 美元。
5	抽奖奖品税	—	根据次数，以后每次缴纳 1000 美元。
6	建设许可证	—	根据建筑平方米和不用的区域来进行计算。
7	环境许可证费用	—	根据不同情况不同税率。
8	引电许可证费用	—	根据不同情况不同税率。
9	有限公司注册资本税	1%	注册资本的 1%，在注册或增资的时候缴纳，只针对有限责任公司，股份有限公司不用缴纳。

资料来源：刚果（金）行政、司法、土地收入与国有企业收入总局。

点评：

进口货物，除向海关缴纳关税外，还要缴纳与上述税种相关的其他一些税，如代扣所得税、工业促进基金税（FPI）等，缴纳的部分可以在流动环节中抵扣。与进出口相关的行政税有进出口行政费、检验检疫署行政费、海运管理处管理费、产业基金费以及检测、估价、评估和必维国际检验集团检测费等。

（三）收入确认和税务抵扣规定

刚果（金）纳税年度为每年1月1日至12月31日。在日历年上半年开始的第一个会计期间，纳税期可以少于12个月。在日历年下半年开始的第一个会计期间，纳税期也可超过12个月。

年度企业所得税申报表应于次年4月30日前提交。提交时，需支付企业所得税最终款项，该纳税申报表应于次年4月30日到期。企业所得税通过刚果（金）银行账户以当地货币电汇至财政部的银行账户。企业所得税分4期支付，每次付款占上一财年支付的企业所得税的20%。分期付款必须按以下方式支付：

第一期：6月1日前；

第二期：8月1日前；

第三期：10月1日前；

第四期：12月1日前。

这些付款从该财年到期的最终企业所得税中抵消，余额在提交纳税申报表时支付。

点评：

小型公司应在相关收入实现后下一年1月31日之前支付60%的预付款，余额支付不得迟于4月30日。

（四）报税方式

企业可自行或聘请会计师事务所、税务顾问公司进行报税。根据当地惯例，大型企业一般都有自己的税务顾问公司，小型企业一般是直接报税。

据了解，由于当地税务手续较为烦琐，加之中资企业在语言沟通方面存在一定困难，中资企业一般委托当地税务代理办理税务缴纳手续。

所有应纳税的自然人或法人，无论是否享受免税待遇，在开始其经营活动之后15天内，都必须用税务局印制的固定表格申请税号。税务局在对申请人的经营地域进行核实后颁发税号。

如果法人或自然人发生诸如身份、公司组织、经营地址的变更，法人或自然人必须在发生变更后15天内向税务局申报。纳税人死亡时，由其继承人、遗赠人和受赠人进行税务申报。

即使纳税人享受免税，也必须进行税务申报。纳税人不得以未收到申报单为由逃避在规定期限内进行税务申报的义务。未在规定期限进行申报的纳税人将收到一封催告信，纳税人必须在收到催告信5天内申报，日期界定以邮局的邮戳或收发文本的日期为准。

所有纳税人须在规定的期限内，根据实际情况如实填写由税务局印制的表格进行税务申报。申报内容包括应纳税基数和应纳税金额，申报人对其申报的内容负责。申报文件由纳税人或其代表填写，注明日期并签字，然后提交税务局主管部门。

（五）逃税处罚

根据刚果（金）法律，如企业有逾期缴税的情况，除每月支付应纳税额10%的滞纳金外，初犯将被处以应纳税额20%的罚款，再犯将被处以应纳税额40%的罚款。

（六）税务稽查

在实际操作中，通常每年都会发生税务稽查。

同时，当纳税人出现某些特殊情形（如未准时履行纳税义务、利用反税务稽查措施等），也将被要求税务稽查。

税务稽查可在提交申报表的4年内提出。税务局将商议有关税务的任何事项。

刚果（金）没有预先裁决的一般法定制度。

（七）税收协定

刚果（金）已与南非、比利时两国签订了避免双重征税的协定。该类协定所涉及的主要税项参见表4-12。

表4-12 刚果（金）与南非和比利时的双重税收协定

税 种	与南非的双重税收协定	与比利时的双重税收协定
公司所得税	在刚果（金）构成常设机构产生的利润将在刚果（金）征税，在南非免税。	在刚果（金）建立的机构产生的利润将在刚果（金）征税，在比利时免税。
股息预扣税	如果受益所有人是直接持有支付股息的公司至少25%股份的公司（合伙企业除外），则为股息总额的5%。在其他情况下，为股息总额的15%。	如果受益所有人是直接持有支付股息的公司至少25%股份的公司，则为免征刚果（金）税后利润的公司分配的股息的15%。在其他情况下，为股息总额的10%。
利息预扣所得税	最高可达利息总额的10%。	最高可达利息总额的10%。
特许权使用费预扣税	最高可达特许权使用费总额的10%。	最高可达特许权使用费总额的10%。
对外国实体提供的服务代扣14%的税款	未在刚果（金）设立的南非供应商［即在刚果（金）没有常设机构］提供的服务可在14%的预扣税范围内免征。	未在刚果（金）设立的比利时供应商［即在刚果（金）没有常设机构］提供的服务可在14%的预扣税范围里免征。

资料来源：中国国际贸易促进委员会。

目前，中国和刚果（金）政府没有签订避免双重征税的协定。

八、刚果（金）关于用地的法律规定

（一）土地资源管理部门及相关法律法规

刚果（金）土地事务部是负责该国土地资源管理的部门，行政上隶属于计划部。

刚果（金）《土地法》（即1973年7月20日第73-021号法律《关于一般财产制度、土地和不动产制度以及担保制度》）规定，全国土地归国家所有，由全国和各省土地管理部门进行统一协调管理。外资企业及外籍人员只允许持有短期转让（土地使用期限在25年以下）的土地。

刚果（金）2011年12月颁布的《农业基本法》规定，外资可通过租赁农业土地方式获得承包经营权。农业特许权享有者有权向第三方出租其特许权，并通知当地的农业管理部门。

其他土地有关法律法规及程序文件包括：《在刚果民主共和国获得土地特许权的实用指南》《刚果民主共和国租赁法》《土地事务的组织框架》等。

（二）土地法的主要内容

刚果（金）《土地法》规定所有土地归国家所有。但在这一前提下，土地可以分为公共财产和私有财产，无论公有或私有，土地（相当于我们一般理解的土地使用权）可以转让，转让分为无偿转让和有偿转让，又可分为永久性和时限性。一般情况下，土地使用权不得永久转让，永久转让只适用于刚果（金）本国居民，并需要经过特殊的审批程序。在刚果（金），土地使用权转让大都为时限性转让，转让期限为 25 年，期满后可依法顺延，但累计年限最长不得超过 99 年。

国家总统对因国家、地方或特殊使用目的需要而征用公共或私有土地财产拥有最终决定权，此种征用方式分为有偿或无偿两种。虽然在实际运作中都是有偿转让，但也不排除在特殊情况下国家有权无偿征用。

为开展重大项目，政府可以国家名义有偿征用土地，但不负担偿付金。政府主管部门如果认为有违国家或公众利益，有权否决所辖范围内有关土地使用权的转让（不予登记）。

（三）外资企业获得土地的规定

根据刚果（金）《土地法》的有关规定，无论是商业、工业、农林渔等种植或养殖以及房地产开发用地，外资企业在刚果（金）只能获得为期 25 年的土地使用权。对于是否可依法顺延至下一个 25 年期限，在转让合同中应有条款明确规定。外资企业获得土地使用权的方式与本地居民一样，需要从现有土地使用权人的手中转让获得，可以通过不动产转让途径，也可以用租赁方式。土地使用权的转让合同须经当地土地管理部门注册登记后有效。超过两公顷的土地转让合同，须获得土地事务部许可，从而获得一份 5 年期的使用权，如 5 年内使用方有实质性的使用活动，即可从土地事务部获得为期 25 年（含 5 年期）的使用权限的许可。需要注意的是，改变土地使用目的的转让，或获得使用权后改变土地使用目的，均须经政府有关部门批准。

由于刚果（金）土地使用期限相对较短，且政局存在不稳定因素，一般外资企业在征用土地时都比较谨慎，这也是目前制约外国投资者赴刚果（金）投资的障碍之一。

刚果（金）2011年12月颁布的《农业基本法》规定，外资可通过租赁农业土地方式获得承包经营权。获得农业经营权需基本具备以下条件：

（1）具有刚果（金）国籍或者在刚果（金）成立公司的法人代表，根据具体情况，公司主要由刚果（金）国有企业或刚果（金）人控股；

（2）在刚果（金）具有公司办公场所；

（3）拥有经刚果（金）工商管理局登记的文件；

（4）能提供租赁土地开发所需的财政能力；

（5）提交一份环境和社会责任研究报告。

九、刚果（金）关于环境保护的法律规定

（一）环保管理部门及相关法律法规

刚果（金）环境与可持续发展部为环境保护的综合归口管理部门，主要职责包括：

· 制定、监测、评估、执行环境可持续管理，保护生物多样性和生态系统的国家政策；

· 对森林、水资源、野生动物资源进行可持续管理；

· 评估和监测任何可能损害环境的项目；

· 制定和应用与环境卫生有关的标准；

· 推进绿地和公园的修建和运营；

· 制定采矿、采石和碳氢化合物部门的环境标准；

· 必要时与渔业部门合作，对狩猎和捕鱼进行监管；

· 对公共机构和私营公司的环境监测和审计；

·建立自然保护区以外的保护区，创建和管理野生动物物种捕获站开发、推广和管理环境教育项目。

刚果（金）的环保法律法规主要体现在各专业法律中。主要有：

·1994年2月18日第047/CAB/MIN/ECNT/94号《组织开采和出口水族鱼类法律》；

·2002年2月21日第004/2002号《投资法》；

·2002年7月11日第007/2002号《矿业法》（2018年3月修订）；

·2002年8月29日第011/2002号《森林法》；

·2005年7月25日第005/CAAB/MIN/ENV/2005号和第107/CAAB/MIN/FINACES/2005号确定环境部收取税费费率的部门决议等；

·2011年7月刚果（金）议会批准的《环境保护法》。

（二）环保法律法规基本要点

投资者在刚果（金）境内投资前，需要对投资项目做环境影响评估报告，企业有责任消除投资项目对当地环境的影响。投资者因环境保护不力对当地环境造成损害时，将受到环境保护主管部门的处罚。刚果（金）对环境影响评估标准，主要参照世界银行标准和做法。

刚果（金）《环境保护法》确定了环境保护基本框架，明确了公民有获得环境风险详细信息的权利，并提出成立环境干预基金。

刚果（金）尚未制订对森林等重点领域保护的具体技术标准，但对林业采伐有较为严格的规定。林业采伐许可证分为手工采伐证和工业采伐证。手工采伐证只颁发给刚果（金）国籍的居民（自然人），每人每年申请的手工采伐证不得超过2份，每个采伐证采伐量不得超过350立方米，且只能用手工采伐（手工锯和油锯）；工业采伐证主要签发给具有实力的企业，持有工业采伐证的企业可采用大型机械作业。

2018年8月，刚果（金）环境与可持续发展部部长安巴多贝签署法令，取消禁止在原加丹加省从事森林采伐的法令，恢复在该地区合法的森林采伐业务。一段时间以来，原加丹加省大量人员从事非法森林采伐业务，对当地生态环境及植被造成破坏，尤其是针对红木的采伐。该法令要求森林从业者，必须遵守2002年8月29日颁布的第011/2002号《森林法》，对于从事红木采伐业务者，必须获得特殊经营许可，并要在指定的地点存放，经过抽检、检验合格后方可进行贸易活动。

（三）环保评估的相关规定

根据刚果（金）环境与可持续发展部、矿业部规定，在刚果（金）开展矿业等项目投资以及实施可能对环境造成影响的工程项目时，投资或施工主体需事先提交项目对环境影响的评估报告，获批准后方可开展下一步工作。

刚果（金）2019年11月18日第14/030号法令规定，在环境与可持续发展部下设环境署负责项目环境影响评估相关事宜，且环境署有权暂停任何环评未通过或不符合环保要求的项目。

投资者需雇佣环境与可持续发展部批准的机构编制环境影响评估报告。报告内容应包含：

·英文、法文及当地方言（如有）的非技术摘要；

·项目背景；

·依据法律制度框架；

·项目详细介绍，包括相关地图及现场图片资料；

·关于项目的自然环境、社会经济、人道主义的详细信息及可能产生的影响；

·采取的解决方案、备选方案及相应技术的合理性论述；

· 监测指标、相应监测成本；

· 公众意见；

· 附件（包括行政文件、公开听证会材料、编制报告的专家简历等）等内容。

收到报告后，环境署将组织 7 名专家开展相关评估，如 3 个月后未收到反馈结果，即可视为评估合格。如评估不合格，投资者有 30 天时间根据相关意见修改并重新提交报告，如未按时提交则视为未通过评估。

为了维护刚果（金）矿产物资的可持续发展，2018 年修订的《矿业法》对在采矿工程的环境审查作出了专门规定。该法规定采矿经营者有义务确保保护受采矿活动影响的环境并在开采后恢复场地。经营者必须出示：环境缓解和恢复计划（PAR）、环境影响评估（EIA）以及项目环境管理计划（PGEP）。为了对矿产开发的环境进行保护和对矿产物合理开发，该法规定开采作业必须按照环境影响评估和环境管理计划规定的标准，以采矿为目的使用矿区内的水和木材。该法规定，刚果（金）环境署应在收到矿权登记处的矿权申请材料的 10 个工作日内与采矿环境保护局合作，在进行现场审查并与有关社区协商后确定转让方是否合乎规定。为加强采矿权持有人的环境责任，矿权的取得和转让都需要获得由环境署签发的证书，并由环境管理局将其送交部长和矿权登记处。第 288 条规定，每位矿权持有人都有责任向刚果（金）环境署报告环境管理局对其项目的审查结果。新法采用无过错归责制度，若矿权持有人对人、财产和环境造成一定程度的损害，即使其没有过错或过失，也应承担相应的责任。对于采矿活动所引起的疾病，持有人也应承担责任。第 285 条第 5 款规定，因采矿活动对人类和环境造成的损害的诉讼不受时效限制。如果矿权持有人在当地未能遵守环境义务，将被罚款或暂停其业务活动，情节严重的，将受到司法起诉，承担法律责任。

点评：

任何项目开工前均应向环境署递交初步筛选材料。截至2022年底，所需材料尚未形成具体操作手册，且环境署未设立官方网站，建议投资者联系环境与可持续发展部获取官方指导。

[**案例** 4-4]

中国电建在刚果（金）建设的松博维水电站项目涉嫌违反当地的法律、危害乌彭巴国家公园的生物多样性，给相关企业和金融机构带来重大的环境、社会和声誉风险。此外，该项目还违背了中国对外投资中与环境、社会、治理相关的政策，也有违于中国政府在COP26气候峰会上作出的拯救和恢复森林的承诺。

[**案例** 4-5]

中国中铁资源集团充分发挥技术领先优势，广泛应用强防护、弱开挖、少扰动的绿色施工技术，坝体内部采用C20碾压混凝土，大大降低坝体内部混凝温升，最大限度实现节能降耗。大坝建设创新采用台阶多排孔微差爆破等技术，尽量减少边坡处理工程量，最大限度保持生态护坡体系，力求以“保绿”最大限度保护工地原生态，以“复绿”最快速度恢复原生态。随着4台机组全部投运发电，布桑加水电站环境整治和生态复绿工程“干得火热”，生活办公营地、上下库连接公路带以及水库环境区正被逐渐“染绿”，为卢阿拉巴河“生态长廊”建设增添了一抹绿色“烟熏妆”。

点评：

中资企业在对外投资合作时，要贯彻创新、协调、绿色、开放、共享的新发展理念，如东道国（地区）没有相关标准或标准要求偏低，中资企业可在生态环境保护许可基础上，采用国际通行标准或中国标准，积极开展清洁生产、绿色价值链、绿色认证等工作，展现企业形象。

十、刚果（金）反对商业贿赂、反洗钱及反不正当竞争等方面的法律规定

（一）反商业贿赂主管部门及相关法律法规

1. 主管部门

为打击腐败行为，刚果（金）政府成立了以下反腐败委员会：

· 根据2002年8月29日第116/2002号法令设立的反腐败、反欺诈、反走私和反假造货币和商标委员会；

· 根据2004年7月30日第020/2004号法律设立的道德和反腐败委员会；

· 根据2012年10月19日第013/2012号部长令设立的反腐败技术委员会；

· 根据2020年3月17日第013/2020之二号法令设立的预防和打击腐败机构。

这些委员会负责研究、调查和记录所有腐败行为。委员会可以提出非强制性措施，以减少刚果（金）的腐败行为。

2. 相关法律法规

目前，刚果（金）没有出台专门反对商业贿赂的法律。对于犯有受贿行为的国家工作人员，将依据1973年2月14日颁布的《刑法》第147条至150条规定，视情节轻重处罚。

刚果（金）《刑法》规定，下列做法构成腐败行为：

· 就国家官员或任何其他人而言，在执行职务时，索取或接受金钱或任何其他利益，以换取其在履行职责时作为或者不作为；

· 向国家官员或任何其他人员提供或给予金钱或任何其他好处，目的是使他们在履行职责时作为或不作为；

· 向私营部门组织的负责人提供或许诺给予不正当好处，或对私营组织的领导人索取或接受不正当好处，使其违反职责或不作为；

· 对于国家官员或任何其他人来说，为了利用其影响力而索取或接受不正当好处，以便从行政机关或公共机关为他人谋取另一不正当好处；

· 欺诈使用、隐瞒、隔离本清单所列任何行为的产物；

· 利用欺诈手段逃避税收、海关和行政义务；

· 非法增加财富。

任何腐败行为将受到以下处罚：

· 对当事人监禁 6 个月至 2 年，并处以 50000 至 200000 刚果法郎罚款；

· 在违反招标程序或妨碍司法程序等加重处罚情节的情况下，处以 15 年监禁及 500000 刚果法郎至 1000000 刚果法郎罚款；

· 没收用于行贿的利益；

· 在执行判决后，5 年至 10 年内剥夺选举权和被选举权；

· 禁止在公共部门和某些活动部门工作，如银行、经纪、会计、进出口等，为期 5 至 10 年；

· 禁止在所有公共合同中招标，为期 5 年；

· 撤销假释权；

· 如果被定罪者是外国人，则在执行判决后将其永久驱逐刚果（金）领土。

2007 年 9 月，刚果（金）批准了与南部非洲发展共同体关于打击腐败的议定书协议。自 2010 年起，刚果（金）一直是《联合国反腐败公约》签署国，但不是《经合组织反贿赂公约》签署国。刚果（金）还签署了《非洲联盟预防和打击腐败公约》。

点评：

刚果（金）2006 年宪法和公职人员道德守则中也包含与反腐败相关的法律规定，如要求国家元首、政府官员和公务员入职和离职时向宪法法院提交资产申报。

（二）反洗钱主管部门及相关法律法规

2004 年，刚果（金）出台第 16/2004 号法律《关于打击洗钱和资助恐怖主义行为的规定》，将洗钱和恐怖融资定为犯罪。作为 2009 年 9 月发起的“零容忍”运动的一部分，时任总统约瑟夫·卡比拉于同年 10 月成立刚果（金）金融情报机构——金融重组机构，负责收集和分析有关清洗黑钱及恐怖主义融资案件的资料，并进行调查，就如何打击清洗黑钱及恐怖主义融资向政府提供意见。

（三）反不正当竞争主管部门及相关法律法规

1. 主管部门

刚果（金）没有主管竞争或反垄断事宜的相关机构。但作为东部和南部非洲共同市场成员，刚果（金）国内企业受东南非共同市场竞争委员会管理。东南非共同市场竞争委员会就反竞争行为、企业合并和消费者保护对刚果（金）企业进行审查。

2. 相关法律

刚果（金）需遵守东部和南部非洲共同市场竞争条例和规则，包括《东南非共同市场竞争规则》《东南非共同市场竞争条例》以及《东南非共同市场合并评估指南》。

任何本应向东南非共同市场竞争委员会申报而未进行申报的合并不具有法律效力，任何有关合并的协议对参与方施加的任何权利或义务在共同市场上均不具有法律效力。东南非共同市场竞争委员会有权对各方处以最高为共同市场中各方总收入10%的罚款。2021年9月，东南非共同市场竞争委员会首次对未遵守合并申报要求的当事方进行了处罚，罚金为合并收入的0.05%。

十一、刚果（金）对保护知识产权的规定

（一）刚果（金）知识产权保护机构

刚果（金）主管知识产权的部门为知识产权办公室和工业产权办公室，具体地址和联络方式详见表4-13。

表4-13 刚果（金）知识产权主管部门联络方式

机构名称	地址	联系方式
知识产权办公室	154, Boulevard du 30juin Kinshasa	电话：+243-998236161 +243-898740641 邮箱：ministerecarts@gmail.com moyamajoe@gmail.com
工业产权办公室	B. P. 7479 Kinshasa	电话：+243-993250105 +243-810424256 邮箱：blaisembenga@yahoo.fr

刚果（金）相关知识产权法律法规主要包括：1986年4月5日第033/1986号法令《关于版权和邻接权保护》，1982年1月7日第001/1982号《工业产权法》，1986年4月5日第33/1986号《关于保护版

权和相关权利》（以及 2019 年 2 月 8 日第 016/2019 号部长令修订），1980 年 7 月 18 日第 008/1980 号法律修订和补充的 1973 年 7 月 20 日第 021/1973 号《关于一般财产制度、土地和不动产制度以及担保制度》（即《土地法》）等。

刚果（金）与世界知识产权组织和世界贸易组织等国际组织签署了多项相关协议，并受《与贸易有关的知识产权协议》的约束，同时还是非洲知识产权组织成员。

（二）知识产权侵权的相关处罚规定

任何欺诈或恶意违反著作权的行为，将被判处有期徒刑 1 个月至 1 年，并处罚款。违反艺术品、音乐作品和文学作品版权使用的，将被判处有期徒刑 1 至 5 年并处以较重的罚款。

对专利和发明使用不当的，将被判处劳役 3 个月至 1 年，并按照严重程度进行罚款，或采用其中之一的惩罚。如果重犯，最高惩罚可增加一倍。

（三）专利和注册商标申请

刚果（金）将知识产权分为文学艺术产权和工业产权两种。1986 年 4 月 5 日第 33/1986 号《关于保护版权和相关权利》是保护著作权及相关权利的专门法律。法律对保护作者的权益作出了相关规定。

1. 申请专利

刚果（金）文化与艺术部负责受理专利申请。企业在申请专利时，需提交专利申请书、实物样本以及免责声明，同时需缴纳相关申请费用。

刚果（金）《工业产权法》规定，专利分为发明专利、专利引进和扩展性专利 3 种。专利持有人在专利证书到期之前，有义务对发明进行应用与开发。专利持有人必须在提交专利申请后 5 年内或者证书颁发后 3 年内，对专利加以应用和开发；涉及公众健康的药品专利应在获得专利权后 4 年进行开发应用。引进的专利应该在专利引进后 3 年开发应用。

2. 注册商标

刚果（金）中小企业部下属的中小企业秘书处，以及工业部下属的工业产权局负责办理商标注册。企业需提交商标注册申请书、提供实物样本、签署免责声明和缴纳相关费用。

刚果（金）属于非洲知识产权组织成员，在商标领域内完全受非洲知识产权组织约束，没有独立商标制度。

在刚果（金）注册商标时，需向非洲知识产权组织提交申请及如下文件：

· 委托书（由公司提供，申请人签名盖章）；

· 申请人身份证明复印件；

· 申请人地址；

· 企业所需保护的商标类别；

· 商品与服务名称以及商标图样。

当申请受理后，非洲知识产权组织的审查官会根据规定对申请进行形式审查、实质审查。其中，形式审查主要审查申请要求和分类信息是否符合规定；实质审查包括对商标显著性、是否违反禁注禁用条款、是否与在先商标形成冲突。申请若通过形式审查和实质审查，即被核准注册。注册后的商标应在官方公报上予以公告。公告期为六个月，若没有异议或异议不成立，商标予以注册。

审查官在形式审查和实质审查期间，如要驳回申请，必须在听取申请人或代理人的答辩之后方能决定。如有人在异议期内对公告商标提出异议，申请人也可作出答辩。如果申请人对异议决定不服，还可向法院起诉。

非洲知识产权组织商标注册费用分为查询和注册两部分，如果商标注册申请被驳回，注册费用将被退回。

点评：

品牌注册期限为10年，自申请日开始计算。刚果（金）国内注册的商标为永久性商标。

十二、刚果（金）对外国公司承包当地工程的规定

（一）许可制度

刚果（金）目前尚无比较完备的承包工程管理规章制度。对承包人的要求和限制一般在具体项目招标公告中列出，而施工和工程验收等方面的规定都在合同中以一般管理条款加以规定。内容形式上采用国际通用（FIDIC）。

（二）禁止领域

刚果（金）目前尚未对承包工程禁止的领域作出规定。

（三）招标方式

招标方式包括公开招标、邀请招标和议标。针对资金自筹或外来资金的大型项目采用国际招标，针对专业要求较高的项目采用邀请招标，针对紧急的小型项目采用议标方式。

投标则根据每个业主的招标文件要求，提交包括商务标、技术标和经济标的纸质标书或（和）电子标书。商务标包括企业资质、营业执照、财务能力、业绩、人员设备相关文件，技术标包括设计技术方案

（少有）和施工组织方案，经济标主要是项目投标报价和投标保函。

点评：

特别提醒有关企业在刚果（金）参与投标前，应尽力弄清招标资金来源，注意防范招标陷阱，尤其是不要轻信某些个人的私下许诺。

（四）刚果（金）的公共采购

刚果（金）公共采购监管局负责对公共采购的监督管理。刚果（金）公共采购的相关法律规定有2010年4月27日颁布的关于公共采购的第010/2010号法律、2011年7月13日第011/2011号公共财政法、2018年7月9日关于公私合营的第016/2018号法律。

（五）工程BOT承包方式

刚果（金）政府允许外国企业在不涉及国家秘密及安全的领域，如基础设施、酒店及医院等探讨BOT合作。BOT项目如属于国有资产，国家占股比例一般是10%～30%。这些项目在特许经营阶段，可享受所有免税政策。如项目系当地私营企业所有，对于外资占股没有限制，外资企业可100%控股，但不享受任何免税待遇。此外，对于特许经营年限，政府没有统一规定，由双方通过谈判确定经营年限。

[案例4-6]

目前，中国中铁七局已在刚果（金）实施了2个BOT项目，均为公路维修和重建项目。其中，金马公路（金沙萨–马塔迪）全长350千米，主要包括50千米修复、整条公路日常养护、建设公路收费站和地磅站等，由投资者负责收费，收费期限以中铁七局收回全部工程投资及利润所需年限设定。利科公路（位于加丹加省境内的矿区）全长186千米，主要是修复路基和重建路面及

10座桥梁等，收费年限亦以该企业收回全部投资及利润所需年限设定。此外，当地华侨与刚果（金）政府以BOT方式签署了投资经营金沙萨1家五星级酒店的特许经营协议，该酒店自2012年10月8日开业以来，顾客盈门，经营状况良好。

点评：

部分中资企业正与刚果（金）探讨以BOT方式开发其他项目。但由于项目投资大、周期长，以及刚果（金）投资环境不佳，存在一定经营风险等原因，项目推进缓慢。

除中资企业外，美国、比利时等国企业也以BOT方式在刚果（金）实施了酒店建设等项目。

十三、刚果（金）对中国企业投资合作的保护政策

（一）中国与刚果（金）签署双边投资保护协议

2011年8月11日，中国和刚果（金）政府在金沙萨签署《关于促进和保护投资协定》，经双方履行国内法律程序，该协定于2016年11月17日起生效。

（二）中国与刚果（金）签署避免双重征税协定

目前，两国政府没有签订避免双重征税协定。

（三）其他协定及发布的声明

1984年12月，中刚（金）两国政府签订《成立经贸混委会的协定》。

2008—2021年，中国和刚果（金）政府先后签订了7个经济技术合作协定。

2007年12月、2010年1月和2014年8月，中刚（金）两国政府

先后3次签订关于中方给予原产于刚果（金）部分输华产品享受零关税待遇的换文。根据2014年8月换文规定，从2015年起，原产于刚果（金）的97%的输华商品将享受免关税待遇。

十四、在刚果（金）解决纠纷的主要途径及适用法律

中国企业赴刚果（金）投资应遵守当地相关法律规定，并认真履行合同。合同约定应明确、具体。在签订合同时，应对未来履行合同过程中可能产生的争议预先约定好解决办法和方案，一旦发生争议，可通过诉讼和仲裁等方式解决。在个别领域，刚果（金）也将调解作为一种替代性争端解决方式。

中资企业在与刚果（金）方合伙人签署投资合作协议时，在针对解决商务纠纷的条款中一般会作如下表述：缔约双方对本协议执行中发生的争端，首先通过友好协商解决。如协商无效，则提交国际投资争端中心仲裁庭或巴黎国际商会，根据其仲裁规则解决。仲裁地点一般选在日内瓦。适用法律原则上规定为行为地法律或直接表明为刚果（金）法律。如不能根据此标准确定应适用的法律，双方将参照国际商业惯用的解决同类争端的标准，确认应适用的法律。

（一）诉讼

刚果（金）宪法确立了三级法院系统，民事法院是法院系统一部分，按照物质、属地、属人管辖权的原则受理案件。根据2013年4月11日13/011-B《关于法院在司法系统中的组织、运作和管辖权的组织法》，各级民事法院权限如下：

初级法院。受理所有有关家庭、继承、捐赠、其他不高于1500美

元的纠纷以及受传统习俗约束的个人或集体土地纠纷。此外，刚果（金）单独设有商业法院，处理初级商业纠纷。

高等法院。包括上诉法院和最高法院，处理初级法院管辖范围之外的所有纠纷。其中上诉法院负责院审理来自民事初级法院一审判决的上诉，最高法院负责审理对上诉法院判决提出的上诉。

刚果（金）民事诉讼各阶段流程所对应的时间限制长短不一，费用也不尽相同，详细内容参见表 4-14。

表 4-14　刚果（金）民事诉讼流程、相应环节时间限制和费用

<table>
<tr><th>流程</th><th>时间限制</th><th>费用</th></tr>
<tr><td>提出立案，法院向各方送达传票</td><td>从传票出庭之日起 8 个自然日，指定送达地点距法院每多 100 千米可增加 1 个自然日。如在刚果（金）境内无居住地址，送达时间可延长为 3 个月。</td><td rowspan="5">立案费：3 美元。
押金：5 美元。
法院出具法令：1 美元/页。
法院院长令：2 美元。
上诉费：1 美元。
不上诉证明：10 美元。
如需判决副本或上诉应缴纳索赔金额 3%的费用。</td></tr>
<tr><td>准备诉讼文件</td><td rowspan="2">不得超过 2 个月。</td></tr>
<tr><td>递交诉讼文件</td></tr>
<tr><td>开庭</td><td>递交文件后择日开庭。</td></tr>
<tr><td>宣判结果</td><td>开庭后 30 个自然日内发布，经法院院长批准可顺延 15 个自然日。</td></tr>
<tr><td>提出上诉</td><td>在法院判决送达后 15 个自然日提出异议，指定送达地点距法院每多 100 千米可增加 1 个自然日。如无法证明判决送达，则上诉期限为第一次执行后的 15 个自然日。</td><td>立案费：6 美元。
押金：10 美元。
法院出具法令：2 美元/页。
法院院长令：4 美元。
如需判决副本或上诉应缴纳索赔金额 3%的费用。</td></tr>
</table>

资料来源：Vieira de Almeida 律师事务所。

点评：

在实际操作中，刚果（金）当地法院无视上述协议约定，擅自接受当地商人诉求，强制判决被告企业败诉的现象时有发生。部分在刚果（金）中资企业曾面临此类问题，后经多方工作，刚果（金）最高法院驳回了相关不合理判决。

（二）仲裁

仲裁是刚果（金）民事诉讼中唯一替代争议解决机制。刚果（金）仲裁相关事宜适用非洲商业法协调组织《仲裁法》和刚果（金）《民事诉讼法》（第 159-194 条）中符合该统一法的规定。此外，刚果（金）是世界银行解决投资争端国际中心（ICSID）成员，认可 ICSID 仲裁结果。

仲裁相关协议必须以书面形式订立，且双方均保留将其争议提交仲裁的选择权。

仲裁员至少为 3 人，且应为奇数。当事人有责任根据仲裁协议指定仲裁员。如在由 3 名仲裁员仲裁的情况下，各方应指定一名仲裁员，由两名仲裁员选择第三名仲裁员；如一方当事人未能在对方当事人提出请求后 30 天内指定仲裁员，或当事人指定的两名仲裁员在指定后 30 天内未能指定第三名仲裁员，则由高等法院指派仲裁员。如双方对仲裁员的选择存在分歧，则由高等法院指定唯一仲裁员。

仲裁结果应在最后一位仲裁员确定后 6 个月内宣布，当事人之一或高等法院可请求延长期限。不接受对于法院指定仲裁员作出仲裁结果的上诉。

点评：

刚果（金）自 2015 年起成为《承认和执行外国仲裁裁决纽

约公约》的缔约国，但该公约不适用于不动产或与不动产有关的纠纷。

[案例 4-7]

洛阳钼业通过国际仲裁成功解决股权转让纠纷。刚果（金）腾科-丰谷鲁美矿业（TFM）是全球范围内储量和品位居于前列的铜钴矿之一，由美国自由港-麦克莫兰公司（简称自由港集团）、BHR Newwood DRC Holdings 公司和刚果（金）国营矿业公司杰卡明（Gecamine）分别持有 54%、26%和 20%的股权。2016 年，洛阳钼业斥资 26.5 亿美元从自由港集团手中收购 TFM 54%的股权权益。杰卡明于同年在国际商会提起了针对此次股权转让的国际仲裁，认为自由港集团在未经自己同意的情况下出售 TFM 权益，侵犯了其股份的优先购买权，主张行使优先购买权，由自己购得自由港集团持有的 TFM 54%的权益。国际商会因质疑杰卡明实现该收购的资金能力而未支持其仲裁诉求，最终由洛阳钼业获得了 TFM 54%的股权。

[案例 4-8]

紫金矿业收购 Manono 锂矿遭遇股权转让纠纷。Dathcom 公司是刚果（金）一家成立于 2016 年的合资公司，持有世界上储量最大、品位最高的锂矿之一的 Manono 锂矿。该公司由澳大利亚 AVZ 国际公司（简称 AVZ）、刚果（金）国家矿业开发公司（Cominiere）和达索米尔矿业资源有限责任公司分别持有 60%、25%、15%的股权。2021 年，Cominiere 同意转让其持有的 Dathcom 公司 15%股权给紫金矿业，但该收购遭到了大股东 AVZ 强烈反对，认为此次股权转让违反了原协议中的股东优先购买权的约定。AVZ 先后两次就股权转让事宜向刚果（金）卢本巴希商事法院提起诉讼，均以败诉告终。之后，紫金矿业通过下属公司向国际商会提出仲裁申请，要求有关方面确认其持有的 Dathcom 公司 15%股份。2022 年，刚果（金）矿业部长签署部长令，确认了紫金矿业通过受让 Cominiere 所持有的 Dathcom 的部分股权，获得了 Manono 锂矿 15%的股份。

点评：

以上两案例均为股权收购过程中和事后产生的纠纷，建议投资者在收购之前，开展细致的尽职调查，针对新旧股东交替时可能出现的问题做全盘考虑。尽职调查要从原有股东协议、采矿协议、合资公司章程等相关文件中明确审查原股东在先权利义务的具体内容，明确股权转让法定和约定流程、既存的争议解决条款等内容，尽量选择国际仲裁的方式处理相关纠纷，高效、妥善处理争议问题。

十五、在刚果（金）投资注意事项

（一）投资方面

近年来，刚果（金）政治和经济形势趋于好转，发展潜力较大，但从基础设施、政策法规、政府效能、社会环境等因素来看，企业要做好对风险的充分评估。

在刚果（金）办理投资合作相关手续，需向当地律师、专业机构寻求帮助，有关政策事项也可与中国驻刚果（金）使馆经商处联系。

1. 在刚果（金）从事投资活动的注意事项

中资企业和个人到刚果（金）从事投资活动，需注意以下问题：

（1）客观评估投资环境。近年来，国际各知名评估机构对刚果（金）投资环境、良政指数等评价较差。为此，中资企业在投资项目立项时，要谨慎行事，避免各种风险，在深入调研的基础上，做出科学选择。企业如果希望赴刚果（金）探讨矿业投资合作，需要对项目所设场址的地皮及矿产原料供应地所属关系进行认真核实，避免日后引起地产和矿权纠纷。同时，需对项目建设时涉及的环保规定进行认真了解和应对；对电力、交通、原料供应等深入调研评估，并事先提出应对方案。

（2）适应法律环境的复杂性。刚果（金）《投资法》是外国投资者进入刚果（金）投资需要了解的主要法规。但矿产、石油、天然气、金融、保险、军工以及政府间重大投资合作等领域的投资并没有包含在《投资法》中，而是体现在相关行业主管部委颁布的法规里。投资者除了熟知《投资法》，还要多了解相关行业的相关法律法规，如《矿业法》等，做到心中有数，避免由于不熟悉当地的法律法规，造成不必要的损失。

（3）做好企业注册的充分准备。根据刚果（金）相关法律规定，政府承认按照刚果（金）法律或者外国法律在刚果（金）成立的公司。合资公司必须依据当地法律成立，所有在刚果（金）的公司需遵循刚果（金）法律。企业在开业前，需申请营业执照（即申请商业注册与动产信用登记证）、企业国家代码和税号。从事进出口业务的企业还需要申请进出口代码等。总之，外国企业在刚果（金）从事经营投资合作或贸易活动，必须在当地登记注册，依法纳税。关于注册公司的相关手续，最好聘请当地有经验的律师或会计事务所帮助准备。

（4）适当调整对优惠政策的期望值。企业在刚果（金）投资大型项目尤其是矿业开发项目和农业开发项目，以及被列为政府急需的重要基础设施项目，可通过个案谈判，获得相应的优惠政策（如关税减免等）。但政府在实际谈判特别是在执行过程中，往往因部门间缺乏及时沟通和协调，谈判获得的优惠政策不能有效执行，给企业的经营活动造成许多障碍和困难。因此，企业在计算经营成本时，要充分考虑这些不可预见的人为因素，适当调整对优惠政策的期望值。

（5）充分核算税负成本。总体来看，刚果（金）税负较高、税目多，而且存在乱收费、乱罚款等现象。企业在投资时，应具体了解当地税收规定，充分核算税负成本，同时也要充分考虑各种不可预见的成本支出。尽量选择在税收优惠区域投资建厂，以便获得对企业所得税及设备进口关税的减免。

（6）建立良好的企业信誉。在实际工作中，公司在商谈业务前，不要事先轻易向对方作出承诺。一旦作出承诺，就应认真履行，做到取信于人。对于对方所做的承诺，要认真对待，谨慎处理。

2. 在刚果（金）开展投资合作的建议

（1）加强对刚果（金）局势走向研判，谨慎决策投资规模。企业在探讨即将实施的投资项目时，需高度关注刚果（金）的局势走向，并进行认真研判，适度确定投资规模。同时，国内相关金融机构也应对当地局势进行定期跟踪、评估，及时采取相应措施，规避投资风险。

（2）正视刚果（金）实际困难，立足自身谋发展。企业需对项目发展规划进行认真评估和论证，对于当地政府短期内无法解决的供电紧张等实际困难，应尽快研究采取相应措施，如考虑自建电站或推动当地供电部门从邻国购电等多种措施，确保生产正常运行。

（3）加强安防措施，保障企业和人员安全。企业应结合各自特点，考虑在当地雇佣专业保安、武装警察或军人负责对矿山、企业和人员进行全天候保护，并加强与当地安全部门沟通，在遇到紧急情况时得到其快速干预。同时，企业应认真贯彻落实中国商务部有关境外投资安全制度的规定，加强对员工安全教育和管理。针对当地医疗卫生设施差等实际情况，企业应配备专业医护人员和医护设备，与当地国际救援机构保持联系，并建立良好的营地居住和卫生环境，减少发病和传染，确保企业和人员安全健康。

（二）贸易方面

在刚果（金）经商必须熟悉并适应当地的特殊贸易环境，采取有效措施拓展业务，规避风险。

（1）适应当地支付条件。在签订贸易合同时，须谨慎研究，切勿草率行事，要认真调查了解客户的支付能力和供货能力。对由当地银行开具的信用证要持谨慎态度，最好选择在刚果（金）的国际大型金融机构或银行开具信用证。

（2）注重提升产品质量。在刚果（金）的中国产品整体档次不高，但价格便宜，受到当地低收入消费者的欢迎。产品的质量和信誉是进入市场的根本，为此，一定要注重把好产品质量关，避免产生由中方原因而引起的纠纷。

（3）谨慎选择运输公司。刚果（金）没有深水港口，经海运进口的货物一般需经刚果（布）的黑角港等地转小船才能进入，或是运抵坦桑尼亚，通过陆路进入刚果（金）东部地区。加之刚果（金）港口装卸能力低，后续运输困难，从中国出口到刚果（金）的货物一般需数月时间才能抵达最终目的地，运输中转一般也需数月时间，有时无法确定何时才能运达。因此，中资企业在选择运输公司时，要货比三家，多联系几家运输公司，从中择优选用，最好选择有实力的大型运输公司。

（4）态度鲜明，不失礼貌。在商务谈判中，中资企业在与刚果（金）商业伙伴谈生意时，要认真准备方案，准确解答其提出的问题。在坚持原则的同时，也应体现出以礼相待的良好风貌。

（5）着装得体。当地人非常注重商业伙伴的着装和举止。中国商务人士在出席商贸及社交活动时要着装整齐。参加正式会谈、宴请以及各种活动，除非主办方说明不穿正装外，一般要着正装。尊重当地人，注意谈吐，尤其不能有歧视性态度和语言。不要随意拍照。

（三）承包工程方面

（1）注重环保。中资企业施工时要注意当地环保要求，确实因施工原因必须砍伐树木或可能对环境造成影响时，要经刚果（金）有关部门批准，避免不必要的麻烦和损失。

（2）注重社会影响。企业要重视自身形象，当施工项目与学校、街道等居民住地的距离较近时，要把保护当地群众安全放在重要位置，注重制定和落实安全措施，确保安全。在项目施工过程中，要依据有关规定为当地员工配置必要的劳保用品（安全帽、劳保鞋、工作服等），体现文明施工的理念；在对当地员工提供培训和管理时，要注意文明、平等，避免粗暴行为；在当地员工或国内员工出现工伤事故时，要充分体现人文关怀理念，对员工进行及时妥善救治，承担相关费用，以增强企业凝聚力。

（3）尊重当地风俗习惯。尊重当地员工的生活和宗教习惯，给员工休息和做礼拜时间，不强迫员工加班加点。

（4）公平竞争。中资企业在竞标承包工程项目时，应以国家整体利益为重，避免无序竞争，互相压价。

（5）保障安全。注意作业时的人身安全。特别是高空作业人员，一定要有安全保护措施，最好为作业人员上安全事故保险。与此同时，行车安全等也是不容忽视的问题。

（6）遵守税法。及时合理缴纳税费。了解当地税务要求，严格按照规定报税缴税个人税、增值税、公司营业税等。

（7）注意工程款拖欠支付问题。近几年来，部分由刚果（金）政府出资建设的项目，经常发生由于资金落实不到位导致工程进度大大低于预期甚至中途停工，或由于企业盲目垫资施工导致难以追回欠款的现象，给中资企业正常经营造成困难。因此，企业在进行承包工程投标时应要求业主明确资金来源，谨慎应对业主提出的垫资施工要求。避免施工初期大量设备、人员集中进场，业主无法按时拨付后续资金，导致施工企业陷入进退两难境地的情况出现。

（四）防范投资合作风险

在刚果（金）开展投资、贸易、承包工程和劳务合作的过程中，要特别注意事前调查、分析、评估相关风险，事中做好风险规避和管理工作，切实保障自身利益，包括对项目或贸易客户及相关方的资信调查和评估、对投资或承包工程国家的政治风险和商业风险分析和规避、对项目本身实施的可行性分析等。相关企业应积极利用保险、担保、银行等保险金融机构和其他专业风险管理机构的相关业务保障自身利益，包括贸易、投资、承包工程和劳务类信用保险，财产保险，人身安全保险等，以及银行的保理业务和各类担保业务（政府担保、商业担保、保函）等。

建议企业在开展对刚果（金）投资合作过程中使用中国政策性保险机构——中国出口信用保险公司提供的包括政治风险、商业风险在内的信用风险保障产品，也可使用中国进出口银行等政策性银行提供的商业担保服务。

Chapter 5

第五章

工程项目投建营全生命周期中的合规要求

作为企业风险管理重要组成部分的项目合规管理，首先要识别合规义务，即合哪些规。企业应以适合其规模、复杂性、结构和运行的方式记录其合规义务。合规义务的来源包括合规要求和合规承诺。

1. **合规要求**

企业必须遵守的外部各项法律法规、监管规定。

（1）境内经营：境内工程建设相关的法律、法规、部门规章。

（2）境外经营：强调所在国的法律法规、国际条约、规则等。强调对外承包工程相关的投标管理、合同管理、项目履约、劳工权利保护、环境保护、连带风险管理、债务管理、捐赠与赞助、反腐败、反贿赂等方面的要求。

2. **合规承诺**

企业自愿遵守的指引、合约、协议、内部章程、规定等。

按内容划分，合规义务又可以分为以下四类：

（1）法律、法规、规章、政策；

（2）行业协会等自律性组织的规范、标准、惯例等；

（3）公司章程及企业内部规章制度；

（4）诚实守信的职业道德。

本章节按照工程项目投建营全生命周期，梳理了工程项目生命周期各个阶段的合规要求。

一、第一阶段：项目前期论证

在刚果（金）开展工程项目的投资、建设和运营势必需要严格遵守刚果（金）关于投资、工程建设、环保、法律、税务等方面的要求和规定，是企业在刚果（金）正常经营的前提，也是企业在刚果（金）获得长期稳定发展的必要条件。

（一）中国境内合规要求

中资企业开展境外投资活动前，应当完成中国境内的核准、备案程序，避免出现境外工作完成后因境内合规问题导致投资失败的风险。

1. 中国境内相关政策法规

中资企业境外投资需要遵守的国内相关政策法规主要包括：国家发展改革委、商务部、国家外汇管理局、国务院国资委等部门制定的相关政策法规等，具体内容见表 5-1。

表 5-1　中资企业境外投资需要遵守的国内相关政策法规

序号	部门规章	发文机构	发布时间
1	《境外投资管理办法》	商务部	2014 年
2	《企业境外投资管理办法》	国家发展改革委	2017 年
3	《境内机构境外直接投资外汇管理规定》	国家外汇管理局	2009 年
4	《关于境内居民通过特殊目的公司境外投融资及返程投资外汇管理有关问题的通知》	国家外汇管理局	2014 年
5	《关于进一步改进和调整资本项目外汇管理政策的通知》	国家外汇管理局	2014 年
6	《关于进一步简化和改进直接投资外汇管理政策的通知》	国家外汇管理局	2015 年
7	《关于驻外经商机构为企业办理对外承包工程项目投标（议标）核准意见的暂行规定》	商务部办公厅	2015 年
8	《关于进一步推进外汇管理改革完善真实合规性审核的通知》	国家外汇管理局	2017 年

续 表

序号	部门规章	发文机构	发布时间
9	《中央企业境外投资监督管理办法》	国务院国资委	2017 年
10	《关于进一步引导和规范境外投资方向的指导意见》	国家发展改革委、商务部、人民银行、外交部	2017 年
11	《对外承包工程管理条例（2017 修订）》	国务院	2017 年
12	《境外投资敏感行业目录（2018）》	国家发展改革委	2018 年
13	《对外投资备案（核准）报告暂行办法》	商务部、人民银行、国务院国资委、银监会、证监会、保监会、国家外汇管理局	2018 年
14	《关于做好国内企业在境外投资开办企业（金融企业除外）核准初审取消后相关工作的通知》	商务部办公厅	2018 年
15	《对外投资备案（核准）报告实施规程》	商务部办公厅	2019 年
16	《关于加强疫情期间境外工程项目和在外人员统计的通知》	商务部办公厅	2020 年
17	《关于促进对外设计咨询高质量发展有关工作的通知》	商务部等 19 部门	2021 年
18	《对外投资合作绿色发展工作指引》	商务部、生态环境部	2021 年
19	《数字经济对外投资合作工作指引》	商务部、中央网信办、工信部	2021 年
20	《对外承包工程业务统计调查制度》与《对外承包工程业务统计调查制度》（修订）	商务部	2022 年

点评：

法律法规动态更新，可查询我国商务部“走出去”公共服务平台（fec. mofcom. gov. cn）查看最新的政策法规

2. 境内核准/备案流程及主要规定

（1）国家发展改革委相关规定。

对敏感类项目实行核准管理，对非敏感类项目实行备案管理。具体见表 5-2。

表 5-2 国家发展和改革委员会相关规定

项目分类	境内企业直接开展投资	境内企业通过其控制的境外企业开展投资	具体内容
敏感类项目	核准（国家发展改革委）	核准（国家发展改革委）	实行核准管理的，投资主体向核准机关提交项目申请报告并附具有关文件，项目申请报告应当包括以下内容：投资主体情况；项目情况，包括项目名称、投资目的地、主要内容和规模、中方投资额等；项目对我国国家利益和国家安全的影响分析；投资主体关于项目真实性的声明。 核准机关应当在收到项目申请报告之日起 5 个工作日内一次性告知投资主体需要补正的内容。核准机关应当在受理项目申请报告后 20 个工作日内作出是否予以核准的决定。项目情况复杂或需要征求有关单位意见的，经核准机关负责人批准，可以延长核准时限，但延长的核准时限不得超过 10 个工作日，并应当将延长时限的理由告知投资主体。符合核准条件的项目，核准机关应当予以核准，并向投资主体出具书面核准文件。

续 表

项目分类	境内企业直接开展投资	境内企业通过其控制的境外企业开展投资	具体内容
非敏感类项目	央企、大额：备案（国家发展改革委） 央企、非大额：备案（国家发展改革委）	央企、大额：报告（国家发展改革委） 央企、非大额：无须履行手续	实行备案管理的，投资主体通过网络系统向备案机关提交项目申请报告并附具有关文件。项目备案表或附件不齐全、项目备案表或附件不符合法定形式、项目不属于备案管理范围、项目不属于备案机关管理权限的，备案机关应当在收到项目备案表之日起5个工作日内一次性告知投资主体。备案机关在受理项目备案表之日起7个工作日内向投资主体出具备案通知书。
	非央企、大额：备案（国家发展改革委） 非央企、非大额：备案（省级发改委）	非央企、大额：报告（国家发展改革委） 非央企、非大额：无须履行手续	投资主体通过其控制的境外企业开展大额非敏感类项目的，投资主体应当在项目实施前通过网络系统提交大额非敏感类项目情况报告表，将有关信息告知国家发展改革委。投资主体提交的大额非敏感类项目情况报告表内容不完整的，国家发展改革委应当在收到之日起5个工作日内一次性告知投资主体需要补正的内容。

其中的“敏感类项目”指涉及敏感国家和地区的项目和涉及敏感行业的项目。

“敏感国家和地区”指与我国未建交的国家和地区；发生战争、内乱的国家和地区；根据我国缔结或参加的国际条约、协定等，需要限制企业对其投资的国家和地区；其他敏感国家和地区。

“敏感行业”指国家发展改革委发布敏感行业目录（2018年1月31日发布）中涉及的行业，例如武器装备的研制生产维修、跨境水资源开发利用、新闻传媒、房地产业、根据我国法律法规和有关调控政策需要限制企业境外投资的行业等。

“大额”指中方投资额3亿美元及以上。

（2）商务部相关规定。

2018年1月25日，商务部、人民银行、国务院国资委、银监会、证监会、保监会、国家外汇管理局共同发布了《对外投资备案（核准）报告暂行办法》（商合发〔2018〕24号），规定由商务部牵头对外投资备案（核准）报告信息统一汇总，各部门定期将备案（核准）信息和报告信息通报商务部，实行“备案为主、核准为辅”的管理方式。

2018年8月和2019年7月，商务部分别出台《关于做好国内企业在境外投资开办企业（金融企业除外）核准初审取消后相关工作的通知》《对外投资备案（核准）报告实施规程》，明确了相关工作细则。

企业境外投资涉及敏感国家和地区、敏感行业的，实行核准管理。企业其他情形的境外投资，实行备案管理。实行核准管理的国家主要是未与中华人民共和国建交的国家、受联合国制裁的国家。必要时，商务部可另行公布其他实行核准管理的国家和地区的名单。实行核准管理的行业主要是涉及中华人民共和国限制出口的产品和技术的行业、影响一国（地区）以上利益的行业。

（3）国家外汇管理局相关规定。

银行按照国家外汇管理局《直接投资外汇业务操作指引》直接审核办理境外直接投资项下外汇登记，国家外汇管理局及其分支机构通过银行对直接投资外汇登记实施间接监管（见表5-3）。

表 5-3　国家外汇管理局相关规定

分类		规定内容
银行直接办理的事项	境外直接投资前期费用登记	境内机构（含境内企业、银行及非银行金融机构，下同）汇出境外的前期费用，累计汇出额原则上不超过 300 万美元且不超过中方投资总额的 15%。 境内机构汇出境外的前期费用，应列入其境外直接投资总额。 银行通过资本项目信息系统为境内机构办理前期费用登记手续后，境内机构凭《业务登记凭证》直接到银行办理后续资金购付汇手续。 申请材料： （1）《境外直接投资外汇登记业务申请表》。 （2）营业资质许可（尚未办理“五证合一”的企业，还需提供组织机构代码证）。 （3）境外投资资金来源证明、资金使用计划和董事会决议（或合伙人决议）、合同或其他真实性证明材料。 注意： 境内机构为其境外分支、代表机构等非独立核算机构购买境外办公用房的，需提交以下材料： （1）《境外直接投资外汇登记业务申请表》。 （2）境外设立分支、代表机构等非独立核算机构的批准/备案文件或注册证明文件。 （3）境外购买办公用房合同或协议。 （4）其他真实性证明材料。
银行直接办理的事项	境内机构境外直接投资资金汇出	银行要求的审核材料主要有： （1）《境外直接投资外汇登记业务申请表》。 （2）营业资质许可或注册登记证明及组织机构代码证（多个境内机构共同实施一项境外直接投资的，应提交各境内机构的营业资质许可或注册登记证明及组织机构代码证）。 （3）非金融企业境外投资提供商务主管部门颁发的《企业境外投资证书》；金融机构境外投资提供相关金融主管部门对该项投资的批准文件或无异议函。

续　表

分类		规定内容
银行直接办理的事项	境内机构境外直接投资资金汇出	(4) 境外投资资金来源证明、资金使用计划和董事会决议(或合伙人决议)、合同或其他真实性证明材料。 (5) 外国投资者以境外股权并购境内公司导致境内公司或其股东持有境外公司股权的，另需提供加注的外商投资企业批准证书和加注的外商投资企业营业资质许可。 (6) 其他真实性证明材料。

点评：

企业开展对外投资之前，应针对具体投资项目向各部门进行确认具体流程及要求。同时，国家对于境外投资行业的政策可能随时变化，因此，投资者应当关注我国针对具体行业的境外投资政策，特别是敏感行业或国家战略不支持的行业的政策变动，及时向相关部门咨询、核实。

(二) 刚果（金）工程建设行业相关法律法规

刚果（金）目前尚无比较完备的承包工程管理规章制度，也没有专门适用于国际工程承包的法律法规。刚果（金）对国际工程承包法律关系的调整主要是由国内相关法律法规来进行，如《土地法》《投资法》《矿业法》《农业基本法》《工业产权法》《劳动法》等。

与工程建设行业相关的其他法规及程序性文件包括：

2013 年 6 月 12 日第 005/CAB/MIN/AFF FONC/2013 号通函规定了土地和房地产产权转让的程序和期限。

2013 年 6 月 26 日第 007/CAB/MINA/TUHITPR/2013 号部长令规定了刚果（金）建筑许可证的发放。任何人想要在刚果（金）境内使用耐用材料并进行房地产开发、城市创新或任何性质的工程，都必须事先获得城镇规划与住房管理部门发放的建筑许可证。2018 年第 23 号部际令对此进行进一步规范。

2017 年 2 月 8 日第 02/2017 号法律，确定了与共同保险相关的基本原则。2018 年 5 月 2 日第 013/2018 号法令，规定了工程损坏保险的担保期限。

私营领域的分包活动目前受到《分包法》《分包法实施办法》《关于建立私营分包管理机构（ARSP）的法令》的监管。《分包法》阐明刚果（金）私营领域分包的一般规定以及原则和条件，旨在促进拥有刚果（金）资本的中小型企业的发展。

点评：

部分法令的原文及中文译文已在中国驻刚果（金）大使馆经商处子站发布，可在政策法规栏目中浏览。

（三）前期论证各子阶段

1. 投资机会研究

（1）投资机会研究方法。

第一步：制定对外投资战略。必须明确对外投资应实现的战略目标，首先需初步确定投资地与投资行业。

第二步：投资环境分析。必须去研究目标投资地的政治、经济、法律体系和税制、行业发展情况、劳动力市场与重大风险因素等内容。

第三步：制定市场进入战略。需要确定投资的方式，例如参股、合资投资等，并且制定市场进入战略与行动计划。

（2）刚果（金）承包市场分析。

①刚果（金）承包市场概况。

20 世纪 80 年代，中资企业开始进入刚果（金）市场，从事投资合作业务。20 世纪 90 年代以后，由于刚果（金）政局持续动荡，中资企业相继撤离，在刚果（金）的投资合作业务一度处于停滞状态。2000 年以后，随着刚果（金）政局逐步恢复稳定，中资企业重新进入刚果（金）市场，中刚（金）投资合作业务呈现全面快速发展的良好势头。近期部分工程承包项目见表 5-4。

表 5-4　中国企业在刚果（金）部分工程承包项目

企业名称	项目简介
中国中铁、中国电建	2017 年，由中国中铁、中国电建共同建设的布桑加水电站开工，坝高 141.5 米，水库总库容 12.98 亿立方米，总投资 6.56 亿美元，为刚果河支流卢阿拉巴河规划梯级电站的第四级。
中国化学工程	2018 年，中国化学工程与金沙萨签署基础设施建设成套项目及固体垃圾发电项目工程总承包合同，合同金额共计 25.65 亿欧元。
电建国际	2019 年，电建国际公司与刚果（金）Kipay 能源投资有限公司签署松博维水电站项目联合开发协议。项目位于刚果（金）东南部矿区，设计装机功率 160MW，建成后将有效缓解矿区的用电紧缺和供电稳定问题。
北京城建集团	2019 年，北京城建集团中标援刚果（金）金沙萨中部非洲国家文化艺术中心项目，中标金额 5.19 亿元人民币。项目建设规模约 37008.44 平方米，包括一个 2000 座规模的大剧院、800 座规模的小剧院和一个可容纳 2000 名学生的国家艺术学院校区。
中国土木	2020 年，中国土木成功签约卢本巴希卡撒帕公路修复和施工项目，以及马拉维恩卡塔贝镇供水系统修复、升级和扩展项目。其中，卡撒帕公路修复和施工项目的施工内容主要包括路基、结构层及排水系统，工期 12 个月；恩卡塔贝镇供水系统修复、升级和扩展项目是中国土木进入马拉维市场以来签约的第一个大型供水项目。

续 表

企业名称	项目简介
中交一公局集团	2021 年，中交一公局集团中标刚果（金）基桑加尼机场跑道和信标项目。工程内容包括对机场航空道面（跑道、停机坪、滑行道）翻修以及信标工程等，工期为 24 个月。
中交一公局集团	2023 年 1 月，中交一公局集团中标刚果（金）金沙萨马路库河港建设项目。该项目位于首都金沙萨市马路库县，施工主要内容包括港口、行政楼、仓库、冷库、医疗中心及商店，还包括公厕、标志牌、标线、电力网络、公共照明等配套设施。
中交一公局集团	2023 年 1 月，中交一公局集团中标刚果（金）金沙萨金森索区道路防侵蚀和防积水工程项目。主要工程内容包括三条街道的新建混凝土路面道路及配套排水工程。
中铁八局海外公司	2023 年 2 月，中铁八局海外公司收到洛阳钼业刚果（金）TFM 股份有限公司发来的中标通知书——中标 2022 年度基建剥离工程，该项目位于刚果（金）卢阿拉巴省科卢韦齐市丰谷鲁美镇旁，主要工程包括伐树、清表、岩石采装运排及矿岩穿孔等。
中国港湾	2023 年 3 月，中国港湾收到刚果（金）恩吉利水厂修复项目中标通知书，业主为供水项目执行管理局 CEP-O。项目位于金沙萨市区东北部，主要工作内容为絮凝池、沉淀池、泵房、蓄水池等构筑物翻修及配套设备更换。项目工期 24 个月。

［**案例 5-1**］

据中国驻刚果（金）大使馆经商处消息，由华刚矿业援建的卡巴达村办公室项目、卡布伦古小学建设项目、社区道路修复项目等项目于 2022 年底陆续开工，项目的启动将持续改善周边社区的工作生活环境。

②刚果（金）工程承包市场优劣势。

刚果（金）工程承包市场的优势主要有以下几点：

· 自然资源丰富。刚果（金）国家投资促进署的资料显示，刚果（金）矿产、石油、森林、水资源等储量位居世界前列。

· 国家政局总体稳定，政府致力于吸引外资。2019 年 1 月，刚果（金）完成总统选举，实现了历史上第一次和平的政权更替，为经济社会发展提供了相对稳定的政治环境。政府将改善营商环境、吸引外资、推动国家建设作为施政重点。

· 地理位置较为优越。刚果（金）地处非洲中部，与 9 国为邻，是进入中非、东非、西非、南非和北非的重要通道。

· 外汇管制较松。美元与刚果（金）本国货币可自由兑换，并可在刚果（金）市场上直接流通。

刚果（金）工程承包市场的劣势主要有以下几点：

· 法律环境复杂：在刚果（金）开展工程建设涉及法律极其分散。矿产、石油、天然气、金融、保险、军工以及政府间重大投资合作等领域的投资并没有包含在《投资法》中，而是体现在相关行业主管部委颁布的法规里。且刚果（金）有关法律的强行修订也可能会带来较大影响。以该国最重要的法律之一——《矿业法》为例，2002 年刚果（金）制定并通过了该国《矿业法》。2012 年该国启动正式程序，以审查该法案。审查过程持续多年，矿商抱怨大幅修订的条款将使其项目无法盈利。2018 年 3 月，经由上下两院一致通过后，刚果（金）仍执意颁布了新的《矿业法》。该法大幅提高了矿产特许使用费，减少特许使用年限，对矿商超额利润加征税费，提高刚果（金）干股份额等，严重压榨了在刚果（金）各大矿企的利益。

· 优惠政策往往不能有效执行：企业在刚果（金）承包大型项目，特别是被列为政府急需的重要基础设施项目，可通过个案谈判，获得相应的优惠政策（如关税减免等）。但在执行过程中，往往因政府部门间缺乏及时沟通和协调，不能有效执行所获得的优惠政策，对企业的经营活动带来一定影响。已经获得的优惠政策也可能会由于相关法律法规的调整而丧失。仍以《矿业法》修订为例，该法律将本应不受该新规影响的特许使用年限，由原来的 10 年降为 5 年，有关税费等也被大幅提升。

· 税负成本高：刚果（金）的税收管理分普通税和行政税两种，以属地税制为主。其中，普通税主要包括增值税、消费税、公司所得税、代扣所得税、租金所得税、动产税、个人所得税、外国人特别所得税、车船/不动产税等，行政税主要包括广告税、广告许可证费用、抽奖许可证费用、建设许可证费用、环境许可证费用、电力入网许可证费用等。刚果（金）现行税制存在几大弊端：一是税基狭窄，这给部分人员和企业带来沉重的负担，客观上造成税制不平等；二是税目种类繁多，各类税费多达 400 余种，纳税者不堪重负；三是税制特例存在导致免税条款滥用；四是众多行政部门参与及执行程序的差别令征税工作难以贯彻，并影响行政部门和纳税者之间的关系，这使得刚果（金）的税制错综复杂。上述症结一方面导致市场参与者举步维艰，另一方面导致税收对财政支撑乏力。

点评：

由于刚果（金）投资环境尚不成熟，投资和合作的风险相对较大，建议赴刚果（金）投资的企业一是对目标项目基本情况进行详尽的调查与核实，特别对所设场址的产权、原料供应地所属关系、相关环保规定、可能出现的电力供应不足和不稳定等状况进行深入评估，并事先提出应对方案，避免日后引起相关纠纷。二是投资者除了熟知《投资法》，还要多了解工程建设行业的相关法律法规。三是合理进行经济效益评估，在计算经营成本时，要充分考虑不可预见的人为因素，适当调整对优惠政策的期望值。四是深入了解当地税收规定，充分核算税负成本，尽量选择在税收优惠区域投资建厂，以便获得对企业所得税及设备进口关税的减免。

2. 初步可行性研究

当企业确定投资领域，获得投资项目清单后，需要进行初步可研来进一步确定拟投资的项目。

初步可行性研究是指在项目意向经过投资机构研究认为具有投资的可能性后，进一步对拟建项目建议进行粗略的技术经济分析，以确定投资机会是否具有可行性，项目范围是否值得通过进一步的可行性研究进行详细分析，是否有一些方面对它的可行性是关键性的，并且有必要通过职能研究或辅助研究（如市场研究、实验室试验、中间试验等）进行深入调查，甚至根据初步可行性研究的结论就可作出投资决策。

对刚果（金）投资初步可行性研究，应重点关注项目，细分市场需求情况，如电力、交通、能源等，从政府政策及相关风险方面、市场竞争价格、物资与劳动力获取、施工技术等方面进行分析。

[**案例** 5-2]

2017 年 7 月 25 日，中国恩菲工程技术有限公司（简称中国恩菲）与万宝矿产有限公司刚果（金）拉米卡股份有限公司签订刚果（金）庞比铜钴矿项目可研及初步工程设计合同。中国恩菲设计范围包括采矿、选矿、湿法冶炼、制酸、尾矿及生产辅助设施。

庞比铜钴矿项目位于刚果（金）南部加丹加省，包括 5 个矿床，铜金属资源量约 80 万吨，钴金属资源量约 10 万吨。该项目是刚果

（金）重要矿业项目，中国恩菲发挥自身丰富海外工程经验，使项目在设计和建设理念上全面与国际接轨，进一步以技术为引领，以服务为保障，彰显有色矿冶国家队责任，践行“一带一路”国家倡议。

3. 可行性研究

确定拟投资项目后，企业需要开展可行性研究。除财务可行性调研外，境外投资前期调研还应包括投资必要性、技术可行性、组织可行性、经济可行性等调研。

（1）可行性研究框架。

①投资必要性。根据市场调查及预测的结果、有关产业政策等因素，论证项目投资建设的必要性。在投资必要性的论证上，一是做好投资环境分析，对构成投资环境的各种要素进行全面的分析论证；二是做好市场研究，包括市场供求预测、竞争力分析、价格分析、市场细分、定位及营销策略论证等。

②技术可行性。应从项目实施角度，合理设计技术方案，并进行比选和评价。各行业不同项目技术可行性的研究内容及深度差别较大。工业项目可行性研究的技术论证应达到能明确列出设备清单的深度，非工业项目可行性研究的技术论证应达到工程方案初步设计的标准，以便与国际惯例接轨。

③组织可行性。制定合理的项目实施进度计划、设计合理的组织架构、选择经验丰富的管理人员、构建良好的协作关系、制订合适的培训计划等，以确保项目顺利执行。

④经济可行性。从资源配置的角度，衡量项目的价值，评价项目在实现区域经济发展、有效配置资源、增加供应、创造就业、改善环境等方面的效益。

⑤社会可行性。分析项目对当地社会的影响，包括经济发展、就

业增加、法律道德、宗教民族、妇女儿童及社会稳定性等。

⑥风险因素及对策。对项目的市场风险、技术风险、财务风险、组织风险、法律风险、经济及社会风险等进行全面评价，制定能规避风险的对策。在刚果（金）开展投资、贸易、承包工程和劳务合作过程中，需特别注意在事前调查、分析、评估相关风险，事中做好风险防控等工作。境外投资可行性评估报告框架见表5-5。

表5-5　境外投资项目可行性评估报告框架（参考）

一、总论	五、项目经济效益估算
二、项目实施必要性分析	5.1 投资估算依据
2.1 项目宏观背景	5.2 项目总投资估算
2.1.1 宏观政经概况	5.3 项目收益估算
2.1.2 宏观政经形势判断	5.4 财务评价
2.2 项目必要性	六、项目组织机构与运作模式
2.3 项目必要性结论	七、项目实施进度方案
三、项目实施可行性分析	八、风险与规避措施
3.1 宏观政治经济条件对项目形成有力支撑	8.1 风险因素识别
3.2 地区产业经济环境有利于项目实施开展	8.2 风险影响程度评价
3.3 项目拟选址已初步具备项目实施条件	8.3 风险规避措施
3.4 结论	九、结论与建议
四、项目实施方案	9.1 可行性研究结论
4.1 建设规模与内容	9.2 项目实施关键建议
4.2 产品方案与产值预测	9.3 专家意见
4.3 项目技术方案	—

（2）可行性研究应关注事项。

在编制可研报告时，特别需要注意以下方面：

· 做好尽职调查。对拟投资的项目展开全方位的尽职调查工作，包括：财务尽职调查、商业运营尽职调查、税务尽职调查和法律尽职调查。

· 确定交易价格范围。对投资项目进行全方位的财务测算，对宏观参数、政策变化、关键财务指标等因素进行敏感度分析，确定交易的价格范围。

· 制定融资方案。明确融资需求，拓展融资渠道，优化融资结构并制定资金安排计划。

· 税务架构设计。供应链筹划，并开始税务架构的设计。

4. 项目评估及决策

根据可行性研究报告内容，如果企业内部决定投资后，还需要进一步做好相应的评估，作出最终决策。相关建议如下：

（1）制定交易执行策略。综合考虑项目尽职调查工作发现、分析结果、融资需求等因素，并制定交易执行的策略，还需明确项目退出机制。

（2）商业谈判。明确谈判的要点，制定谈判策略和原则、交易保护条款；就项目运营控制权达成一致，明确公司治理的相关事宜。

（3）相关部门审批。开始境内审批流程（商务部、国家外汇管理局等）和境外审批流程。

（4）新建项目。工程项目策划、管理、协调，预计相关咨询服务。

（5）建立风险管理体系。制定海外风险管理的相关政策和流程，建立公司海外风险监控体系，包括境外投资项目风险跟踪与内部审计等内容。

(6) 完善与优化海外运营体系。设计与优化海外控股公司的管理模式与组织架构，明确业务活动的职能与授权体系，挖掘境外业务的协同效应。

(7) 财务、税务、审计和法务等相关工作。制定财务管理的目标与工作计划，建立与完善海外财务管控体系；税务合规、税务优化、税务争议解决、转让定价、应对海关质疑及合规性管理等；准则差异分析和准则转换规划；定期上报财务报表；海外业务专项检查或审计；海外业务升级和资产证券化相关审计；项目运营相关法务工作。

(8) 人力资源管理相关工作。海外业务人力资源相关的管理工作，包括组织结构调整和岗位设计、能力评估、绩效考核和薪酬福利、个税申报、节税筹划。

点评：

如果属国有企业，国有企业的内部决策机构履行决策职责，应当形成书面纪要，并由参与决策的全体成员签名。内部决策机构组成人员在相关事项表决时表明异议或者提示重大风险的，应当在书面纪要中进行记录。

国有企业海外投资决策事项涉及内部决策机构组成人员个人或者其直系亲属、重大利害关系人利益的，相关人员应当主动报告利害关系并申请回避。

二、第二阶段：建设准备

（一）工程合同

1. 工程合同的作用与意义

合同是交易参与方之间权利、义务和风险分配载体，是当事人之间的“法律”，境外商事主体，特别是欧美企业，都十分重视交易文件，特别是合同文件的起草和谈判工作，做到交易文件的严谨、规范，保护己方利益。相对来说，我国企业对于交易文件的设计和管理较为粗放，合理利益的争取力度不够，所面临的合同风险更大。

在签订合同的时候，如招标文件中没有相关约定，中企特别需要慎重考虑所签合同模板的选择。一般在国外签订工程建设合同，合同示范文本一般来自三个方面：第一，国际上的通用合同示范文本，如国际咨询工程师联合会（FIDIC）公布的合同；第二，中国自己的工程建设合同示范文本；第三，所在国的工程建设合同示范文本。

点评：

中资企业赴刚果（金）承包工程必须全面了解相关的法律法规，并要严格遵守。在实际操作过程中重视合同签订，明确双方的权利义务，明确工程建设的工作范围、标准、质量、工期、合同形式、货币、支付方式、付款条件、保函要求、误期罚款、性能指标罚款、税收、保险、设备材料的交货方式、劳务国籍限制、产品标准认证等重要条款，严格按合同条款办事。如对方违反合同条款，应利用相关法律法规维护自身合法利益。

在进行国际合同评审时，须组建专业的合同评审小组，从头到尾仔细审核合同所有的相关条款及所有附件，避免遗漏任何潜在的风险。尤其是大多数国际合同签订所使用的语言为业主所在国家的语言，尽可能地用原合同版本语言进行逐条的解析和评审，确认无误后再进行合同的翻译。在聘请专业翻译公司或者专业翻译人员进行翻译时，必须配备懂专业技术、法律等的相关人员进行配合，不仅要避免在翻译过程中由于懂语言不懂技术产生较大的歧义，也要避免由于不同语种语言对于专业词语定义的不同产生纠纷。

针对合同金额较大的国际EPC项目，各经营单位应合理评估自身管理水平，必要时可外聘具备充足海外经验的国内律所或项目所在国的当地律所，协助参与合同文本的评审，以提高评审效果。

中国对外承包工程商会为规范国际承包工程项目中国企业间分包合同，合理分配风险，维护当事人的合法权益，于2019年制定了《国际工程分包合同示范文本（2019年第1版）》，供中国总承包工程企业与中国分包工程施工企业、设计咨询公司、安装工程企业、设备和材料供货商在国际承包工程项目中使用。具体包括：

- 《施工分包合同条件（适用于单价分包合同）》
- 《施工分包合同条件（适用于总价分包合同）》
- 《安装分包合同条件》
- 《设计分包合同条件》
- 《采购合同条件》

2. 刚果（金）工程承包合同

（1）法律渊源。

刚果（金）现行法律法规未专门针对工程合同进行具体规定。但是，相关工程合同必须遵守刚果（金）现行税收和法律的一般规定。

（2）刚果（金）工程承包合同范本。

在刚果（金），工程承包合同的常用范式是国际咨询工程师联合会（FIDIC）合同条件。FIDIC合同条件有以下优点：

·脉络清晰，逻辑性强，承包人和业主之间的风险分担公平合理，不留模棱两可之词，使任何一方都无隙可乘。

·对承包人和业主的权利义务以及工程师职责权限有明确规定，使合同双方义务权利界限分明，工程师职责权限清楚，避免合同执行中产生纠纷和索赔事件，并起到相互制约的作用。

·被大多数国家采用，被世界大多数承包人所熟悉，又系世界银行和其他金融机构推荐，有利于实行国际竞争性招标。

·便于合同管理，对保证工程质量、合理地控制工程费用和工期产生良好的效果。

[**案例** 5-3]

南非 PPC 水泥集团是南非主要水泥生产商，2013 年，该公司决定选择中国中材国际工程股份有限公司（简称中材国际）作为战略合作伙伴，承建其一揽子项目。刚果（金）Barnet3000t/d 水泥生产线是一揽子计划中第一个实施的项目。商务谈判筹备阶段双方同意合同条件采用 1999 年版 FIDIC 设计采购施工（EPC）交钥匙工程合同条件，即银皮书，但在具体做法上产生了分歧。业主坚持合同条件由银皮书通用条件和专用条件组成，但由于 FIDIC 是面向各行各业的范本，用专用条件来准确描述对通用条款的补充、修改、删减、调整和细化较为困难。

在律师的建议下，双方以银皮书为蓝本起草合同，即在银皮书基础上直接逐条修改；合同谈判先在 EPC 合同条件基础上进行，谈定之后再由律师进行技术性分拆。经过几轮艰苦的谈判，最终成稿了一份高质量的 EPC 合同，为项目的顺利执行和后续一揽子项目合同谈判奠定了基础，其后的津巴布韦粉磨站项目合同在刚果（金）合同的基础上修改成文，双方顺利签约。

点评：

需要注意的是，刚果（金）要求使用法语起草合同。此外，在工程合同的前期策划、合同谈判、合同评审以及合同签订过程中，还应注意以下关键风险点。

（1）前期策划。

税务筹划：如果不注重税务筹划管理，可能导致项目税负过重，或不能充分享受当地的税收优惠红利，导致额外的税务损失。

合同拆分：合同签订模式，如单一合同模式或拆分合同模式的选择不合理，可能会造成重复征税以及更高的税负成本，进而导致工程成本增加，同时也可能会导致后期资金回国存在障碍。

（2）合同谈判。

条款设计：合同内容和条款不完整，表述不严谨、不准确，可能导致后期合同执行时出现合同纠纷，使公司合法利益受损。

企业的工程部门和法务部门对合同条款设计进行审查。合同的主要条款应当符合以下要求：

①明确当事人的单位（名称）、姓名、住所、联系方式；

②标的具体；

③数量、质量约定明确，价款或酬金具体；

④明确约定合同的涉税条款：

· 合同价款是否包含项目所在地的税收；

· 若包含，则建议明确包含哪些项目所在地税收（包括增值税、业主预扣税、印花税、进口增值税、进口关税等，建议“正列举”）；

· 若未包含，则建议明确项目所在地的税收各自由哪一方负担；

⑤明确约定合同履行期限、履行地点、方式及付款方式；

⑥依法细化、明确双方当事人的违约责任；

⑦解决纠纷的方式及约定管辖，应遵循有利于公司解决纠纷的原则约定；

⑧合同必须担保的，须结合担保人的合法资格、资信状况、代偿能力、担保物（抵押物、抵押权利、质物、质押权利）权属等，对担保行为、担保内容的合法性及有效性进行审查，并签订担保条款或单独签订担保合同作为主合同的从合同。

⑨设计涉税条款，保证合同的税务合规与税务效益。

反馈沟通：合同签订前双方沟通的合同目标不明确，未能明确各方权利义务及相关合同条款，且在合同签订前没有审查对方的资信，合同授权范围不明确，谈判过程中未记录。

（3）合同评审。

意见征集：合同内容和条款不完整、表述不严谨、不准确，可能导致企业合法利益受损。

问题处理：针对合同内容和条款的不合规或不合理问题，若未及时进行处理，可能导致企业合法利益受损。

合同审批：缺乏完善的授权审批制度，不能及时发现风险，可能损害企业利益。

（4）合同签订。

合同签订：合同签订人未取得合法授权，会导致合同无效。

（二）对外承包工程资质及工程许可

1. 中国对外承包工程资质

现在我国对外承包工程的相关国家规定是《对外承包工程管理条例》（2017 年修订版）。修订版中将原来《对外承包工程管理条例》第二章“对外承包工程资格”全部删除。这意味着民营建筑企业与央企一样，不再受对外承包工程资质的限制。

根据2017年修订的《对外承包工程管理条例》第十六条规定，对外承包工程的单位与境外工程项目发包人订立合同后，应当及时向中国驻该工程项目所在国使（领）馆报告。

根据对外承包工程项目备案管理规定，在境外工程项目投（议）标前，中企需要向国内商务主管部门，即中国驻刚果（金）大使馆经商处办理项目备案手续；在订立合同后，及时向中国驻刚果（金）大使馆经商处报告。报告请书面提交项目具体信息，包括但不限于项目名称、金额、资金来源、业主、地点、签约日期、开工日期、工期、项目内容、中外员工数量等，并附《对外承包工程项目备案表》，对于未按规定进行报告的，记入负面清单。

该条例规定，对外承包工程的单位应当接受中国驻该工程项目所在国使（领）馆在突发事件防范、工程质量、安全生产及外派人员保护等方面的指导。若在境外发生突发事件时，应当及时、妥善处理，并立即向中国驻该工程项目所在国使（领）馆和国内有关主管部门报告。同时，对外承包工程的单位应当定期向商务主管部门报告其开展对外承包工程的情况，并按照国务院商务主管部门和国务院统计部门的规定，向有关部门报送业务统计资料。

2. 刚果（金）工程承包资质

刚果（金）现行有效的法律法规并未对工程公司的资质要求进行明确规定，刚果（金）尚无有关工程承包的专项法律规定，一般在招标公告中对承包人提出具体要求和限制，并在工程承包合同中以行政条款对建设过程、工程验收等加以规定。

[案例5-4]

以金沙萨市政道路1标的招标公告为例，对承包商的资质要求是近5年公司营业额达1000万美元以上，有过3条各10千米以上的道路建设经验，企业授信额度在200万美元以上，以及项目规划中包括环保措施等。

目前，刚果（金）政府不允许外国自然人在当地承揽工程或承包项目，所有工程承包项目均需以公司名义参与招标，部分项目招标时甚至限定“仅邀请在刚果（金）本地注册的公司参与投标”。外国自然人应在当地成立公司或代表处，获得营业执照、资质证书等相关资质，并在其资质等级许可的业务范围内承揽工程。

采用政府资金、世界银行资金、非洲开发银行资金的项目除了拒绝来自联合国制裁国的企业外，一般对承包商国籍无特殊要求，部分项目会对在刚果（金）注册企业有竞标加分或优惠。欧洲复兴银行、阿拉伯银行资金一般只允许欧洲企业和阿拉伯企业参与竞标。部分招标项目要求指定部分业务分包给刚果（金）当地企业，需要和当地企业联合投标。

刚果（金）2017年2月通过《分包法》，旨在促进刚果（金）中产阶级的崛起，保护国家劳动力。该法令规定所有经济领域的分包市场要预留给刚果（金）公司，由国家私营行业分包管理局负责监督实施。该法令规定企业可以与外国注册或外资拥有的本地分包商签订合同，前提是能够向分包管理局证明刚果（金）本土分包商在该领域缺失，并且外国或外资分包商的工作持续时间不超过6个月。

点评：

采矿分包商是指与采矿权持有人直接签订合同，或有权利为采矿活动提供设备或开展工作和/或直接服务相关的刚果（金）法人。

目前，刚果（金）遵循一种惯例，希望采矿领域的服务提供商被视为分包商。因此，他们的股权必须主要由刚果（金）人持有。

3. **刚果（金）工程承包许可制度**

在刚果（金）境内，任何希望以耐久或半耐久材料承接不动产改造项目、城区创新或任何工程建设的自然人或法人，都必须按要求从城镇规划与住房管理部门取得建筑许可。

对于特殊高度工程建设，如筒仓、瞭望塔、灯塔、水塔、不同用途的钢筋混凝土高压电线塔，也要求取得建筑许可。

栅栏、现存建筑的外表改造、结构性重建、电梯以及任何对建筑物功能和组成部分的重大改造，超过原值三分之一的情况下同样必须申请建筑许可。

除了涉及机密的国防工程建设，申请建筑许可须由公共管理部门、军队、国家警察、安全部门、国家公共服务特许权受让人、公共机构、工业和矿产基础设施、省、市、自治市、区或任何城镇中心、外交领事建筑以及第三方完成，该列举未穷尽。

在刚果（金）的建筑许可由负责城镇规划和住房的部门批准发出。

（三）工程保险

根据刚果（金）《保险法》，任何建筑商（建筑师、工程师、承包商、设计办公室、公司或建筑公司）都必须购买强制性保险，保证业主在最后验收之前，免受在建工程的可能损害。

1. **强制性的十年责任保险**

根据刚果（金）《民法典》第三卷第 439 条规定，十年责任保险由承包人投保，保障业主利益。自最终验收时生效，有效期 10 年。

2. **民事责任的保险**

根据刚果（金）《民法典》第三卷第258条至260条的规定，该保险有效期覆盖整个工程实施期间，直至最终验收完成。保障施工现场个人或集体的利益。

（四）工程项目设计与项目计划

工程项目设计是整个工程项目建设的重要环节，只有打好稳固的基础，才能更好地指导、推进工程项目的开展，为后期施工提供更多帮助。工程建设不能仅考虑功能性，还需要对工程的整体质量进行保证，只有做好质量把控工作，才能保证工程项目的可行性。在工程项目设计阶段，应当做好可行性论证、勘察设计、投资费用、相关行政审批许可等工作，这样才能在后期开展施工的过程中做到循序渐进、有条不紊。如果工程项目的前期设计与计划工作不足，很容易影响工程整体进度，且无法保障工程质量。

中资企业在刚果（金）参与项目投标时，提交项目施工计划和方案是必要的。中标且签订合同后，合同被授予人需要进行相关的准备工作，包括组织专业团队、开展实地勘察等，以便完美地完成合同要求的施工。

在刚果（金）开展工程项目设计需要注意以下几点内容：

第一，事前了解相关设计规定和标准，明确设计规范，在合同谈判阶段尽可能争取中方熟悉的设计标准。拟采用的设计标准和规范，应在合同文件中明确规定，并且要就标准的版本、技术清单与业主方进行沟通确认。如果合同文件中没有相应的标准、规范清单则应在设计正式启动前，由项目方组织编制一份设计采用的标准、规范的清单，并送业主确认后发表执行。

点评：

承包商必须特别注意在公共工程和土木工程中严格应用国际或法国标准。承包工程中的用料和施工必须符合特定标准和规范的最新版本或现行修订的规定。如果这些标准和规范是国家的或与特定国家或地区相关，承包商可作其他提议。对于指定标准与建议标准之间的差异，承包商应作详细书面说明，如果项目业主认为所提议的标准不能获得相同或更高的质量水平，承包商必须遵守业主文件中规定的标准。

设计人员应认真研究合同文件中对设计规范的要求，比较国际规范与国内规范的差异，加强专业审查把关。在刚果（金）项目部/项目公司积极建立设计评审机制，对项目设计阶段成果进行内部或外部的专业审查，尤其是聘请项目所在国第三方设计机构和业主方技术人员进行审查。同时，加强与业主的设计沟通，按版本留存设计文档及业主的签字证据，以作备查。

第二，业主的要求和现场资料是开展设计的基础。在开展设计前，务必做好设计前的调查，确保相关资料的准确、完整。

点评：

在刚果（金）开展项目设计前，建议做到以下几点：

· 要求并配合设计人员提前做好充分准备，仔细研读已有的招标文件和合同文件，充分参考类似工程的设计经验，参考其他工程的算稿和国际上发表的论文。

· 委派有类似项目经验的单位和专家赴现场进行考察，通过研究已有数据，提出专业意见。

· 整合全球资源，特别是寻找外部专家资源，如刚果（金）当地知名的设计公司、海外工程咨询公司等。

第三，调查刚果（金）当地的物资供应条件。在满足规范及使用要求的情况下，尽可能使用当地能便利采购的材料和施工机械。

第四，充分考虑当地的使用环境。刚果（金）当地的使用环境和国内常规项目有较大区别，在考察时充分掌握当地情况，设计过程中要充分了解工程所在地的各种条件，设计和当地自然条件和风土人情融为一体。

[**案例** 5-5]

矿冶集团刚果（金）PE527 矿权鲁苏西铜钴矿采选工程于 2017 年年底顺利建成投产，投产以来，生产运行稳定，达产达标，经济效益和社会效益显著，被业主单位确定为在刚果（金）开发矿山的样板工程、管理示范平台和经济效益标杆企业，成为刚果（金）“一带一路”倡议的“排头兵”。

该项目矿区位于卢本巴希北偏西约 25km 处，工程原矿性质较复杂，既有硫化铜钴矿又有氧化铜钴矿，品种多，且可浮性参差不齐。另外，矿石中含有一定量的碳质，碳可浮性好，与有用矿物形成对浮选药剂的竞争吸附，不仅造成药剂用量增大，而且不利于有用矿物浮选指标的稳定。

为充分回收铜钴资源，实现降本增效、资源综合利用，矿冶集团设计组与有关试验研究部门紧密合作，多次赴海外项目及试验现场沟通讨论，经过大量试验研究并充分考虑以后现场采矿和选矿生产实际情况，最终确定选别工艺主流程采用浮磁联合工艺流程。

针对刚果（金）当地的气候条件，设计组决定在破碎磨矿采用一段粗碎、半自磨加球磨工艺，有效解决了生产中设备堵塞、生产不稳定等诸多问题。同时，采用矿冶集团自主研发的先进工艺技术、浮选设备及自动化控制系统，设置中央控制室可监控全厂设备运行，极大地减轻了操作人员数量和工人的劳动强度，降低了生产成本及能耗，实现各项指标稳定运行。

第五，加强与业主的设计沟通，重视语言学习以更好地与业主沟通和准确理解业主意图，加快设计图报批。

点评：

刚果（金）工程项目一般均采用法国技术规范进行设计和指导施工，由于对法国技术规范的收集比较困难，再加上语言障碍导致的理解偏差，我国企业在开展工程设计时，很难得到监理、业主等专业人士的认可，往往需要多次的沟通和修改才能获得批准，极大程度地影响了工程进展。因此在设计的时候，加强对技术规范的学习以及和业主的沟通，才能使项目得以顺利进行。

（五）项目用地

在刚果（金），承包工程项目用地一般由东道国业主负责征地。

点评：

由于刚果（金）土地使用期限相对较短，且政局存在不稳定因素，一般外资企业在征用土地时都比较谨慎，这也是目前制约外国投资者赴刚果（金）投资的障碍之一。

（六）工程项目招投标

1. 招标方式

刚果（金）招标方式包括公开招标、邀请招标和议标。针对资金自筹或外来资金的大型项目采用国际招标，针对专业要求较高的项目采用邀请招标，针对紧急的小型项目采用议标方式。

在公共领域，刚果（金）2010 年 4 月 27 日颁布的关于公共采购的第10/010号法令规定了国家、各省、分散领土实体、公有企业和公共机构的工程、供应品、服务和知识服务的授予、执行、控制和诉讼规则。

根据该法令，公司法人签订的合同，必须遵守《公共采购法》及其实施办法。

国家对公共合同和公共服务招标的门槛如下：

· 工程、供应品及一般服务：合同价值等于或超过5000万刚果法郎，约合2.5万美元；

· 知识服务合同和公共服务合同：合同价值等于或超过2000万刚果法郎，约合1万美元。

低于国家招标门槛的工程、供应品和服务以及知识服务合同，适用简易程序。

对于私营领域的分包，当合同价值大于1亿刚果法郎（约合5万美元）时，工程建设项目将适用招标程序。

一般大型工程项目通过公开招标进行，少数项目采取有限招标或议标方式。

2. 招标信息获取

刚果（金）尚无专门发布招标信息的网站、报纸，但大部分项目会通过公开渠道招标。获取招标信息的途径主要有以下几种：

（1）查阅当地报纸，如《潜力报》和《未来报》；

（2）查阅当地杂志，如《青年非洲》；

（3）获取网络信息，如密切关注联合国技术信息促进系统等；

（4）与各招投标机构保持常态工作联系。

3. 投标及合同信息备案和工程资料报送合规要求

中资企业在刚果（金）开展承包工程业务，在决定参与境外工程项目后、进行投（议）标前，应在中国商务部官网办理项目备案手续。初次从事对外承包工程业务的企业，在中标或对外签署项目商务合同后需要：

（1）在收到中标文件或签署商务合同后 15 个工作日内，以现金或银行保函形式存缴备用金不少于 300 万元。企业到银行办理履约保函需提交备用金足额缴存证明。

（2）与境外项目发包方签订合同后，及时向中国驻刚果（金）使馆经商处备案。

（3）在合同生效后，按照《对外承包工程业务统计制度》要求报送统计材料。

（4）在对外承包工程数据库应用中填报备案项目的后续中标、签约、实施及完工等阶段进展情况，一般每两个月填报一次。已开展对外承包工程业务的企业，应保证备用金账户余额不少于 300 万元，或获具处于有效期内的等额保函。企业到银行办理履约保函需提交备用金足额缴存证明。

企业在中标或对外签署项目商务合同后需要：

（1）与境外项目发包方签订合同后，及时向中国驻刚果（金）使馆经商处备案；

（2）合同生效后，按照《对外承包工程业务统计制度》要求报送统计资料；

（3）在对外承包工程数据库系统中填报备案项目的后续中标、签约、实施和完工等阶段进展情况，一般每两个月填报一次。

（七）建设设备及材料的采购

国际项目的物资管理包括采购、集港发运（报关）、国际物流及项目所在国清关、内陆运输、现场储管等一系列事务，是工程管理的重要组成部分，与工程项目建设全过程有着密切的联系。根据国内外工程项目合同价款构成分析，设备、材料在总合同价款中所占比例一般都将达到50%~60%，国际项目施工物资种类繁多、质量标准规范复杂，对成本和到场时间要求严格，且由于工程周期长、运输路途远，更见其物资管控的重要性。

工程项目的材料采购须严格按照招标文件的技术规范来进行，设备材料的报批须按照业主和监理要求的步骤和报批文件进行，必要时须提供样品。只有经过业主监理批复同意的设备和材料才能够进入采购程序。

对于大型的重要的设备，业主有权要求发运前至工厂进行技术验收，相关费用由承包商承担。当地的硬件设施设备技术不达标，可以从国内办理运输。在各类供应产品装运前，供应商需要立即向业主提供完整的装箱单、证明原件（如来自多个产地，需详细列举）、货物的海关发票，并明确各包裹数量、提单的复印件等。

在刚果（金）开展工程项目建设时，建设设备及材料的采购可分为从刚果（金）本地进行的采购和从刚果（金）境外进行的采购，采购方应提前判断采购过程中可能遇到的风险，并采取相应的措施进行预防。以下内容从购置申请、合同签订、物资验收等各个环节出发，对在刚果（金）工程承包建设设备及材料采购可能会遇到的风险和相应的措施作出了详细说明。

1. **从刚果（金）采购**

开展工程项目建设时，从刚果（金）本地采购所需材料一般包括购置申请、合同签订和物资验收三大环节，各环节的风险点及应对措施如下：

（1）购置申请。

风险：请购未经审批或超越授权审批，可能导致采购物资过量或不足。

应对措施：单台（套）或批量价值超过一定数额的物资报相关负责人审批通过后，方可购置。属地化采购材料时，应在批准的前期策划范围内实施，招标后的定标意见应报相关部门核准。

（2）合同签订。

风险：框架协议签订不当，可能导致物资采购不顺畅；未经授权对外订立采购合同，可能导致企业合法权益受到侵害。

应对措施：将采购合同及招投标文件上报，以便对国外项目招投标文件及合同风险进行评审。合同由对方委托代理人订立的，需要求对方代理人提供授权文件。《授权委托书》明确代理人身份、授权事项、权限和有效期限，经法定代表人签章并加盖公章后生效。

（3）物资验收。

风险：验收标准不明确、验收程序不规范，可能造成账实不符。

应对措施：根据供应商提供的产品合格证或检验报告对货物进行质量检验，依据采购确认通知单对其型号、数量、生产厂家逐一进行核对并做好到货及验收记录，货物入库时还应对其物理和化学性能进行不定期抽检。对直接由供应单位运送到现场的物资，不仅要验收外观以及件数等，而且还要对物资按合同规定核对型号、检查检验报告或合格证，条件允许时抽查产品质量。

2. 海外采购

如若从海外采购（比如从中国采购）开展工程项目建设的所需材料，一般包括采购主体确定、市场调研、购置申请、供应商招标、合同签订、入境方式确定和物资验收几大环节，各环节的风险点及应对措施如下：

（1）采购主体确定。

风险：采购主体权责分配不清晰，可能导致多头采购或分散采购，降低采购业务效率，提高采购成本。

应对措施：根据项目的具体情况、是否存在免税可能、项目当地设备及材料是否满足工程要求、集中采购价格优势等因素，综合衡量后，确定设备及材料的采购主体。

（2）市场调研。

风险：未对重要物资采购进行市场调研，导致采购价格不合理、质量出现问题，可能造成企业资金损失。

应对措施：大宗采购实行集团招标采购。对于未达到招标、议标、竞争性谈判采购起始金额的物资，可成立询价小组，并做好询价前相关物料历史资料收集。询价采购采用“比质、比价”原则，对采购物资的质量和技术要求及交付时间、货款支付等进行比选。

（3）购置申请。

风险：请购未经审批或超越授权审批，可能导致采购物资过量或不足。

应对措施：单台（套）或批量价值超过一定数额的物资需填制专题报告，报相关负责人审批通过后，方可购置。

（4）供应商招标。

风险：供应商选择不当，可能导致采购物资质次价高，甚至出现舞弊行为。

应对措施：采购每项物资，需确定采购物资的最佳供应来源，以保证供货的质量、及时性和成本。建立合格物资供方审核发布制度，对工程质量有重要影响的物资供应商实行优胜劣汰，力争从源头上控制选择合格供应商。

（5）合同签订。

风险：框架协议签订不当，可能导致物资采购不顺畅；未经授权对外订立采购合同，可能导致企业合法权益受到侵害。

应对措施：订立合同时，须取得合法授权，如《授权委托书》等。《授权委托书》需明确代理人身份、授权事项、权限和有效期限，经法定代表人签章并加盖公章后生效。合同生效后，将合同文本复印件逐级报送备案；同时采购合同原件报财务一份，以规范物资采购和付款业务。

（6）入境方式确定。

风险：入境方式选择不当，可能造成税负较高或者导致后续设备使用安排存在障碍。

应对措施：对刚果（金）的进口贸易相关法律规定（包括进口税务影响、价格风险、资金、票据风险及相应的担保、货物风险及对应的物流仓储保障措施等）进行可靠分析，据此选择最佳入境方式，降低清关风险、税负成本以及后续设备使用安排障碍。

（7）物资验收。

风险：验收标准不明确、验收程序不规范，可能造成账实不符。

应对措施：集中采购的物资应根据供应商提供的产品合格证或检验报告对货物进行质量检验，依据采购确认通知单对其型号、数量、生产厂家逐一进行核对并做好到货及验收记录，货物入库时还应对其物理和化学性能进行不定期抽检。除验收外观以及件数外，还要对物资按合同规定核对型号、检查检验报告或合格证，条件允许时抽查产品质量。

3. 物流管理

境外投资建设项目采购和物流管理尤为重要，尤其是投资体量大的项目，物资需求量巨大，大部分材料、设备在国内采购和预制，通过远洋货轮运输到刚果（金），过程涉及制造、加工、验收、适运包装、长短途交货运输、装卸、集港、订舱、装卸船、海运、理货、检验、出口报关、保险、出口退税、贸易单证、目的地国清关等诸多环节，时间跨度大、跨境距离远、影响因素多，加之台风、海外政商环境、人文环境、国际政治环境、流行疾病等多项不可控因素影响，发生风险的概率非常大，物流成本比国内项目高很多。为此，项目需要成立专业化物流管理团队，制定采购、物流总体方案，统筹规划、统一协调管理项目所有相关方物资采购与物流工作，形成制造、催交、包装、物流、仓储、现场、接卸等环节一体化管控。

建议物流方案包括国内外物资集散方案、海陆空运输方案、大件设备运输方案、物流操作流程和应急预案，统一组织项目集港、船舶安排、码头、装卸、清报关等物流环节工作，根据工程建设进度计划组织发运，并在物流管理上采取以下措施：

（1）选择有经验的物流代理商。对超大物流量的项目应选择两家或以上有广泛的全球货运网络、丰富的国际工程物流人力和设备资源、成熟的工程物流管理经验、雄厚的财力支持等软、硬实力的物流供应商，与多家外贸港口建立伙伴关系，为工程高峰期大量物资发运奠定基础，降低物流风险。

（2）在采购合同中明确交货条件。一是，确定多个有效装运港，以便交货时根据物资生产和货量情况、港口和船期等因素来选择最终装运港，避免实际发运时由于港口、船期等衔接问题而产生争议或额外费用，影响物资发运；二是，在采购和物流合同中明确大件吊装、自卸鞍座的匹配、船型选择、大件设备本体绑扎等特殊运输要求；三是，划分因设备出厂延误、船期延误导致的滞港、亏舱或者滞期等问题时的责任；四是，对无外贸出口经验的设备材料供应商提前指导货物出口准备和手续办理。

（3）动态管理物资发运计划。重点关注大件物资发运计划执行，建立物流问题反馈和纠错整改机制，及时调整计划。

（4）统一项目物流管理体系。明确发运申请、集港、订舱、装卸船和交货流程、紧急物资申请和发运流程和责任界面，统一调配物流资源和运力匹配。

（5）采取灵活、便捷的运输方式。对于精密仪器或贵重设备、危险品，可根据重量、危险级别、紧急程度，优先考虑航空运输或集装箱海运，以确保安全；材料、设备采用搭配组合散杂货船发运方式，对不便配载散杂货船的物资采用集装箱或拼箱、中转等多种方式发运，合理安排船舶运力。

（6）超大件设备发运专门制定发运方案。超大、超重、超长、超高等大型设备应根据大件设备的具体情况专门编制物流发运方案，并确保每个节点按照方案实施，确保发运安全。

（7）明确跨境物资物流包装要求。由于跨境海运需要多次装卸，同时受到同船物资堆码积压、台风等恶劣天气影响，包装是物资安全的重要保证，需要制定统一的物资包装规定。针对特殊物资或大件设备，需要制定专门物流包装方案。

（8）制定物流应急预案。海外项目工程物资跨境物流具有相当大的不可控风险，极易发生突发情况。应基于各种不确定风险，对物流各流程环节进行风险评估，包括供货中断风险、运力不足风险、经济环境风险、政治环境风险、恶劣天气风险、货差货损风险等，针对各类风险问题制定物流应急预案和规避措施，同时完善供应链全程的保险方案、保险索赔方案。

（八）刚果（金）工程成本

1. 水、电、油成本

（1）水价。

尽管刚果（金）水利资源丰富，但生活和工业用水紧缺，部分地区仍需依靠打井取水，打井成本约为500美元/米。自来水费详见表5-6。

表5-6　刚果（金）自来水价格

用水性质	范围（立方米）	收费（美元/立方米）
生活用水	1～10	0.47
	11～25	0.85
	26～40	1.09
	40以上	1.23
工业用水		3.11

资料来源：中国国际贸易促进委员会。

（2）电价。

刚果（金）电费按照低压（220～340V）、中压（6.6～33kV）和高压（50～400kV）分类，具体缴费金额视用电主体、所在地区和用电量不同，有较大差异。2022年9月，刚果（金）民用电平均费用约为0.081美元/千瓦时，商用电平均费用约为0.095美元/千瓦时。

（3）油价。

刚果（金）石油资源的供应和分配主要由刚果（金）石油服务公司负责，2023年4月，刚果（金）汽油约1.394美元/升、柴油约1.389美元/升、煤油约1.196美元/升。

点评：

油价浮动较大，建议查询世界油气价格网（www. globalpetrolprices. com）获得最新信息。

2. 劳动力工薪及供需

刚果（金）人口总量排名非洲第四，普通劳动力供大于求，但有技能的劳工、熟练技工以及高级管理、技术人员紧缺，劳动力工资水平差异较大。根据联合国开发计划署 2019 年统计，刚果（金）15 至 25 岁的城市人口失业率达 32%。此外，75%的城市人口和 95%的农村人口处于就业不足状态。由于教育落后和就业培训跟不上，多数劳动力缺乏专业培训，有技能和经验的劳务大多年龄偏大。

2018 年 6 月初，刚果（金）总理奇巴拉签署了由劳动部部长马图库联署的总理令，规定从发布当日起，全国最低工资标准为 7075 刚郎/天（约合 4. 80 美元/天，汇率 1 美元 = 1620 刚郎）。根据新的最低工资标准，每月 26 个工作日的最低工资为 183950 刚郎，约合 114 美元。掌握一定技术的高技能劳工每月最低工资可达 300 美元以上。刚果（金）政府的愿望是最终达到每日 15 美元的标准。

刚果（金）目前对外籍劳务的需求主要是科技领域人才，例如医生、化学家、生物学家、农业专家，以及信息技术人员。现有的外籍劳务主要服务于重工业、建筑业、信息业、技术顾问、后勤等岗位。

3. 土地及房屋价格

土地的购买价格分为两种：一种是用于工业厂房、住宅和办公楼的宅基地，每个地区以及同一城市的不同地段价格差异很大。以首都金沙萨为例，郊区购买价格大约是每平方米 100 ~ 500 美元/平方米，市中心每平方米从几百美元到一千多美元不等；另一种是用于农作物种植的土地，购买价格依据所处位置及距离交通线远近而定。以金沙萨市附近 80 千米处（距公路较近）的农田为例，大约是 300 美元/公顷。

在金沙萨等大城市，土地和房屋的价格较高。如在金沙萨，住宅的购买和租赁价格依地段不同差异较大，在市中心，每平方米住宅的租赁价格为每月 30~50 美元，每平方米住宅的购买价格为 2000~4000 美元；在城乡接合处，每平方米住宅的租赁价格为每月 10~20 美元，每平方米住宅的购买价格为 1000~2000 美元。

办公楼的租金一般为每月每平方米 40~50 美元。少有工业厂房出租。

4. 建筑成本

刚果（金）目前已投产运营的现代化水泥厂有 5 座，在建 1 座。其中：西部（金沙萨-莫安达）地区有 3 座，总日产能约 9000 吨，待投产 1 座小型粉磨站。东部大加丹加地区有 2 座，总日产能为 5500 吨。目前，这些水泥厂所采用的技术装备主要来自中国和印度。受道路运输及当地建筑市场规模的影响，本地水泥以零售为主，主要销售袋装的普通硅酸盐水泥。金沙萨地区水泥价格在 170 美元/吨。东部矿区以前基本靠从邻国赞比亚等地进口，2019 年之前价格为每吨 350~400 美元。随着 2020 年中国民营企业投资进入，新的水泥厂投产，价格已较之前大幅下降，每吨价格为 200~240 美元。东部的水泥主要用于矿业设施的建设。近三年，刚果（金）全国年均水泥消耗量约 110 万吨。相比其市场需求，产能严重过剩，水泥厂回转窑的运转率只能维持在 30%左右。因缺乏大型基建项目支撑，市场需求低迷。

碎石和砂在当地可以购买到，但价格非常高。目前碎石的价格基本是每立方米 40~60 美元，砂的价格为每平方米 15~25 美元。

刚果（金）的木材资源丰富，市场供应充足，市场价格为每立方米 400~500 美元。

当地的钢厂可以生产少量普通钢材，但是远远不能满足需求，大部分钢材需要进口，不同规格钢材价格参见表 5-7。

表 5-7 刚果（金）钢材价格

规格	每吨根数	每根单价（美元）	每吨价格（美元）
6	375	2. 33	875
8	275	3. 95	835
10	135	6. 18	835
12	94	8. 88	835
14	69	12. 1	835
16	53	16. 5	875
20	34	25. 73	875

资料来源：由驻刚果（金）相关中资企业提供。

刚果（金）陆路运输成本高，导致中部地区物价极高。以石油和水泥为例，金沙萨石油和水泥价格分别为 0. 9 美元/升和 8 美元/袋，中部开赛省姆布吉马伊市价格为 2. 2 美元/升和 22 美元/袋。

除以上可以部分自产的建材外，其他建材基本上依赖进口。由于进口渠道不同、市场需求不同，价格随着市场的波动经常发生变化。此外，从中国进口建材需要花费很长时间，一般情况下大约需要 3~6 个月不等的时间。因此，在刚果（金）进行工程施工在工期、成本控制等方面存在一定困难，风险较大。

点评：

在工程领域，由于刚果（金）建筑材料多为国外进口，与中国国内价格相比，水泥单价约为国内 6 倍，钢材单价约为 3 倍，砂石材料约为国内 6 倍。基础设施建设综合投资约为国内 2. 5 倍。

三、第三阶段：建设实施

（一）劳动用工

刚果（金）法律规定，外国人在当地就业，首先需要与刚果（金）境内的一家企业签署劳动用工合同，然后由该企业为其申请劳动许可证，获得工作许可以后，该劳工可以申请劳工签证入境并居留。

刚果（金）现行的劳动法典吸收和借鉴了国际社会尤其是其原宗主国所在的西欧大陆关于劳动法理论和制度的先进经验，并根据本国国情加以改进，进行法律移植，特别体现在对劳动者保护和对劳动条件的规定方面作了详尽的规定。

刚果（金）劳动法规定，企业雇佣员工须签订劳动合同，雇主应按照约定的条件、时间和地点向劳动者提供约定的工作，所有以用人单位名义签订的劳动合同均由用人单位负责履行。雇主除了对劳动者在约定的条件下完成工作提供指导并予以监督外，同时应对劳动者从事工作时的人身安全、卫生健康和人格尊严等劳动条件予以保障。尤其是针对种族、肤色、性别、婚姻状况、家庭责任、怀孕、分娩及产后措施、宗教、政治观点、祖籍、社会出身或民族等上述情形不得构成解雇的有效理由。雇主以基于企业正常运营为由主动解除无固定期限合同的员工必须符合劳动和社会保障部部长令规定的条件方可执行，否则属于违反法律规定，将受到劳方的控诉。对于无效理由而解除劳动无固定期限合同的，劳动者有权要求重新安置。否则，劳动者有权获得损害赔偿，最高可获得最后一次所获月薪的 36 倍。在员工福利方面，企业除了与全员签订劳动合同，还须建立员工职业健康安全管理制度，同时，工资福利按时足额发放，足额支付加班工资，足额缴纳社会保险，以及要考虑员工的年休假制度。

劳动者因辞职、解雇等原因离职时，可获得雇主提供的预先通知补贴。当用人单位没有全面地遵守预先通知规定而中断无固定期限合同的，有过错一方要向另一方支付相当于劳动者在应实际遵守的预先通知期间应享受的各种报酬和福利的赔偿金。如果事先解雇通知是由用人单位提出的，其期限不得少于从通知的第 2 日起算的 14 个工作日。该期限每连续工作一年，延长 7 个工作日。

然而根据刚果（金）劳动和社会保障部 2015 年 10 月 26 日颁布的部长令，对不同层级的员工解雇通知期限又有不同的要求，这些规定都是为了尽可能地保护劳动者的权益。

对于劳动者的离职，雇主有义务根据法律规定为员工进行离职结算，结算内容包括员工出勤的基本工资、预先通知补贴、年休假补贴（如未休年假）、交通补贴、住房补贴、实物补贴、家庭补贴等等，包括员工至离职期间的社保及国家职业培训费都要缴纳。除非是符合劳动和社会保障部部长令规定的情形，雇主可以裁员。否则，刚果（金）劳动法是禁止大规模裁员的，而且对裁员人数也控制得非常严格。裁员时，雇主应提前至少 15 日将计划裁员的措施以书面形式告知企业内的工会代表，听取其意见方可。同时，被裁减的人员在一年内也享有在同等工种中优先受聘用的权利。

点评：

总之，当地有关劳动用工的法律法规非常多，各项规定复杂、具体，对当地劳动者的保护力度很大，不利于薪酬激励作用的发挥，特别是当雇主要解雇雇员时，成本偏高。鉴于刚果（金）沿袭比利时殖民时期的法律，尽管很多法律条款在不断地修订，但是并没有完全废除之前的条款，也造成了法律内容界定的模糊。而且刚果（金）在非洲国家本身也处于不发达的体系类别，所以对劳动者方面提出了更多的保护性的法律措施。如企业在雇佣员工后，必须向员工及其家属提供医疗服务，只要员工向企业提供结婚证明和子女出生证明，其家属也同样享受全部的医疗福利，仅这部分费用就给企业带来了巨大的支出。

为此，我们建议中资企业在刚果（金）工程承包中的劳动用工可参考以下几点经验。

1. 劳工管理的制度化、规范化

雇佣当地劳工，需实行正规的招聘流程。各用工队伍根据生产任务安排将用工计划提前交给劳工组，在得到项目经理的批准后面向社会公开招聘。应聘者需带本人有效证件应聘，劳工组对其证件核实后，根据需要录用应聘者。应聘者一经录取，即进入为期 3 个月的试用期，劳工组录入工人基本资料，即予办理试用期考勤表。试用期满且合格者，予以录用为正式工人。劳工组将其试用期考勤表转为正式考勤表，其工种、工作部门和开始工作时间均在考勤表上反映出来。

对于司机、电工、修理工等特殊工种，实行严格的考试招聘制度。劳工组审查应聘者相关证件，对通过审查者进行考试。考试合格通过者，方可派往场地工作，并同样需通过 3 个月的试用期。

建立劳工管理条例和劳工奖惩制度。劳工管理条例主要明确工作纪律、工作时间、工资标准和计算方式、工资支付手段等。在劳工奖惩制度中，奖励举报和抓获生产材料（如钢筋、水泥等）、油料和营地生活物资、私人物品的偷盗行为，惩罚偷盗行为或工作存在的过错。

任何解聘行为都需通过现场管理人员签字同意，劳工组申请项目领导确定后予以办理。工人主动辞职的情况下，劳工组根据当月工作天数予以结算当月工资，不支付解约金。结算完毕后，向工人提供用工结束证明，注明其工作时间段和工种。开除主要针对违反劳工管理制度情节严重者，开除时，予以结算当月工资，不支付解约金，不提供用工结束证明。完工退场时，通知工人大概退场期，工人退场时，予以结算当月工资，不支付解约金。完成结算后，与工人签订解约协议，向工人提供用工结束证明，用工结束证明注明工作时间段和工种。

2. 制定合法、明确的工资制度

按照刚果（金）法律法规，工人工资分为基本工资、生活补助、加班工资三个部分。基本工资应不低于刚果（金）最低工资标准，住房补贴根据刚果（金）最新劳动法工资标准的相关规定执行，加班工资应为基本工资的两倍或三倍。

在承包工程项目实施中，可根据工人工作的技术含量和劳动强度将工资标准确定为不同的级别。在同一工种工人之间，还根据工人的工作能力、熟练程度、工作态度和工作时间长短，确定不同的工资标准。对表现优秀的工人，可向项目领导申请为其提高工资标准，涨幅由项目领导决定。

3. 成立工会，使之成为劳资双方沟通桥梁

积极与当地劳动监督部门和工会组织联系，在项目部建立当地劳工工会。在企业中，工会有着“建设、教育、维护、协调、团结”等方面的积极作用。因此，要尽量在国际工程项目劳工管理中扩大工会的建设和协调作用。项目方与工会组织密切合作，使工会通过开展各种群众性生产活动积极引导工人自觉地遵守劳动纪律，支持和服从项目管理，为完成工作任务做出努力。一方面，工会可发挥建立群众组织的优势，准确地掌握工人思想动态并及时疏导，把矛盾解决于萌芽之中；另一方面，工会可利用自己的合法地位，及时反映工人意见和诉求。

4. **实施公司的本土化战略**

着眼公司关于国际工程项目的长远规划，加强刚果（金）当地劳工在项目施工中的积极作用，力争在普通管理人员上做到人力资源当地化。建议招聘一些有一定基础技能知识的当地员工，如高中毕业生、技术学校毕业生等，有目的地培养特殊技术工人和中层管理人员。对这些人才的聘用，不仅能够加强和提高项目组织与管理能力，还可以通过当地管理人员去实施项目管理，缩短与当地劳工沟通磨合的时间，提高工作效率。

（二）本土化要求

近年来，刚果（金）致力于通过多部立法中的本土成分规定促进资源本土化、资源发展惠及国民经济，以充分激发刚果（金）作为“非洲心脏”的能量与活力。

1. **分包立法中的本土成分规定**

当前，刚果（金）关于私营部门商品、服务的外包共有两部规范性文件，即 2017 年 2 月颁布的第 17/001 号法律（《分包法》）和 2018 年 5 月颁布的第 18/019 号条例（《分包实施办法》）。其中《分包实施办法》系针对《分包法》适用及实施作出的细则。两部规范性文件确立了刚果（金）本土成分规定的基本法律框架。

《分包法》规定，原则上，商品、服务应外包给刚果（金）公司。这一原则的适用有其例外，即若刚果（金）公司无法提供专业技术，发包公司向相关部门提供相应证明后，可使用本土公司以外其他公司的服务，但向其他公司外包的期限不得超过六个月。如果外包期限超过六个月，接受外包的公司必须设立注册地为刚果（金）的分公司。

《分包实施办法》对《分包法》的适用作出了进一步规定。根据该条例，“刚果（金）本土中小企业”是指总部设于刚果（金）、由具有刚果（金）国籍的自然人或法人控股、公司管理层由刚果（金）籍自然人把持，且大部分职工为刚果（金）人的企业。所有在刚果（金）领土上运营的外国公司均有义务公布其每年通过外包创收的营业额，同时公布接受其外包的公司名单。此外，外国公司须实施培训计划，以提高刚果（金）劳动者的专业技能，增加其获得从事外包活动的能力和资质。

刚果（金）经济部长、工业部长、中小企业部长和各级行政主管有权针对违反《分包法》规定的公司采取暂时关停的行政措施。违反《分包法》规定会导致三种处罚：罚款、暂时关停、撤销分包合同。负责监管私营部门分包活动的机关获得中小企业部长批准后，有权决定适用以上三种处罚的条件。监管机关的职能在于甄别并批准有资质接受分包的公司，执行分包规定，确保分包活动符合条件，保证本土成分政策在全国层面及各具体部门的实施。

刚果（金）分包立法本身也存在局限性。例如，分包立法秉持着一种有限的本土成分观念，其目标仅致力于通过推动购买当地商品或服务促进本土中小企业的发展，而较少涉及其他领域，如当地雇佣、当地技术转让等。外包活动的监管由政府主导，没有其他公共机构的参与，影响行业透明度和问责制的实现，容易产生侵占财产和洗钱等违法现象。同时，分包立法未针对特定时间段内企业应达到的目标作出可衡量的要求，使分包立法中本土成分规定的实施大打折扣。

2. 矿业立法中的本土成分规定

2018 年《矿业法》反映了矿产行业利益向本国倾斜的趋势，强调国家所有权和本土发展。这一趋势主要通过本土成分规定来实现，包括当地购买、雇佣与培训、本土资本参与、本土加工等。

在当地商品和服务的购买方面，2018 年《矿业法》对“分包”进行了法律上的明确。根据该法第 108 条的规定，矿业公司所需要的商品或服务的分包必须按照《分包法》的规定由分包商进行。2018 年《矿业法》在第 1 条定义中专门对“分包商”进行了界定：它们是指依据刚果（金）法律设立、由刚果（金）国民参股的法人，它们为矿权人依其享有的权利而进行的矿业活动提供物资、服务或施工，尤其包括矿山项目所需的工业、行政管理、社会文化的基础设施的建设及其他与矿山项目直接相关的服务。

在本土资本参与方面，矿业公司在刚果（金）开展采矿活动必须与刚果（金）公司合并或通过矿业代理进行，才能获得开采许可。《矿业法》第 71 条规定，为了获得采矿许可，矿业公司须与已经拥有相应许可的刚果（金）国有公司组成合资企业，或免费向刚果（金）转让 10%的股本。此外，矿业公司须由刚果（金）本国国民持有至少 10%的股本，以推动本土资本进入矿产部门。这一条件同样适用于贵重原材料的购买、销售和加工产业。矿业公司的勘探许可证转为经营许可证或新的矿业公司成立时，须针对刚果（金）国民发行相应的股本份额。矿产品贸易站点的建立也必须有刚果（金）本国国民参与。值得注意的是，因部级法令执行措施的缺失，该条规定尚未得到有效执行。

本土加工方面，新修订的法律还规定，矿业原材料须在刚果（金）本土加工，以积极推动刚果（金）矿产行业的产业化。具体而言，矿业公司在申请采矿许可时，须证明其有能力在刚果（金）境内对矿物进行加工，并就本土加工提供书面承诺。持有生产许可的公司必须自己进行加工，或购买其他经批准在本国领土上建立的加工单位提供的加工服务。为实现这一目的，许可持有者必须向刚果（金）矿业部提交包含加工项目在内的工业化计划。不过，本土加工原则存在例外，矿业公司如能证明在刚果（金）境内加工难以实现，且同意缴纳相关税金，就可获得为期一年的境外加工许可。如公司未拥有采矿权，仅打算从事矿物加工活动，须先获得刚果（金）矿业部授予的加工授权，在此情况下从事矿物加工的公司须将其至少50%的股本留给刚果（金）国民。

本地用工方面，《矿业法》第16条规定，在当地人员的雇佣和培训方面，政府必须在矿业部门实施刚果（金）国民的雇佣和培训政策。刚果（金）的矿业条例等部门规章还规定了外国雇员的比例、禁止外国人从事的职业、雇佣外国人的条件。同时，刚果（金）公民与其外国公民具有同等能力时，应优先雇佣刚果（金）公民。刚果（金）政府规定了采矿项目不同阶段各类职位由刚果（金）雇员担任的最低比例。例如，在矿业开发和建设阶段，担任项目高管的刚果（金）雇员不得低于25%，担任监事的刚果（金）人不得低于35%，技术工人中刚果（金）人不得低于40%，普通劳工中刚果（金）人不得低于85%；在商业生产阶段的前5年，上述人员比例应分别达到60%、70%、80%、90%；在商业生产阶段的第6～10年，上述人员比例应分别达到65%、75%、85%、95%；在商业生产阶段的10年以后，上述人员比例应分别达到70%、80%、90%和100%。刚果（金）矿业法还要求矿产经营者开展培训项目，提高刚果（金）雇员的技能和资质，并将其制定的职工发展培训计划送交至矿业部的协调和规划技术部门。

《矿业法》还就矿产公司促进本土发展的社会责任作出了规定。该法第258条规定，采矿权持有者有义务向受矿区发展影响的社区捐赠至少其营业额 0.3%的项目发展资金。

刚果（金）矿产经营者的外包及采购须遵守外包法及条例的规定，然而如前所述，外包法未针对矿产公司设定可衡量的目标。2018 年《矿业法》也未明确矿业公司从刚果（金）中小企业获取设备、消费品、产品和服务的最低数量。2018 年《矿业法》虽规定了雇佣和培训的本土化，但未对刚果（金）籍管理人员的培训进行量化明确。此外，《矿业法》未针对技术转让作出有效规定，也未明确技术转让计划的审查、批准程序。

3. **油气行业立法中的本土化规定**

刚果（金）油气行业的立法主要包括 2015 年颁布的第 15/012 号法律和 2016 年颁布的第 16/010 号条例，其中有大量的本土成分规定，包括当地购买、雇佣与培训等。

如果刚果（金）本土公司有能力提供同等技术质量和商业条件时，油气公司应优先同刚果（金）本土公司签订合同。其他与石油行业经营相关的商品和服务，如餐饮、洗衣、产业安全、消防服务、卫生保健、石油设施保护等，均应交由刚果（金）国民或企业提供。政府有义务采取必要措施激励本国国民参与油气活动，如保障本国国民在该行业的就业、督促本国企业家持有油气公司股本、向本国国民提供贷款建立公司、开设油气行业培训学校及培训中心等。在雇佣方面，油气公司的子公司和外包商必须在年初及需求上涨之时，提交拟招聘员工的情况、拟招聘职位的技能要求及说明、本土员工的培训计划，还需提交年度采购计划以选择商品和服务提供商。刚果（金）油气部长和劳动部长可以联合发布命令，确定本国国民和外国人在各层级职位的就业比例及油气行业商品和服务的提供。技术转让方面，上述法律只是要求油气公司就其使用的技术对刚果（金）本国国民进行培训。

刚果（金）油气行业立法中的一些本土化规定比矿产行业的立法更为详细，然而，刚果（金）油气部门基础设施不完善，阻碍了本土化规定的实施。此外，因执行措施的缺失，油气行业立法自 2015 年颁布起就未得到有效的执行。

4. 劳动立法中的本土化规定

刚果（金）的用工计划应符合当地法规对于外籍劳动人员配额的限制性规定。根据《劳动法》规定，刚果（金）任何雇主的员工中不得有超过 15%的外籍人员。同时，按类别及服务类别划分的外籍工人在提供服务时有最高配额限制。

[**案例** 5-6]

以中铁七局在刚果（金）开展本土化管理为实例，总结中资企业在刚果（金）开展本土化管理过程中存在的问题及解决措施。

1. 当地劳工技能水平较低，企业开展技能培训

由于当地工业发展水平及整体教育普及程度不高，大多数劳工文化程度较低，各种技能水平不高，中方人员由于语言及文化差异的原因，在劳工技能培训方面存在一定程度的难度。中铁七局开展本土化管理工作以来，定期开展当地员工技能培训工作，以施工班组为单位，以文化程度相对较高的人员为施工班组长，由班组长对负责人员进行工作分配，提供技能培训工作。这种方式基本解决了劳工技能水平不高的问题，同时也一定程度上履行了中资企业在当地发展的社会责任。

2. 减少劳务纠纷，规范企业用工制度，促进企业合法合规经营

当地各项法律法规参照西方发达国家，在进入市场时由于当地不同程度存在一定地方保护主义思想，为了减少劳务纠纷及外部干扰，中铁七局在刚果（金）地区根据当地劳动法，规范劳工管理制度，在处理外部事务中招聘一批当地劳务经理，业务方面对劳务经理进行培训，尽可能让其在外部事务中发挥作用，避免中方人员与当地人员的直接冲突。

3. 加强现场施工管理人员培养，弥补企业中方现场管理人员的不足

由于企业施工以班组为作业单位，各项目施工班组较多，现场中方管理人员不足，地区大力培养当地现场管理人员。

此培养过程主要包含了中方人员的培训，加强中方员工思想教育及语言学习，让中方人员了解此工作的目的性，让中方人员放心当地员工。在班组内选取优秀人员作为培养对象，日常尊重当地现场管理人员，积极教授当地管理人员管理方法和作业技能，放权给当地管理人员独立安排班组内日常工作。目前地区各班组内当地管理人员基本能够完成每天工作任务，并且工作积极性也较高。

点评：

多行业的本土成分规定构成了刚果（金）基本的本土成分法律框架，但刚果（金）的本土成分规定存在着许多不足。立法采用的本土成分观念存在局限性，强调当地购买、雇佣与培训等传统本土化措施，很少涉及技术转让。法律规定了相关行业公司当地购买、本土雇佣的义务，但未作出明确、可衡量的要求，阻碍了相关规定的实施。政府独家监管，加上监管措施不足，容易造成行业腐败、权钱交易的乱象。刚果（金）本土化措施强调其他

公司对本国公司的扶持，却忽略了对本国公司自身发展动力的培育。新制定、修订的法律在服务本土化目标的同时，有阻碍投资、市场便利化之虞。例如，新修订的矿业法规增加了采矿使用费、特许权使用费、税收的额度，将稳定性条款的期限从十年缩减为五年等，这些规定可能影响整个行业的投资和商业环境。

中资企业要想成为具备核心竞争力的国际化企业，本土化管理是非常重要的发展趋势，但是由于各种原因，目前与其他西方发达国家的企业相比还有一定的差距，所以在本土化管理方面还需进一步探索。

（三）境外 QSHE 管理规范

1. 工程质量管理规范

刚果（金）没有专门规定工程质量的具体法律。

但是该国《民法典》第三卷第 439 条规定，在 10 年内，建筑师和承包商对已建造的建筑物的施工缺陷负有责任。

此外，2018 年 5 月 31 日颁布的第 8 号部长令第 10 条规定，任何建筑公司都必须购买强制性保险，以保证项目业主免受任何损害。

2. 生态环境管理规范

2011 年 7 月 9 日颁布的 11/009 原则对环境的保护作了如下规定：任何运营商的分类安装必须制定和实施适当的工业安全措施和应急计划，制定必要的措施来控制工业事故和限制其影响环境和健康。该应急计划应提请主管行政当局和邻近居民注意。因此，任何工业、商业、农业、林业、采矿、电信或可能对环境产生影响的其他活动的发展、基础设施或经营项目，均须事先进行环境和社会影响研究，并连同其管理计划获得适当批准。

环境和社会影响研究是业主的责任。业主可通过聘请一个由环境与可持续发展部或国际认可的设计事务所来实现。但是，在同等能力情况下，优先考虑给予居民企业。任何招募的国际设计事务所都需与某一个国家设计事务所有所关联。

此外，投资者在刚果（金）境内投资前，需要对投资项目做环境影响评估报告，企业有责任消除投资项目对当地环境的影响。投资者因环境保护不力对当地环境造成损害时，将受到环境保护主管部门的处罚。刚果（金）对环境影响评估标准，主要参照世界银行标准和做法。

[案例 5-7]

布桑加水电站全力打造绿色水电站

布桑加水电站是中国中铁首个海外 BOT 模式水电站项目，由中国中铁资源集团参与投资、总承包和发电运营，地处卢阿拉巴河下游，水库总容量 12.98 亿立方米，坝顶高程 885 米，最大坝高 141.5 米，是“一带一路”倡议下中国企业“走出去”的代表性项目之一。布桑加水电站机组自 2021 年 11 月全部运行以来，设备运转良好，发电量超过预期，有效缓解了当地电力严重短缺现状。2021 年 9 月，在刚果（金）第五届能源大会上，刚果（金）副总理兼环境与可持续发展部部长伊芙·巴扎伊巴·马苏迪亲自授予企业“2021 年度优秀开发企业”奖牌，肯定了布桑加水电站在保护当地生态环境和赋能绿色发展方面的成就。

赋能绿色发展方面，随着布桑加水电站 4 台机组全部投产发电，卢阿拉巴省矿山企业长期停电限产的窘境得到极大改善，产能迅速扩大，带动了当地经济社会发展。剩余电能投入民用后有效改善了当地居民用电紧张局面，提升了人民生活水平。据了解，布桑加水电站总装机容量240兆瓦，平均每年可提供13亿千瓦时清洁能源，平均每年可节约标煤44.7万吨、减排二氧化碳110万吨。若按运行期50年计算，整个运行期可节约标煤2235万吨，减排二氧化碳5500万吨。

3. 职业健康安全管理规范

在刚果（金）开展工程建设时，需注意作业时的人身安全。特别是高空作业人员，一定要有安全保护措施，最好为作业人员上安全事故保险。与此同时，行车安全等也是不容忽视的问题。

刚果（金）《劳动法》规定，任何公司都有义务保障和提供职业健康服务。为此，雇主应当：组织专门针对公司的医疗服务（自主医疗服务），或在咨询劳工和社会保险部门后，采用多家公司通用的职业健康服务，或者在公司外部接受培训，或者寻求医生的帮助。如果不遵守上述规定，将需按照《劳动法》第321条的规定支付罚款。然而，在实际当中，并不排除公司可能因违反劳动法相关法规而被其他非税管理机构要求缴纳税款和罚款。

刚果（金）《劳动法》第163和164条规定，任何企业或机构都有义务为工作场地的安全、卫生和美化筹设专门的机构。该机构的任务是：

· 对劳动者的技术监督和工作场合的卫生监督；

· 主导对劳动者的一般性培训。

刚果（金）《劳动法》第167和168条规定，凡是使用了劳动者的企业或机构，无论其种类如何，都有义务成立一个安全、卫生和美化委员会。该委员会的任务是：

· 研究、纠正和实施预防劳动事故和职业病的方针；

· 促进和控制安全和健康机构的正常运作。

刚果（金）《劳动法》第170~176条规定，企业或机构都必须保持整洁，提供人员健康必需的卫生和安全条件。工作场所的卫生和安全条件由负责劳动和社会保障的部长令规定。部长令明确规定在什么情况下、在什么条件下劳动监察专员必须使用催告改正程序以及使用方式。催告纠正函必由辖区劳动监察专员现场书面作出，提交雇主，或使用带回执挂号信。催告纠正函应签署日期和姓名，确认违规事项或存在的风险，限定必须清除的期限。该期限不能低于4天，特别紧急的情况下除外。

此外，危险部位没有安装相应保护装置的机器禁止出售、出租、展览或转让。在通告全国劳动委员会后，负责劳动和社会保障的部长令规定本条的实施方式。相关机构根据有关卫生和安全的法律法规去巡视、验收、测试、再测试和检查企业或机构中的电力设施时必须由劳动和社会保障部认可的人员或机构实施。当确认的事例对劳动者的安全和健康构成严重和直接的危险时，劳动监察专员可以特别下令关闭机器或停止工作。同时，雇主必须在社会保障法律、法规规定的条件、程序、期限内向社会保障局和辖区劳动监察专员通告发生的劳动事故和职业病。

对中资企业而言，除了遵守刚果（金）《劳动法》中保护员工安全健康的规定外，对外承包工程的单位还应当在保障外派员工安全健康方面做到以下几点：

第一，设有专门的安全管理机构和人员，负责保护外派人员的人身和财产安全，并根据所承包工程项目的具体情况，制定保护外派人员人身和财产安全的方案，落实所需经费。

第二，根据刚果（金）的安全状况，有针对性地对外派人员进行安全防范教育和应急知识培训，增强外派人员的安全防范意识和自我保护能力。

第三，为外派人员购买海外人身意外伤害保险。

此外，除《劳动法》外，刚果（金）与职业健康安全管理有关的法律包括：1976 年 1 月 21 日关于公司医疗或保健服务的第 01/76 号部门令；2008 年 8 月 8 日第 MIN/ETPS/043/2008 号决议，该决议为工作场所安全、卫生和美化委员会的组织和运作创造条件。

4. 我国商务部和生态环境部对境外投资合作有关环保的指引

目前，规范我国海外投资环境保护的主要政策是《对外投资合作建设项目生态环境保护指南》（简称《指南》），是由生态环境部、商务部印发，在 2022 年 1 月联合发布的指导性文件，对原有《对外投资合作环境保护指南》进行修订。目的是进一步做好对外投资建设项目生态环境保护工作，高质量推动对外投资项目建设。

《对外投资合作建设项目生态环境保护指南》在以下几方面进一步优化对外投资合作建设项目环境管理：一是进一步明确适用范围。《指南》适用于中国企业在境外开展投资建设的新建（含改建、扩建）类项目、收购并购类项目以及承包工程项目。上述类型的项目在开展生态环境管理工作时，均可参考《指南》。二是进一步丰富内涵。《指南》针对污染防治、应对气候变化、生态系统和生物多样性保护等多个领域提出对外投资合作建设项目工作指引。三是理顺项目全生命周期管理流程。根据项目投资建设前、施工期、运营期、关闭退出等主要环节，《指南》调整并补充完善了相关规定。四是进一步提高境外项目环境管理水平，《指南》鼓励项目采用国际通行标准或中国更严标准开展生态环境保护相关工作，并对企业提出完善内部环境管理体系、鼓励开展清洁生产、加强信息发布等要求，强调企业环境管理主体责任。

5. 我国商务部对境外投资合作有关安全管理的指引

中国商务部对外投资和经济合作司发布的《境外中资企业机构和人员安全管理指南》为境外企业和对外投资的安全保护工作提供了全面的指导。

四、第四阶段：竣工验收

工程竣工验收指的是工程建造已经完成建设合同、设计图纸内的所有内容并已具备使用要求的交付过程。竣工验收在分项、分部和单位工程验收完成的基础上进行，是全面考核项目建设工作的必要环节。一般由承包商发起竣工验收申请，设计师及业主单位联合进行检查验收。

（一）竣工验收条件

在刚果（金）工程竣工验收没有类似国内的政府制定的验收评定标准，竣工验收条件由与雇主的合同条款约定，一般来讲应完成以下工作：

· 工程已按批准的设计内容全部完成；

· 工程自检验收及评价完成；

· 历次验收所发现的问题已基本处理完毕；

· 归档资料齐全符合合同约定；

· 工程投资全部到位；

· 竣工结算完成合同约定；

· 按合同约定，项目的安全、环保、消防、水保档案等各单项已通过验收；

·合同约定的其他事项。

工程项目方应与业主进行充分沟通，明确项目验收要求，包括需要业主参与的验收项及最终的移交标准等，并将相关要求准确反馈至工程项目各分包单位。项目方须严格依据设计图纸和有关国家规范标准的要求执行分项、分部和单位工程验收。对于工程隐蔽部分和其他需要中间验收的部分，项目方应通知监理在施工过程中进行验收，要注意验收前通知时限。提前通知监理，避开周末、节假日等不利因素。

[**案例** 5-8]

2017 年 8 月 11 日，中国恩菲 EPC 总承包的金森达充填系统项目开展竣工验收并向业主移交。当日上午，刚果（金）金森达铜业公司组织建设、使用、维护等相关部门和恩菲现场项目团队召开验收准备会，认真听取建设、使用各方汇报。会后，矿方明确了金森达充填系统 EPC 总承包项目验收、移交手续、竣工资料和培训等相关要求。下午，业主相关部门领导和专家组成的验收委员会，在项目现场进行了工程实体验收、备品备件的清点移交，并对竣工资料、文件进行认真审核。参与验收的领导和专家对中国恩菲 EPC 总承包的金森达充填系统总体质量和进度均表示满意，项目建设实现了预期目标，顺利通过了业主的竣工验收。项目移交后，项目团队随即开展项目结算和项目总结等工作，以便早日完成项目收尾工作。

[**案例** 5-9]

2021 年 5 月 28 日，布桑加水电站蓄水验收会议顺利召开，由中国电建水电一局承建的刚果（金）布桑加水电站大坝及水垫塘工程经蓄水验收委员会一致认为，工程枢纽布置适应坝址地形、地质条件，已完建与导流洞下闸蓄水有关单元工程的施工质量满足设计要求，总体形象面貌已达到蓄水要求，工程具备下闸蓄水条件。

刚果（金）布桑加水电站位于刚果（金）南部，为刚果（金）在建最大的基础设施项目。在各级领导的关心下，在全体参建员工的共同努力下，工程建设稳步推进，2021 年 5 月按照既定目标达到了导流洞下闸蓄水条件。目前，项目部同业主、监理、设计单位对已完建工程施工质量进行全面验收。大坝及水垫塘工程分为大坝工程和水垫塘工程，水垫塘工程范围内施工任务基本完成，已完建工程经验收全部通过，符合过流要求；大坝碾压混凝土施工至 866 米高程，坝体蓄水淹没区域迎水面混凝土外观及防渗涂料施工、底孔工作闸门启闭机安装调试、底孔事故闸门金属结构及土建施工均满足要求，顺利通过验收，符合下闸蓄水条件。

（二）竣工验收规定

刚果（金）对施工和工程验收等方面的规定通常在合同中以一般管理条款加以规定。2017 版刚果（金）《私营领域分包有关规定》中第 16 条规定，在活动结束以后，需签订验收临时记录。验收临时笔录只有在主要承包商支付完余额后才成为最终记录，从验收起在 30 天的期限内移交工程。

（三）合同价款结算

在刚果（金）承包工程的工程款应支付到工程合同中承包商指定的账户。

合同为单价合同的，结算量为实际工程量。工程结算量是由承包商、业主及监理共同测量后得到的实际工程量。合同单价是固定的、不可变更的，在合同施工期间，不能修改也不能更新。

合同的供应预付款应根据合同内规定的条款支付给中标人。根据刚果（金）《私营领域分包有关规定》（2017 年版），工程启动预付款一般是合同金额的 30%。主承包商有义务根据商定的方式和条件支付给分包商相应的工程费用。

在刚果（金）进行项目合同价款结算时，还应注意以下风险点。

1. **工程结算**

· 结算管理风险：若竣工结算出现不及时、不准确，结算率低等问题，可能导致公司现金流受到影响。

· 收入确认风险：企业收到工程款后未及时入账，可能将导致资金截留的风险。

2. **结算审计**

· 若竣工决算中出现虚报项目投资完成额、虚列建设成本或者隐匿结余资金等情况，将导致竣工决算失真。

· 同时，如果项目管理过程中缺乏审计监督，容易导致项目偏差或舞弊等现象，使得重大管理问题不能被及时发现或得到纠正。

为规避以上风险点，建议中国企业在刚果（金）投资的工程项目完工后，由工程管理和财务相关负责人编制竣工结算策划书及财务决算资料，认真对工程项目结算造价进行自行审计或委外审计，主要审查按施工图、签证资料等计算的工程量、套用定额、工程取费标准、主要材料消耗量等内容的真实性、准确性、合规性，根据最终审定金额确认工程项目最终结算价格。

五、第五阶段：投产运营

（一）项目运营

如果合同中约定由中方公司负责运维，则在验收合格进入投产后，中方公司应立即组织人员开始项目运维工作。而在验收前期，中方公司就应做好相应的运营前期准备工作，如提前招募并培训当地运维人员、管理人员提前进场、办公和生活家具的提前购置、做好技术交接等工作。

对于运维模式选择，实践中通常有业主自行运营维护和外部运维商运营维护两种模式。考虑到我国承包企业大多不具备专业的运营维护能力，如果我国承包企业运作投融建营一体化项目，建议我国承包企业就项目的运营维护聘用有经验的运维商作为自己的运营维护分包商，或者由项目公司直接聘用外部专业运维商对项目进行运营维护，以确保项目在运营期内得到有效的运营、检修和维护，保持项目的持续可用性，进而保障项目投资成本和收益的回收。

（二）保修

由于项目地处国外，工程施工完成交付生产运营后，多数承包商需要撤回国内，保修和后续服务的方式、责任与期限需要在工程合同中明确细化。

在保修期内，承包商方应根据合同约定，成立工程保修组，指定熟悉本工程的技术、施工管理人员作为保修组负责人，配留足够原项目部工作认真、经验丰富、技术能力强、专业齐全的管理人员和作业人员及施工机具，建立工程保修管理制度，及时快捷处理运行中的问题，并做好保修记录。

一般工程项目的质保期限是临时验收后的一年。在质保期间，业主仍可催告承包商对质保期间的工程进行维护，若其拒绝或未施工，业主可自行对未完成工程进行施工，同时调取相应数量的保证金以满足工程施工的需要。

在某些工程项目合同中，会要求承包商在通过最终验收后提交工程十年险。

（三）项目后评价

项目后评价阶段是指工程项目的后评价，是工程项目竣工投产、生产运营一段时间后，对项目进行系统评价的一种技术经济活动。项目后评价内容主要包括：

（1）影响评价——对项目投产后各方面的影响进行评价；

（2）经济效益评价——对项目投资、国民经济效益、财务效益、技术进步和规模效益、可行性研究深度等进行评价；

（3）过程评价——对项目的立项决策、设计施工、竣工投产、生产运营等全过程进行评价。

国内项目后评价一般按三个层次组织实施，即项目法人的自我评价、项目所在行业评价和各级发展计划部门（或主要投资方）的评价。

企业在刚果（金）投资项目首先应进行项目法人的自我评价，组织项目相关部门编写项目总结，从项目的前期准备到竣工验收，全面系统地总结各个阶段的实施过程，查找问题，分析原因；其次对项目的工程技术效果、财务效益、经济效益、环境影响、社会影响等进行分析评价，对照项目可研评估结论和主要指标找出变化与区别；最后对项目目标的实现程度及适应性、项目的持续发展能力及问题进行分析评估得出项目后评估结论，总结经验教训，提出对策。

六、在刚果（金）开展工程的其他注意事项

（一）处理好与政府和议会的关系

刚果（金）国民议员和各省议员履行监督职责。中资企业要在刚果（金）建立和谐的公共关系，除与刚果（金）各级政府建立良好关系外，要重视建立与当地议会和议员的关系。

1. **关注**

中资企业要关心刚果（金）政府的换届和议会选举，关注议会和政府人员变动，及时了解相关人员的政治派别、政策主张、对华态度及政府的政策走向，持续关注当地媒体的宣传焦点和热点。对于刚果（金）政府和议会所关注的涉及企业相关问题，企业要及时发声，主动回应。

2. **参与**

积极参加当地政府和相关议员举行的公益活动，及时回应政府部门的资助要求，尤其是在当地民众遭遇自然灾害时，中资企业应积极履行社会责任，主动参与，回馈社会，并适当邀请媒体，予以正面宣传，树立中资企业良好形象。

3. **沟通**

与所在辖区议员、政府主管官员、经济产业界人士等保持沟通，了解对方关切的问题。对于对方关注的焦点和热点问题必须重视，特别是与中资企业经营相关的重要议题，企业要更加密切关注和跟踪，

并适时向其报告企业发展动态，让其了解中资企业的存在对当地经济社会发展所作的贡献，并向其适当反映中资企业在发展中遇到的问题和困难。

4. 倾听

对于中资企业在当地可能产生重要影响的项目，要主动听取议员及当地政府主管部门的意见，答疑解惑，消除误会，取得理解和支持。

5. 维权

在遭受刚果（金）政府执法部门或议员刁难时，要通过媒体、法律等手段积极维权。

（二）妥善处理与工会的关系

1. 知法

企业进入刚果（金）从事投资合作，要全面了解刚果（金）的《劳动法》和《投资法》，熟悉当地工会组织的发展状况和运行模式，尊重当地员工成立工会的权利。

2. 守法

在刚果（金）从事投资合作的各类企业，在雇佣、解聘和社会保障等方面，必须严格按照《劳动法》的相关规定，与员工签订雇佣合同，按时足额发放员工工资和缴纳社保基金及医疗保险金，并对员工进行必要的技能培训。在解除雇佣合同时，必须按规定提前通知员工，并支付其相应的解聘补偿金。

3. 沟通

在日常生产经营中，企业要与工会组织或工会代表保持必要的沟通，了解员工要求和思想动态，进行必要疏导，发现问题及时解决。

4. 和谐

要重视建立和谐的企业文化，邀请工会成员或员工代表参与企业的管理，激发并保护员工的爱岗精神，增强员工的凝聚力和创造力。遇到问题，可以通过协商、谈判或仲裁机构解决。

（三）尊重当地风俗习惯

1. 尊重当地宗教信仰

在刚果（金），约80%的人口信仰天主教和基督教。中资企业和人员应注意尊重当地人的宗教习惯，切不可拿宗教习惯开玩笑。

2. 尊重当地风俗习惯

刚果（金）人感情丰富，性格外向，讲究仪态美，注重服饰美，在社会交往活动中，总是希望通过美的服饰、美的行为、美的语言、美的人格，展示现代非洲人社会交往的优势。中国人应当熟悉并理解刚果（金）人的这种强烈的民族自尊性格。

要根据会谈、社交、工作和休闲等不同场合，恰当着装。商务访问人员应根据交际场合需要正确着装，特别是参加重要的会议和拜访重要的客人时，必须着正装。初次见面不带名片，不仅失礼而且会被对方认为不好交往。互赠名片时，需双手递接名片。接到对方名片后，要认真阅读，看清对方身份、职务、服务机构，用点头动作表示已清楚对方的身份。

与刚果（金）人聚餐喝酒时，一般不要强行劝酒；不要打听当地人私事，如个人情感、工资收入等；不要评论当地政治；在非吸烟场合，不要吸烟；在吸烟场合，如有女士在场，应先征求其意见；不经允许不要随便拍照，若想拍摄，应事先征求对方意见。

（四）密切与当地居民的关系

中资企业在刚果（金）从事经贸投资合作，必须了解和尊重当地的文化习俗和文化禁忌，处理好与当地居民的关系。

1. **了解当地文化**

了解当地文化并学习简单的当地语言，了解与之相关的文化禁忌和文化敏感问题，对中资企业建立与当地居民和谐关系非常重要。

2. **实现人才本土化**

为便于企业与当地居民的友好相处，企业应聘用当地人员参与企业管理，这样，既可加强企业与当地居民的沟通，又可借助他们向当地居民传递中国文化。

3. **参与社区活动**

企业要积极主动参与社区的活动，把自己当作社区的一员，根据社区的发展需要和居民关注的热点，适当投入一定的人力和财力，参与社区的公益事业，履行必要的社会责任，拉近与当地居民的距离，赢得更广泛的认同，扩大中资企业在当地的影响。

[**案例** 5-10]

2016 年 6 月 30 日，刚果（金）国庆庆典活动在马涅马省金杜市举行。在被检阅的队伍中，一支由在刚果（金）中资企业中方员工和当地员工共同组成的方阵吸引了所有来宾的注意。中国人与当地人身着统一服装，手挽着手、肩并着肩，以饱满的精神面貌出现在众人眼前，用与众不同的方式展现着两国人民之间深厚的友谊。

（五）承担必要的社会责任

中资企业在刚果（金）开展经贸投资合作，不仅要努力拓展业务，还要积极承担必要的社会责任，树立良好的中资企业形象。

1. **关注热点**

要关注企业自身业务发展可能给当地资源、环境、劳工、安全，以及社会治理等方面带来的问题，以免引起当地居民的反感和抵制。其中，劳工问题不仅涉及工薪待遇问题，还包括工作环境、加班时限和社会安保等；环境问题包括工业生产造成的环境问题，以及开发资源引起的生态保护问题等。上述问题一旦出现，便会成为媒体炒作的热点，企业必须高度关注和重视。

2. **远离贿赂**

中资企业在刚果（金）从事经贸投资合作活动中，要严格依法经营，远离贿赂等违法行为，否则，将会严重影响企业的信誉和公众形象，并直接影响企业的生存。

3. **安全生产**

要重视安全生产，强化基础管理。尤其是在建筑、矿产等高危行业的中资企业，一定要做好安全防范和引导，加强制度建设和安全投入，避免安全生产事故的发生。

4. **社会公德**

中资企业及其工作人员，在当地从事经贸活动，要知法守法，入乡随俗，不做违反当地法律和社会公德的事情，对民族形象、企业声誉与品牌建设负责，对两国的长期友好关系负责。

[**案例** 5-11]

洛阳钼业在刚果（金）运营的腾科-丰谷鲁美公司（TFM），坐落在矿产资源极其丰富的加丹加矿带，它是世界上规模最大、矿石品位最高的在产铜钴矿之一，也是刚果（金）有史以来最大的投资项目之一。该公司自建立以来，高度重视履行社会责任，为推动当地社区可持续发展、促进与当地供应商协同发展作出了积极贡献。

自 2006 年开始建设以来，TFM 累计向社区投资高达 2.3 亿美元用于支持社区教育、医疗、农业、基建等。其中，TFM 一直将教育视为社区投资重点，迄今为止已在矿区建设了 20 多所小学。Mkombozi 小学前任校长表示，TFM 让当地教育发生了翻天覆地的变化，让教育普及到了矿区内每一户人家。TFM 每年还拿出金属销售收入的 0.3%设立社区基金，截至目前已通过社区基金向社区投入了 5184 万美元。随着越来越多的人来矿区定居，TFM 还致力于为妇女赋能，让她们能够自力更生。

此外，为刺激当地经济发展，TFM 为刚果（金）当地企业和供应商提供了很多合作机会，包括供应汽车零部件，提供机械和制造服务，供应燃料、油脂、天然气、电气和机械设备、计算机和办公用品、实验室设备、各种涂料，运输巴士出租，支持矿物破碎作业等。近年来，很多大加丹加地区当地企业家还参加了 TFM 举办的供应商展会，为当地中小企业创建了 B2B 平台。

为执行 2018 年新矿业法规定，TFM 与周边社区一起起草了社会责任书，总额高达 3119 万美金，成为刚果（金）境内总投资额最高的社会责任书之一。TFM 里有 3382 名长期雇员和 7542 名承包商员工，其中 88%来自当地。

（六）依法保护生态环境

中资企业应自觉遵守刚果（金）环境保护法规，并教育职工遵守环保、环境卫生管理条例，做文明企业，避免随地堆放材料、淤泥、垃圾等。

企业对于生产经营中可能产生的废气、废水和其他影响环保的排放物，要事先进行科学评估，在规划设计中选好解决方案。此外，要根据刚果（金）环保部门的要求，制定有效的环保规划，并切实加以执行。

在生产过程中，如出现环境污染等问题，涉事企业要高度重视，主动配合当地主管部门采取应对措施，并根据环境污染的具体情况，分清责任，对受到损害的当地居民依法作出赔偿，及时挽回社会影响。

对施工现场周边树木、草地绿化要妥善保护，未经绿化主管部门批准，不准乱砍滥伐、移植树木或破坏草地。在土方开挖或施工过程中，如发现文物迹象，应局部或全部停工，采取有效的封闭保护措施，及时通知文物主管部门处理后，方可恢复施工。对具有特殊意义的树木，应采取有效措施给予保护。

（七）与媒体打交道

1. 信息披露

企业要建立正常的信息披露制度，正确处理与媒体的关系，善于与当地媒体打交道。正常情况下，对媒体的采访要求应积极配合，正确引导。

2. 重视宣传

企业在涉及重大社会敏感问题，特别是遭遇舆论负面宣传时，应注意做好宣传引导，通过主流媒体与大众交流。必要时，可通过召开新闻发布会等手段，正确引导当地主流媒体发布对本企业有利的正面宣传和报道，以正视听。

3. 媒体开放

中资企业应学会主动与当地媒体打交道，欢迎媒体到企业参观采访，了解企业真实发展状况，引导媒体对企业经营活动进行宣传和监督。

4. 尊重信任

为树立良好形象，企业不要轻易拒绝媒体，更不能对记者无礼，应尊重和信任媒体，坦然面对媒体，与媒体形成良好的互动关系。

（八）与执法人员打交道

在刚果（金），警察、工商、税务、海关、劳动、移民局及其他执法部门是维护该国社会秩序的国家执法力量。对辖区内的居民和外国人查验身份证件、询问相关事项以及搜查某些地点，是刚果（金）执法人员的职责和权力。中资企业和人员在遇到上述查验及检查时，要主动配合，千万不要拒绝，否则，他们会以违反执行公务为由予以处罚。

1. 普法教育

中资企业在企业内部要建立健全依法经营的管理制度，聘请当地律师对员工进行必要的普法知识培训和宣讲，让员工了解在当地工作生活必须遵守的法律常识和需要掌握的应对措施。

2. 携带证件

中方人员出门要随身携带身份证件或临时居留证明，以备随时接受查验。企业营业执照、纳税证明等重要文件要妥善保管，以备检查。

3. 配合查验

遇有当地执法人员查验身份证件时，中方人员要主动礼貌地出示自己的证件，回答相关问题。如果没有携带证件，不要惧怕，更不要刻意躲避或逃跑，而要坦然说明身份，或写明有关联系电话，让公司或相关部门派人主动与执法者联络。

4. 合理要求

遇到当地执法人员搜查公司或住所时，应要求其出示证件或搜查证明，并要求与中资企业律师取得联系，同时报告中国驻刚果（金）大使馆经商处以及中国驻刚果（金）大使馆领事部。遇有证件或财物被执法人员没收的情况发生，应要求执法人员保护中资企业的商业秘密、出具没收证明或财物清单作为证据，并记下执法人员的警号和车号；交罚款时需向执法人员索要罚款单据。

5. 理性应对

遇到执法人员对中资企业或员工的不公正待遇时，中资企业人员不要与执法者发生正面冲突，更不能触犯法律，要理性应对，做到有理有据有节，通过律师渠道进行交涉和处理，捍卫自己的合法权益。

（九）传播中国传统文化

中国传统文化博大精深，随着中国与刚果（金）的交往日益密切，不少刚果（金）民众和企业对中国文化更加了解，并抱有浓厚兴趣。中资企业在当地投资时宜将中国文化同“入乡随俗”有机结合起来，在投资合作、融入社区的过程中，应注重弘扬中国传统文化，树立良好的企业文明和道德风尚。打造中资企业良好形象。可结合中国传统佳节，以合适的方式与当地员工甚至社区共同庆祝，增进彼此了解和感情，营造有利于企业发展的外部环境。

（十）其他

根据当地投资环境和中资企业以往的经验，中资企业还应特别注意的是，如果在当地投资或承包工程项目涉及当地居民利益，并由此引起当地居民的不满时，当地居民可能会受人挑拨或煽动试图对中资企业进行群体性围攻，遇到这种情况，企业领导要保持冷静，在第一时间向中国驻刚果（金）大使馆经商处和领事部报告，同时要迅速与当地政府、警务部门及律师取得联系，由他们出面协调解决问题。切勿与当地居民发生正面冲突，以免激化矛盾，造成重大后果。

Chapter 6
第六章

刚果（金）投资风险和机会分析

一、刚果（金）整体营商环境

（一）外商投资情况

1. **贸易情况**

根据世界贸易组织数据，2015—2020 年，刚果（金）进出口贸易一直处于逆差状态。2020 年进出口总额为 284.95 亿美元，较 2019 年的 285.37 亿美元略有下降。其中进口贸易总额为 145.60 亿美元，同比下降 4.22%；出口贸易总额为 139.35 亿美元，同比增长 4.49%。

刚果（金）前五名的出口产品是精炼铜和未锻造合金、钴、未精炼铜、铜矿石或精矿，以及原油。按价值计算，这 5 项主要出口产品合计占该国出口总额的 92.2%。按国家/地区划分的最新可用数据显示，刚果（金）97%的出口商品由以下国家/地区的进口商购买：中国大陆（占世界总量的 41%）、坦桑尼亚（11.8%）、赞比亚（8.8%）、南非（7.7%）、新加坡（7.2%）、阿拉伯联合酋长国（6%）、瑞士（5.7%）、莫桑比克（4.8%）、越南（1.6%）、中国香港（1%）、比利时（0.6%）和马来西亚（0.6%）。

2. **吸收外资情况**

联合国贸发会议《2022 年世界投资报告》显示，2021 年刚果（金）外商直接投资（FDI）流量为 18.7 亿美元，较 2020 年增长约 13.57%；FDI 存量约为 291.5 亿美元，较 2020 年增长约 6.86%；绿地投资项目 4 个，较 2020 年减少 8 个；绿地投资项目价值 1.84 亿美元，较 2020 年减少约 83.79%。

2017—2021年，刚果（金）平均每年吸收外商直接投资流量15.9亿美元，在联合国贸发会议统计的中部非洲10个国家和地区中，仅次于刚果（布），位列第二。根据刚果（金）国家投资促进署统计，全国超过50%的外商投资流入了私营领域，特别是采矿业。主要外资来源地包括中国、英国、荷兰、黑山、比利时、毛里求斯、加拿大、美国、土耳其和以色列等。

（二）刚果（金）营商环境分析

自2001年以来，刚果（金）为改善营商环境及投资状况，启动了多项改革措施，如向国内外投资者全面开放本国市场，推动国民经济各部门自由化进程，启用浮动汇率体系，颁布并实施《投资法》《矿业法》《森林法》《经济特区法》和《劳动法》等新法律，以促进投资、鼓励自然资源开发；在边境口岸设立移民、卫生、质检、海关等服务部门，创建国家投资促进署和企业注册一站式服务窗口，作为政府部门促进投资及改善营商环境的专职机构，树立刚果（金）品牌形象。

1. 投资优势

（1）自然资源丰富。

刚果（金）拥有丰富的铜、钴、钽铌、金、金刚石、油气等资源，钴储量排名世界第一，铜、钽铌、金刚石储量位列世界前茅，素有“世界原料仓库”之称。全球河流流量排名第二的刚果河流经该国，水利资源丰富。

（2）市场准入门槛低。

刚果（金）政府为促进本国矿业的发展，相继颁布系列法规，成立国家投资促进署，简化投资办理手续，对于矿产开发行业采取一系列税收优惠政策，在矿业政策透明度方面也做了较大改善。《矿业法》规定，任何人均可申请在其国土范围内从事非手工的矿产勘查、开采和交易活动。对于投资方式也没有任何限制，独资、合资、参资等多种合作方式均可，允许并购当地企业。

（3）地理位置优越，市场辐射广。

刚果（金）国土面积在非洲仅次于阿尔及利亚，幅员辽阔，其交通网络与多个邻国互通，是非洲交通网络连接的重要节点。东南部矿产富集区的铁路和公路网与赞比亚接壤，可通过赞比亚到达坦桑尼亚达累斯萨拉姆港和南非德班港；东部及东北部地区的公路网连接卢旺达、布隆迪和乌干达，直通肯尼亚蒙巴萨港；西北部地区通过刚果（布）、中非共和国可通往喀麦隆杜阿拉港；西南部地区可通往安哥拉洛比托港。总体来说，刚果（金）地理位置优越，是非洲中部地区的交通要地，可借助非洲各大港口可将其市场辐射遍及全球。

2. 投资劣势

（1）营商环境不佳。

刚果（金）的政治和经济安全形势严峻。属于当前联合国认定的全球最高风险国家之一，政治环境复杂，社会治安极差，暴力事件高发，特别是近年来在东部地区的武装冲突，加重了其投资环境的复杂程度。

政府管理机制不透明，官僚主义严重，行政效率低下，部门间协调沟通不畅，各自为政，权力寻租行为常有，影响投资项目审批程序时效性和确定性。

腐败问题突出，据透明国际发布的 2022 全球清廉指数，刚果（金）在 180 个国家或地区中排第 164 名，是全球最为腐败的国家之一。政府从上至下、不同地区、不同部门的腐败普遍存在，官员滥用职权、徇私舞弊、索要贿赂随处可见，腐败是干扰投资企业正常运营的主要障碍。

当地法律法规虽较为齐全，但缺乏规范、透明的法律执行和监管体系，执行过程和执行力度随意性强，有法不依、执法不严的现象层出不穷，投资企业的合法权益难以保障。

刚果（金）金融业不发达，银行融资成本很高，境外投资者很难取得当地银行的贷款，同时受到贸易逆差的影响，外汇储备严重不足，大额外汇的提取需提前申请，投资收益回流不畅。

（2）基础设施落后，投资成本高昂。

刚果（金）基础设施如公路、铁路、航空、港口、电力、通信、工业物资等以及其他企业建设配套设施都较落后，造成投资成本高，是投资该国的主要挑战之一。

①交通运输设施落后。

公路方面刚果（金）由于前期多年战乱破坏且缺乏维护，公路的通行里程和路况较差，近年来，刚果（金）在推进国家重建过程中，改造和新修了数千千米的公路，首都金沙萨市道路及部分国道有所改观，但公路交通整体上仍十分落后。

铁路方面同样存在年久失修的问题，铁路网大部分路段已经不能通行，仅有部分可通行路段，而且由于路基损毁情况和列车故障问题也无法提供正常的运输能力。

水运方面，刚果河水量世界第二，拥有近 14000 千米的航道，是刚果（金）境内最重要的水路运输体系，也是内陆城市之间的主要交通方式。但是刚果河通航路段中有大型的瀑布系横亘其中，使得通过刚果河水路运输的货物需要在首都金沙萨转成公路运输至唯一的海港码头马塔迪，而马塔迪港口吃水不足，无法供大型船舶长年通行。

公路、铁路、水运除了基础设施不足的问题，还受到运输车辆、火车皮、运输船只、大重量吊机等配套设施严重短缺的影响。综合刚果（金）交通基础情况，整体运输存在运力不足、成本高的问题。

②电力供应缺口大。

由于经济落后，缺乏基建和维护资金，刚果（金）2020年获得电力人口占总人口的比例不足20%，电力缺口巨大，经常出现不规律停电现象，给企业正常生产造成巨大影响。随着经济和基础设施建设的推进，电力需求快速增长，但对电力供应的开发仍相对滞后，无法满足企业正常的生产用电需求。为了维持生产，用电企业需依赖柴油自行发电或使用赞比亚进口电，导致生产成本的大幅上升，阻碍了企业的规模扩大。

③建设所需材料成本高。

由于工业基础薄弱，制造业和加工业发展缓慢，除本国资源丰富的矿产、木材等初级原材料之外，其他材料及大型机械设备基本依赖于进口，增加了投资企业的成本。

（3）资产评估和财务规范难度大。

中国企业境外投资时，需对项目所在地的经济环境、发展前景、项目价值进行系统性的调查并形成尽调报告，为投资决策提供支持。而在进行事前调研时，目前刚果（金）政府部门并无直接的官方信息公开平台或其他信息渠道以供投资者对资料进行准确、有效、及时的收集，企业只能委托第三方的律师、评估师、会计师等专业机构进行收集，存在成本高、难度大、耗时长的问题。同时受到刚果（金）社会环境影响，多数的支出环节存在非透明化和现金交易，诸如回扣、手续费、劳务费等开支多数难以追溯来源和依据，使得对拟投资项目可能存在的大额资产减值风险、高额负债、大额营运资金补充需求等财务风险的调查和投资后的财务规范性监管难度很大，对企业境外投资过程中的资金监管和内控治理均提出较大挑战。

3. 近期改善投资环境的措施

改善商业和投资环境一直是刚果（金）政府重点工作之一。2002年，约瑟夫·卡比拉政府颁布《投资法》，并启动了一系列改革计划，以改善商业和投资环境并吸引外商投资。2019年1月，刚果（金）实现历史上第一次和平政权更替，为社会发展提供了相对稳定的政治环境。新政府延续了约瑟夫·卡比拉政府颁布的部分政策，从建立公司、办理建筑许可、获得电力、不动产登记、缴纳税款、跨境贸易、获得信贷等方面持续改善营商环境。

（三）中国与刚果（金）的经贸关系

1. 总体情况

双边协定方面，于1973年、1988年和1999年，两国政府曾3次签订双边贸易协定。根据现行协定，双边贸易以可兑换货币支付，并相互给予最惠国待遇。2008—2021年，中国和刚果（金）政府先后签订了7个经济技术合作协定，并于2011年签订了促进和保护投资协定。

近年来，中国与刚果（金）双边贸易总额稳步上升，中国成为刚果（金）第一大进出口来源地。中国对刚果（金）投资流量也逐步增加，于2021年达到近十年最高值——10.5亿美元。

2. 双边贸易情况

近年来，随着刚果（金）国内局势恢复稳定，中国与刚果（金）双边贸易总体呈增长势头。中国海关总署数据显示，近五年来双边贸易额持续增长，2022年双边贸易额达人民币1455.47亿元，较2021年增长 52.6%。其中，中国向刚果（金）出口额为人民币 342.57 亿元，自刚果（金）进口额为人民币 1112.9 亿元。

中国对刚果（金）主要出口机电产品、高新技术产品、汽车、服装鞋类等；从刚果（金）主要进口未锻轧铜材、石油原油、铜矿砂及其精矿、锡矿砂及其精矿和热带木原木等。

据刚果（金）中央银行发布的《2020 年度报告》，2020 年刚果（金）前三大主要出口目的地分别为中国、南非和欧盟，同时中国也是刚果（金）第一大进口来源地。

3. 双向投资

根据《2021 年度中国对外直接投资统计公报》，2021 年，中国对刚果（金）直接投资流量为 10.5 亿美元，比 2020 年的 6.1 亿美元提高 72.1%。截至 2021 年，中国对刚果（金）直接投资存量为 42.6 亿美元，居中国对非洲国家直接投资存量的第二位。

根据中国驻刚果（金）大使馆的统计，截至 2022 年 11 月，在刚果（金）注册的中资机构有 71 家，其中矿业投资合作企业数量最多，有 28 家。据经济合作与发展组织估算，刚果（金）14 家规模最大的钴矿公司中有 8 家为中资企业，产量几乎占刚果（金）全国的一半；中资企业已掌握了刚果（金）约 70%的矿产资源，占全世界钴产量的 80%。

中国企业在刚果（金）的投资合作主要集中在矿产品开发和加工、农业开发等领域，并逐步向其他领域拓展，如洛阳钼业 TFM 铜钴矿混合矿项目、北京住总集团金沙萨信息和机械职业技术学院项目、上海电气金苏卡变电站项目、中铁资源集团刚果（金）卡莱米道路项目一期工程、中国有色集团迪兹瓦矿业和卢阿拉巴铜冶炼项目等项目，为当地创造了大量就业、税收和外汇。

4. 承包工程

中资企业参与项目主要为世界银行、非洲发展银行等第三方银行或机构出资项目。但目前，中资企业尚未在刚果（金）开发建设境外经贸合作区。中国与刚果（金）的产能合作主要集中在矿业领域，主要为铜钴的初级加工冶炼。除此之外，中资企业也在刚果（金）经营水泥、化工等材料生产。

近年来，中国工程承包企业承揽的工程项目主要涉及矿区建设、修路、水电站建设、供水工程及电信设施建设等。国家统计局最新数据显示，2021 年，我国对刚果（金）承包工程完成营业额 20.7 亿美元，对刚果（金）承包工程派出人数 2418 人，对刚果（金）劳务合作派出人数 2214 人，对刚果（金）劳务合作年末在外人员 3280 人，对刚果（金）承包工程年末在外劳务人员 5425 人。

5. 经援合作

经援合作上，自 1972 年 11 月 24 日两国关系正常化以来，中国政府向刚果（金）政府提供了力所能及的经济援助，在农业、医疗卫生和基础设施等领域开展了友好合作，建设了政府综合办公楼、人民宫、体育场、医院、小学校、农业合作等项目。近年来，双方在人力资源培训方面亦取得良好成果，为促进刚果（金）经济社会发展发挥了积极作用，受到刚果（金）政府和人民的好评。

近年实施的援刚果（金）项目有：刚果（金）中部非洲国家文化艺术中心项目、卢本巴希综合医院项目、万村通项目、农业示范中心技术合作项目、中刚友谊医院第 6 期技术合作项目、第 18 批医疗队合作、“人民宫+体育场”第 11 期技术合作和旱作物示范第 6 期技术合作项目等。2018 年 5 月，中国政府援助刚果（金）一批医疗物资及 100 万美元现汇，用于抗击在刚果（金）赤道省出现的埃博拉疫情。2019

年 8 月，中国政府援助刚果（金）66 吨医疗物资，用于抗击第 10 轮埃博拉疫情。

二、刚果（金）投资风险分析

（一）政治风险

所谓政治风险是指由于东道国国内政治、社会、法律等因素在国内或国际环境的影响下发生了难以预料的重大变动，从而导致投资国企业的利润或经营目标无法持续的可能性。对于该类风险一般的防范措施为：特许权协议必须得到东道国政府的正式批准，并对项目付款义务提供担保；向国家出口信用保险公司投保政治保险等。

1. 政局风险

2019 年 1 月，刚果（金）完成总统选举，实现了历史上第一次和平的政权更替，不过，齐塞克迪虽然赢得总统选举，但前总统约瑟夫·卡比拉领导的政治联盟“刚果共同阵线”（FCC）控制着国民议会，斩获了 500 个议席中的 342 个，在省议会和政府选举中也几乎大获全胜。在此情况下，齐塞克迪不得不选择与约瑟夫·卡比拉共享政治权力。两派政治势力持续博弈，严重影响了齐塞克迪执政。新政府总理任命直到 2019 年 5 月才达成一致，最终由约瑟夫·卡比拉推举的候选人西尔韦斯特·伊伦加担任总理。部长任命直到 2019 年 8 月底才敲定，67 名内阁成员中 42 人来自刚果共同阵线，只有 23 人来自齐塞克迪阵营。受到约瑟夫·卡比拉阵营的掣肘，齐塞克迪总统的许多政令难以实施。如 2019 年 6 月，齐塞克迪签署总统令，对国家矿业公司等国企负责人进行人事调整，但由于约瑟夫·卡比拉控制了国企部，拒绝执行总统令。2020 年 1 月，齐塞克迪在伦敦向刚果（金）侨民发表讲话时对约瑟夫·卡比拉放话，如果其施政遭到持续的政治阻碍，他将不得不解散议会，刚果共同阵线则威胁要弹劾总统。双方后续围绕抗击新冠疫情、2023 年大选、独立选举委员会主席任命等问题展开激烈博弈，联合执政的矛盾越发公开化。

齐塞克迪加紧联合其他党派，争取全面掌控权力。2020 年 7 月起，齐塞克迪对武装部队高层进行大换血，10 月任命 3 名宪法法院大法官，把军权和宪法解释权控制在自己手中。10 月底，齐塞克迪发起了政治咨询对话，意在争取更多政治派别的支持。12 月 6 日，胜券在握的齐塞克迪宣布结束与刚果共同阵线的“联合共治”，并将限期组建新的议会总统多数派，即“神圣同盟”，否则将解散议会。此后，齐塞克迪步步为营，神圣同盟的队伍逐渐壮大，发展到拥有 391 名议员，占据议会多数。2021 年 1 月 29 日，伊伦加总理辞职。2 月 3 日，国民议会选举克里斯托夫·姆博索为新议长。2 月 15 日，齐塞克迪任命萨玛·卢孔德·基恩格为新总理。4 月 12 日，卢孔德组建的政府名单获得议会高票通过，民主与社会进步联盟控制了国防与内政部两大关键部门。至此，齐塞克迪总统完全摆脱了前总统约瑟夫·卡比拉势力对其在议会两院和政府中钳制的局面。

放眼 2023 年大选，齐塞克迪需要克服多重挑战才有可能实现连任。

在政治方面，齐塞克迪面临三重挑战。第一，维持神圣同盟的内部团结和政府的顺利运转。刚果（金）政党结盟多受政治和经济利益驱使，而非执政理念契合，因此神圣同盟的稳定性取决于齐塞克迪的承诺能否兑现。目前来看，该联盟内部已经出现了因利益分配不均产生的裂痕。为了获取议会多数派，齐塞克迪成功争取了原来属于约瑟夫·卡比拉阵营的约 200 名议员。然而，2021 年 4 月 12 日新政府成立后，部分倒戈议员组建了“革命议员联盟”，抗议新政府职位分配失衡。一方面，他们认为同为神圣同盟成员，在议会占有 17 个议席的“刚果解放运动”获得了 3 个重要政府职位，其中还包括一名副总理，而革命议员联盟成员拥有至少 12 个议席，却未获得任何政府职位任命。另一方面，这些议员还抗议政府职位分配存在地域歧视，如桑库鲁省的两名议员被任命为副总理，洛马米省和马伊恩东贝省却没有任何一名议员进入政府。他们还指责总理卢孔德没有以政府职位奖励他们的“立场转变”。4 月 12 日，该联盟向齐塞克迪发表公开信，威胁将阻挠卢孔德政府就职。

第二，避免对前总统的势力清洗引发反弹。约瑟夫·卡比拉执政近 20 年，在政坛影响很大，在军队、警察、情报部门中根基颇深。2022 年 2 月，刚果（金）国家情报机构逮捕了齐塞克迪的安全顾问富朗索瓦·贝亚，称其可能卷入危害国家安全的事务。贝亚在约瑟夫·卡比拉执政时长期担任移民局局长，深得其信任，在齐塞克迪与约瑟夫·卡比拉的政治拉锯战中曾扮演重要的中间人角色。知情人士称，贝亚表面投靠齐塞克迪，但实则是约瑟夫·卡比拉安插在新总统身边的眼线。

第三，需应对其他竞争对手发起的政治挑战。齐塞克迪是在巨大选举争议中上台的，其主要竞争对手均未放弃在下届选举中继续向其发起挑战，2023 年连任仍存变数。“为了共和国党”主席莫伊兹·卡通比曾任加丹加省省长，还是极具国民人气的卢本巴希市足球队的赞助者，后因与约瑟夫·卡比拉决裂，加入反对党阵营，并因“使用外籍雇佣兵”而被缺席审判入狱，丧失 2018 年参选资格。齐塞克迪上任 3 年多以来，卡通比一直未放弃国内政治动员，还雇佣美国政治游说公司，希望获得美国国会和政府的支持，并且取得一定效果。如 2021 年 7 月，刚果（金）一名国会议员提交一份法律草案，要求包括总统在内的国家高级公职人员的父母必须为本国国籍。由于卡通比的父亲为希腊人，该法案也被视为针对卡通比的歧视性法案。在卡通比雇佣的美国咨询公司的努力下，美国驻刚果（金）大使表示，这项法案有损选举公平，对美国来说将是一道“政治红线”。2022 年 1 月，美国白宫国家安全委员会非洲事务高级主任达纳·班克斯以及美国国务院负责非洲事务的官员秘书艾米·豪曼在访问刚果（金）期间，就把筹备 2023 年“自由、公正和包容性选举的重要性”列为访问议题。虽说美国政界的反应与卡通比的政治游说是否有直接关系尚无法确定，但可以明确的是，在缺乏显著政绩的前提下，齐塞克迪若要与政治对手进行角逐，连任难度将不亚于 2018 年总统选举。

由于 2023 是刚果（金）选举年，项目受政治局势的影响较大，政权交替、领导层变化均会对合作项目产生不同解读。中资企业对刚果（金）政治转型的前景及其风险，仍需谨慎对待。

点评：

中国政府积极参与刚果（金）的和平安全建设工作。对于还未在刚果（金）开展投资的企业来说，在投资之前需要对刚果（金）的政治局势进行全面充分的考察，加强对当地政治局势的研判能力；对于已经在刚果（金）投资的矿业企业，则需要及时了解政治局势变化，密切关注政策变动，不断进行跟踪和评估，以便及时采取应对措施。

2. 政策风险

政策风险指由于政府法律及政策作出重大调整，造成原定目标难以实现甚至无法实现而带来的风险。

齐塞克迪在竞选中曾推出“战胜贫困”的社会发展计划，承诺将创造更多就业，减少贫困，增加民众收入。他表示相信政府凭借巨大的潜力，可以实现“一个强大、繁荣的刚果梦”。齐塞克迪上台后着力整顿矿业领域，要求对前政府与外资签订的矿业开发合同进行重新审查，对外资进行施压，增强政府对矿产资源开发的话语权。2018 年刚果（金）颁布新《矿业法》，修改了 18 处，增加了加大政府干预力度、提高本国利润、保护环境等方面的法律规定，这些新规定务必注意。刚果（金）政府将钴金属列入“战略性矿产”，征收的权利金从销售额的 2%上升到 10%，有色金属的权利金从 2%增加到 3.5%，贵金属的权利金从 2.5%上升到 3.5%。法案还规定，政府有权力决定哪个矿种可被认定为“战略性”矿种。新《矿业法》还出台了“超额利润税”条款，参议院批准的矿业法则引进了“暴利税”，将对利润征税比例从 30%提高到 35%。同时将对“超额利润”征收 50%的税收。而“超额利润”的定义是，当商品价格比项目可行性研究报告中的价格水平上涨 25%以上时实现的收入，全部纳入暴利范围。此外，当时新《矿业法》也去掉了加速折旧和稳定性条款（如果法律有任何变更，矿业公司利益在 10 年期内会得到保护）。新《矿业法》为适应着刚果（金）不断变化的政治和行政环境，一方面，加强了该国政府对国有采矿领域、采矿权和采石场的管理控制水平，另一方面提高了采矿业的准入门槛。

以《矿业法》为例，政府开始逐步整顿经济秩序，但为投资刚果（金）的公司带来了很多不确定性。投资方应密切关注刚果（金）政府未来的相关政策变化情况，尽早分析研究，采取合理对策，以规避可能出现的政策风险对工程承包项目带来的损失。

[**案例** 6-1]

2023 年 3 月 19 日，齐塞克迪总统公开表示支持修改 2008 年与中国签订的采矿合同（指华刚矿业公司 Sicomines 铜钴矿项目）。该合同由其前任约瑟夫·卡比拉签署，以“保证刚果民主共和国的利益”

刚果（金）前总统卡比拉（2001—2019 年）在 2008 年通过谈判与中方企业达成协议，用刚果（金）的钴矿和铜矿换取中国企业为其开发基础设施建设。最初的交易价值为 90 亿美元，但随后在国际货币基金组织（IMF）的压力下重新谈判至 60 亿美元。迄今为止，中方已支付近 27.4 亿美元，主要以投资形式支付。

2023 年 2 月中旬，刚果（金）金融总监察局（IGF）在一项研究中估计，在该合作协议中，“在给予中国方面的好处和它所负责的承诺以及刚果（金）所期望的收益之间，存在着对刚果（金）不利的重大财政不平衡”。

IGF 在其结论中提出了“中方获得 760 亿美元的收益，而刚果（金）只获得 30 亿美元的基础设施”。

齐塞克迪总统强调说：“必须重新审视该合同，以重新平衡优势，保证刚果（金）在 Sicomines 铜钴矿采矿合约中的利益。”

3. **征收风险**

在现代社会，为了维护良好的投资环境，避免影响外资的进入，很少有国家会通过剥夺外国投资者的所有权来进行直接征收，而是常常采用间接征收，但对于间接征收，国际上没有统一的界定标准，投资争端中心仲裁庭也通常只是根据个案的具体情况来判断是否存在间接征收。

对于矿业公司而言，政府不延续采矿权本质就是国家征收。在矿业公司境外投资中，刚果（金）出现过类似案例，有一定的征收风险。在当前复杂的外部形势下，境外矿权投资企业需要防范类似风险。

除了矿业外，为开展重大项目，刚果（金）政府可以国家名义有偿征用土地，但不负担偿付金。政府主管部门如果认为有违国家或公众利益，有权否决所辖范围内有关土地使用权的转让。国家总统对因国家、地方或特殊使用目的需要而征用公共或私有土地财产拥有最终决定权，此种征用方式分为有偿或无偿两种。虽然在实际运作中都是有偿转让，但也不排除在特殊情况下国家有权无偿征用。

4. **政府信用风险**

刚果（金）政治环境复杂、政府政策多变，政府信用和履约意识不强；个别地区非法武装活动仍然猖獗，恶性案件时有发生。国际评级机构惠誉认为刚果（金）政府有重大信用风险，达到CCC级，反映了政府债务高企、治理指标薄弱、石油依赖度高以及公共财政管理薄弱且近期有违约记录，同时还反映了当局在共同框架下寻求债务重组的可能性，这可能会对私人债权人产生影响。

点评：

Coeface 2022年国家风险地图对全球162个国家/地区进行风险评估，其中，刚果（金）国家风险评估为E级别，商业环境评估为D级，均较低。不稳定的因素在于基础设施薄弱（交通、能源、电信）、不稳定的安全和人道主义局势、东部较多的武装民兵、新的埃博拉疫情暴发的风险、极度依赖商品价格和整体治理不善。

5. **行政效率风险**

政府效率低下是制约刚果（金）经济发展的三大因素之一（其他两大要素为基础设施短缺和私营经济薄弱），该国行政效率和政府办事效率较低，各部门之间缺乏有效的协调和沟通机制，各自为政、有法不依、有禁不止和执法犯法的现象时有发生。大多数政府部委都有监察长进行监督，以确保政府机构遵循行政程序。总统办公室有一名监察长，负责监督整个政府。监察长程序不受法律审查也不被监管，更不对公众负责。

6. 腐败风险

腐败在刚果（金）盛行，法治依然薄弱。腐败和数十年的政治动荡导致刚果（金）经济表现不佳和贫困率高。安全部队经常滥用职权。虽然有多种媒体在运作，但独立报道受到审查和限制。2021 年，刚果（金）政府通过了新的《反腐败法》，旨在打击政府各部门公职人员的腐败行为。新立法是对 2017 年公共透明度和财务管理法的补充，该法侧重于公共资金及其管理人员的透明度。新立法增加了腐败的罚款和潜在的监禁时间，旨在减少腐败造成的资金损失。非政府组织（NGO）会审查国家滥用职权的行为，但也会进行自我审查以避免被报复。该项风险较高。

［**案例** 6-2］

2021 年，前总统约瑟夫·卡比拉政府内部腐败程度被揭露。2 月，有报道称，以色列商人丹·格特勒多年来通过约瑟夫·卡比拉批准的合同挪用了 37 亿美元的国家资金。11 月发布的报告详述了约瑟夫·卡比拉及其家人及其同伙如何在 2013 年至 2018 年期间从刚果（金）中央银行窃取数亿美元的国家资金。

（二）经济风险

经济风险主要指所在国的经济发展形势、利率、汇率、外汇可兑换性等。该类风险一般的防范措施为：就目前国际金融状况而言，项目融资全部以美元或人民币进行贷款，通过远期外汇买卖、外汇买卖掉期、货币期权等金融工具进行汇率风险的规避。

1. 宏观经济风险

宏观经济方面，2022 年刚果（金）国内生产总值 639. 1 亿美元，人均国内生产总值 660. 2 美元，经济增长率 6. 1%。2022 年实际 GDP 增长明显强于此前预期。《2022—2026 年后疫情时代刚果（金）投资环境及发展潜力报告》数据显示，刚果（金）人口排在非洲第 4，可 GDP 仅排在非洲第 12。目前刚果（金）人均 GDP 常年排在全球最末十名，2021 年仅 577. 21 美元。在 2021 年人类发展指数（HDI）排名中，刚果（金）排名第 179 位，属于联合国认定的最不发达国家、世界银行和国际货币基金组织认定的重债穷国。

由于进口增长强劲和贸易条件恶化，刚果（金）经常账户赤字在 2022 年扩大。尽管情况恶化，刚果（金）中央银行报告的国际储备总额仍为 46 亿美元，比之前预测高出约 3 亿美元。

2. 经济垄断风险

为了更好地利用矿产资源吸引外部资金以发展国内经济，2018 年刚果（金）修订《矿业法》，该法取消了矿产开采的国家垄断，提升了政府干预市场的力度，希望在保护环境的基础上进一步促进矿业的发展。《矿业法》允许国内外的资本参与刚果（金）矿产投资，对外商投资没有明显限制，但由于刚果（金）的外汇管制、税收等法律法规，外国投资者进入刚果（金）采矿行业仍有一定的经营成本。总体来说，刚果（金）的矿业、农业均具有投资价值，且随着营商环境的进一步改善，伴随着商业和进出口贸易的发展，刚果（金）的能源、基础设施、运输等行业也可能迎来新发展。

[**案例** 6-3]

2008 年全球金融危机导致铜钴价格暴跌，大批在刚果（金）的外资矿业企业倒闭，西方投资者也减缓了新的投资。与此相反，中国企业凭借充足的政府财政支持，继续扩大对刚果（金）的战略矿产投资。2008 年达成、2009 年完成最后签约的 Sicomines 项目（华刚矿业）是中国企业联合体与 Gecamines 的合资企业，总投资 60 亿美元，享有超过 1000 万吨铜和 60 万吨钴的 25 年开采权，矿产总价值高达 500 亿美元，被誉为“世纪项目”。2012 年欧债危机爆发，欧美矿企再次遭遇严重的财务冲击，而中资矿业公司却逆势成长，海外扩张的实力进一步增强，趁机开始对欧美巨头控制的资源发起收购。这期间中国企业收购刚果（金）铜钴矿的代表案例有中国五矿于 2012 年全资收购加拿大 Anvil 公司、金川国际于 2013 年收购南非 Metorex 公司、洛阳钼业于 2016 年收购美国 Freeport 所属的 TFM 公司等。

盛屯矿业于 2018 年 5 月设立了刚果（金）盛屯矿业有限公司，并于 2020 年 3 月间接收购了刚果（金）两个铜钴矿项目；洛阳钼业于 2020 年 12 月间接收购了刚果（金）Kisanfu 铜钴矿 95% 的权益；宁德时代于 2021 年 4 月入股了洛阳钼业旗下 KFM 公司，拟共同投资开发 Kisanfu 铜钴矿。

3. 经济结构风险

从 2022 年 4 月至 10 月，国际评级机构惠誉评价刚果（金）的经济结构风险始终为 CCC 评级，评分受到低收入水平和出口收入高度依赖采矿业（占出口总额的 65.5%）的拖累。一揽子出口产品和结构性经常账户赤字（过去 4 年占 GDP 的 2.3%）凸显了该经济体易受全球价格和需求波动的外部影响。

点评：

据惠誉 2023 年 2 月 10 日预测报告称，刚果（金）的经常账户盈余将从 2022 年占 GDP 的 0.6%扩大到 2023 年的 0.7%。其主要驱动因素将是强劲的金属矿出口导致贸易顺差扩大，但这将被扩大的初级收入和服务贸易逆差部分抵消。外国投资的强劲流入，加上持续的经常账户盈余，将在未来几个季度继续支持外汇储备增加。

4. 政府财政风险

刚果（金）常年预算赤字，矿业收入占政府财政收入的 1/3 左右。2022 年，受益于矿业出口收入的增加，经常账户赤字收窄，转化为贸易顺差。预计 2023 年政府融资需求将缓解，清偿欠款的速度将加快。预计政府将利用更高的收入来增加资本支出，资本支出占 GDP 的比重将从 2021 年的 2.6%升至 2023 年的 4.7%。

截至 2022 年 10 月，国际评级机构惠誉评价刚果（金）财政风险为 B 级，受低水平公共外债以及矿业出口收入强劲增长导致外汇储备增加的支持。外汇储备可满足约 2.2 个月的进口需求，这与国际标准相比仍然偏低，但该国可控的外部融资需求降低了还款风险。惠誉预计政府债务占 GDP 的比重估计值将从 2021 年的 88.5%下降到 2023 年的 64.3%，因为高油价显著改善财政平衡，但公共财政管理薄弱仍然是一个重要问题。

5. 通货膨胀风险

通货膨胀是经济发展过程中很难避免的，大多数国家都有此风险。但是如果通货膨胀的速度超出承包商的可预见范围，而承包商签订的

“固定总价合同”，没有调价可能，此时材料、设备价格上涨及当地货币贬值会给承包商造成严重损失。

据刚果（金）中央银行数据，2023 年 2 月，刚果（金）的年度通货膨胀率从上个月的 16.28%上升至 18.15%，是 2021 年 3 月以来的最大涨幅，2021 年底，该国通胀率尚不到 5%。刚果（金）虽然通过加息来抑制通胀，但效果不佳。近期该项风险较高。

6. 汇率风险

2022 年 4 月 26 日，刚郎兑美元的比价为 1993 : 1。自 2023 年初开始，兑美元汇率大幅下跌，2023 年 4 月 25，刚郎兑美元的比价为 2165 : 1，较上年同期贬值 8%左右，汇率风险中等。

点评：

自 2013 年 3 月起，人民币与当地货币可以在当地的洛氏银行（巴基斯坦人开设的银行）直接结算。刚果（金）实行外汇管理，但总体较为宽松。美元在当地市场可自由流通。外汇汇出超过 1 万美元要报中央银行批准，一般开户银行会帮助客户办理所有审批手续，只要有正当理由并附上相关商业合同即可。刚果（金）不少银行实力有限，会出现资金兑现困难、转手或倒闭的情况，应尽量选择有实力的大银行开展业务。

（三）法律风险

法律风险主要指涉及土地法、税法、劳动法、环保法、合同法、招标投标法等法律法规的更改和变化所引起的项目成本增加或收入减少等风险。可能的防范措施如：明确因违约、歧义、争端的仲裁在双方都认可的第三国进行。

1. 法律合规风险

在刚果（金）承包工程主要受当地的公司注册与合同、劳动用工、税务、环境保护、反贿赂等法律法规的制约。详见本书第四章“刚果（金）有关法律规定”。

点评：

合规是对中资企业开展境外经营最基本，也是最根本的要求。我国企业应合法合规合理地开展业务，切勿“走捷径”“打擦边球”。不然不仅会被所在国纳入“黑名单”，遭受经济和法律的制裁，同时也给整体国家形象带来不良的影响。

2. **法律差异风险**

刚果（金）的法律与中国不同，因此两国的工程承包相关法律必然存在较大的差异。部分投资者在进入市场前，对刚果（金）的整体法律和政策缺乏了解，在投资过程中容易违法，例如购买了政策不允许交易的土地等，最终导致投资目的无法实现。

点评：

中国企业在进入刚果（金）之前，需要对其法律环境进行全面的了解，最好聘请在大型中资或者华人律所工作的律师作为公司法律顾问。另外，应加强项目法律部门人员对刚果（金）法律制度的学习，建立相应的法律知识信息系统，制定法律差异预防措施。

3. **法律执行风险**

刚果（金）法律执行遇到的问题本质上是行政和官僚问题，因为改革和改进的法律法规往往应用不当或不均衡。拟议的法律和法规很少以草案形式发布以供公众讨论和评论；讨论通常仅限于提出法律草案的政府实体和立法前的议会。外国直接投资面临当地法律执行的最大障碍是缺乏规范、透明的法律执行和监管体系，执行过程和执行力度随意性强，有法不依、执法不严的现象层出不穷，投资企业的合法权益难以保障。投资者必须在不透明的监管官僚机构中游刃有余。公司经常发现已被卷入由法院官员仲裁的税务、海关和劳资纠纷，或者作出的决定不符合刚果（金）司法机构的规定。尽管国家法院系统提供了上诉机制，但目前刚果（金）的司法程序并不可靠。

点评：

刚果（金）执法中种族歧视很普遍，既是全国武装冲突的促成因素，也是武装冲突的结果。虽然宪法禁止歧视残障人士，但他们在找工作、上学或获得政府服务方面经常遇到障碍。基于HIV状态的歧视也被禁止，但HIV感染者同样面临获得医疗保健和教育的困难。尽管宪法禁止歧视妇女，但实际上她们在生活的几乎每个方面都面临着歧视。家庭法典赋予妇女在家庭中的从属角色。年轻女性越来越多地寻求家庭以外的专业工作，尤其是在城市中心，但她们面临着工资和晋升方面的差距。

4. 税收法律风险

刚果（金）的税负成本较高。刚果（金）会以财政征收形式征收高额罚款，通常税制不明确且多个政府机构征收不同的税款，公司也会因未缴税而被处以罚款。通过法院对这些罚款提出上诉的公司通常会碰壁。

点评：

刚果（金）国家税收制度、税种和税率与中国存在差别较大，中国企业海外投资面临着较大的税务风险。在投资经营过程中容易导致重复纳税、资金回流困难和陷入税务纠纷等问题。因此，管控好税务风险非常重要。

防范税务风险，首先要充分熟悉该国投资环境。中国企业在投资前，需要提前了解投资环境，也要充分考虑当地投资风险，并对投资所在国的税收制度、征管流程、税收优惠政策和外汇管制进行全面了解，并充分评估税务风险，提前做好税务风险管控。

防范税务风险，不仅需要成立专业的海外税收管理部门，加强与税务部门联系，降低税务违规风险，而且在进行税务筹划时，需要充分考量刚果（金）的资本弱化规则和转让定价管理措施，合法合规履行税务义务。中国企业投资有债务权益比例规定的国家，应熟知其资本弱化规则的具体内容，并严格遵守其规定，防止出现不得税前扣除情况，调整缴纳公司所得税的风险。

5. **环境法律风险**

矿山的挖掘，极容易对地形、植物、水资源都造成一定程度的损害，破坏了刚果（金）人赖以为生的自然环境。环境问题如若处理不当，容易形成群体事件，对工程项目产生极大影响。该项风险较高。

（四）社会风险

社会风险主要指所在国的社会文化环境、基础设施建设、治安安全、医疗卫生等可能给企业和个人带来财产及人身方面损害的影响因素。这类风险一般的防范措施为：尊重当地风俗习惯，密切与当地居民的关系，做好安保防范措施以及相关风险识别和规划。

1. **基础设施风险**

基础设施不足是刚果（金）重要投资障碍之一。刚果（金）虽然拥有刚果河巨大的水力资源潜力，但其政府无力组织强有力的国企来主导开发，电力系统发展滞后，供电能力有限，根据世界银行的数据，刚果（金）只有 19%的人用上了电。英加水电站作为刚果（金）目前主要的电力来源，供电能力约 1500MW，其中 1000MW 为矿业生产用电，尽管如此，刚果（金）矿业领域电力供应仍难以满足矿企日益增长的实际，严重制约了矿企扩大生产规模，并阻碍了刚果（金）矿业领域的发展。近年刚果（金）铜钴矿带上的矿业冶炼企业产能迅速扩张，但相应的电力基础设施并未配套升级，导致矿区电力缺口巨大，经常出现不规律停电现象，给企业正常生产造成巨大影响。老化的基础设施和设备导致频繁的减载和停电。

除了电力不足外，供水保障、交通基础和工业基础也非常薄弱。目前供水挑战是：产水量低于需求量、缺乏卫生设施、集水区得不到保护、侵蚀加剧、环境恶化。在交通运输方面，整体运力不足、运输成本高。在工业基础方面，除基本建材外，其他材料及机械设备基本依赖于进口，增加了投资企业的成本。

[**案例** 6-4]

2021 年 12 月 3 日举行的部长会议上，刚果（金）水利资源和电力部部长表示，首都金沙萨水电供应远不能满足居民需求。按照人口年增长率 4.7%计算，首都每天供水需求量为 100 万立方米，目前供应量为每天 55 万立方米，缺口为 45 万立方米。

2. 恐怖主义风险

2009 年 3 月，刚果（金）反政府武装“保卫人民国民大会”与政府签署和平协议，加入政府军。2012 年，忠于原“保卫人民国民大会”的部分官兵发动兵变，组成新的反政府武装“3 月 23 日运动”（简称“M23 运动”），并在刚东部发动攻势，从事叛乱活动，导致大量平民伤亡和数以万计居民流离失所。2013 年 12 月，刚政府与“M23 运动”签署和平协议。2017 年，“M23 运动”领导人苏丹尼 · 马肯加试图重振该组织，带领大约 200 名前组织人员返刚，在刚果（金）北基伍省的维龙加国家公园 Mikeno 地区盘踞活动，该公园毗邻乌干达和卢旺达。2022 年以来，“M23 运动”武装成员在刚北基伍省多个地区与刚政府军交火。3 月和 5 月，“M23 运动”占领北基伍省鲁丘鲁地区的多个村落和刚武装部队最大的军事基地鲁曼加伯。此后，“M23 运动”攻势不减，继续向南推进至北基伍省首府戈马。当前“M23 运动”对刚政府军的进攻是过去十年来规模最大的一次。5 月 27 日，刚政府决定将“M23 运动”定性为“恐怖组织”。“M23 运动”大多由刚果（金）的图西族组成，他们称刚政府未能履行此前的承诺，将他们重新纳入刚军队。

刚果（金）安全形势日益严峻。刚东部伊图里、北基伍、南基伍、上韦莱等省面临极高的武装袭击、人质绑架风险，涉中国公民和机构恶性案件多发。刚东南部科卢韦齐、卢本巴希、利卡西等地涉及中国企业和公民的抢劫、盗窃等恶性治安案件仍呈高发之势。

点评：

中国公民非必要不要前往上述地区，在当地的中国机构和公民注意加强安全防范。刚果（金）营商环境不佳。近期大使馆收到的中资企业和个人合法权益受侵害的投诉数量呈上升之势，欲前往刚果（金）投资经商的中国公民和企业认真评估投资风险，谨慎决策。

3. 治安风险

刚果（金）属于联合国确定的世界最不发达国家之一，社会治安问题突出，持枪抢劫等暴力犯罪事件多发。2021 年全球和平指数排名中，刚果（金）位于全球 163 个国家中倒数第 7 位，安全系数较低。

在刚果（金）东部反政府武装、中部民间武装力量长期存在，这些非政府武装为了扩大事端，制造声势，达到某种政治目的，不惜袭击在其境内无辜百姓、工作和生活的外国人甚至联合国工作人员，以造成更大影响。2016 年 12 月 19 日，一支乌干达反政府武装袭击了当地的一个联合国维和部队营地，造成1名维和军人死亡、12名维和军人受伤。2017年3月12日，2名联合国工作人员在刚果（金）中开赛省被民间武装绑架，后期证实遇害。

刚果（金）军队纪律松散。政府士兵与叛军或民兵组织交换情报和武器的事件在近年连续发生。士兵和警察经常犯严重侵犯人权的行为，包括强奸和人身攻击，但高级军官犯罪不受惩罚，司法系统没有追究官员责任，政府许多高级军官因侵犯人权而受到各种国际实体的制裁。

点评：

在刚果（金）这个枪支泛滥的国家，持枪抢劫时常发生，甚至合法持枪的警察也经常参与其中，一旦爆发内战，地方政府必将失控，中资企业及中方个体经营户将成为不法分子猎食对象，中方人员人身及财产安全将受到极大威胁。由于刚果（金）交通、通信较落后，在突发事件里不能完全依靠中国大使馆的力量来保护在刚果（金）华侨的人身及财产安全，企业及个人还应多考虑采取自我防范措施。

根据《境外中资企业机构和人员安全管理指南》及刚果（金）社会政治环境实际情况，提出以下防范措施建议：

健全企业内部应急管理体制。切实构建企业总部与境外子公司海外安全风险防范工作管理体系，做到前后无缝对接、国内外分级管控。企业总部、直属单位成立相应级别的应急指挥中心、建立应急管理机制，明确统筹负责海外安全风险防范工作的部门，海外子公司要具体落实安全责任制和防范措施。增强员工风险防范意识。企业要把海外员工的人身安全问题摆在突出位置，坚持“以人为本，员工的生命安全高于一切”原则。结合项目周边风险和自身实践经验，编制项目所在地的境外风险防范措施培训手册，对即将要派遣海外或者已在海外的员工进行全面及详细的安全培训，不断提高员工自身安全防范意识和应急处置能力。禁止前往武装冲突及活动频繁区，同时避免夜间及独自出行，如遇紧急情况，应及时报警并与中国驻刚果（金）使馆联系寻求协助。

加强风险动态评估。企业要提高自身风险意识，加强对刚果（金）局势动态关注，密切跟踪、积极研判刚果（金）的安全形势，增强分析判断能力和风险识别能力。同时加强对当地经济、法律、风俗等方面的研究，对可能存在的风险进行动态评估。保障信息渠道畅通。保持与大使馆联系，尽可能第一时间内得到预警信息。同时通过当地政府、军方、中外方合作伙伴和媒体等多种信息渠道，充分利用外部资源加强信息收集和预警，并建立与大使馆、总部多渠道的联系方式，确保关键时期通信畅通。

推行本土化管理，融入当地社会。做好与工会及当地员工的沟通交流，了解、尊重当地习俗，遵守当地相关法律法规，加强与当地社会文化沟通交流，及时解决工会提出的问题，合理增加员工相关福利，加强宣传工作，树立刚方员工“厂兴我赢、厂损我损”的意识，提高刚方员工忠诚度，建立中刚双方信任感，减少企业内部冲突引起的风险，增强企业凝聚力，团结刚方员工做好护厂工作。

履行社会责任。加强与当地政府、工会组织等有关社会团体及当地媒体的沟通交流，做好企业安全环保工作，避免对周边居民生活的干扰，增加社会责任投入，帮扶周边社区完善公共基础设施，为居民提供更多实惠，形成中刚人民鱼水之情，减少周边民众仇富心理，争取更多民众对项目的支持。

组织建立自身安保体系。在社会平稳期，加强自身护矿队伍建设，聘请当地警察持枪执勤，对不法分子起到一定的震慑作用，维护矿区治安。

加强应急资源保障。在刚的中资企业较多，社会发生动乱期间，大使馆除了掌握企业人员动态信息外，一般很难在短时间内提供其他有效保护措施，所以自身要充分做好社会动乱期间交通、通信、食品等物资储备，同时要提前做好应急撤离路线的考察，对应急预案及时更新完善，加强对应急预案提前演练培训。

与专业机构合作，分担企业风险。与SOS国际救援组织专业机构合作，作为企业应急预案的补充措施，依托SOS的渠道优势协助企业在发生安全局势恶化时能快速撤离。同时做好人员与财产安全的投保工作，分担企业在海外发生意外人身伤害及财产损失的风险。

4. 交通安全风险

（1）公路交通安全。

刚果（金）法律规定为左舵国家，但因历史原因仍有部分右舵车辆在路上行驶，存在安全隐患。城市交通拥挤，大部分路段缺乏信号标志，驾车须注意礼让行人和过往车辆，注意交通安全，驾驶途中锁好门窗。因缺乏路灯，刚果（金）道路夜晚视线不佳，且部分地区社会治安较差，不建议司机夜间驾驶。

（2）水路交通安全。

内河运输是内地省份主要的交通方式，沿岸居民出行主要依靠内河水上交通。内河航运主要依靠驳船，没有固定航班，人畜货混载及超载问题严重，加上驳船缺乏维护以及雨季天气多变，安全隐患严重，沉船事故频发。

（3）铁路交通安全。

由于铁道和机车老化、乘客和货物超载等问题，火车脱轨事故在刚果（金）时有发生，且死亡人数经常很多。

[**案例** 6-5]

2007 年 8 月的一次重大铁路交通事故导致 100 多人在西开赛省贝纳莱卡死亡。2014 年 4 月，一辆列车在加丹加省加东古拉附近脱轨，造成 48 人死亡、160 人受伤。2017 年 11 月在卢阿拉巴省卢布迪附近发生的另一起铁路交通事件中有 33 人丧生。2019 年 3 月开赛省发生铁路交通事故，32 人遇难。2019 年 9 月，东南部坦噶尼喀省一列火车发生脱轨事故，造成 50 人死亡。

2022 年 3 月 13 日，在刚果（金）东南部卢阿拉巴省卢布迪地区发生货运列车脱轨事故。事故已造成 75 人死亡，另有 125 人受伤，其中 28 人伤势严重。事故列车 10 日晚在行驶至卢阿拉巴省卢布迪地区时发生故障，多节车厢脱轨坠沟。尽管刚果（金）禁止货运列车搭载乘客，但事发时该货运列车上有大量人员。

点评：

刚果（金）检查站不设标识，大部分检查站无固定位置。建议驾驶员在驾驶时携带所有必要文件，认准官方检查站，仅向身着制服的警员出示相关文件。如遇非官方检查站，请及时向警察局报告。

刚果（金）法定限速为 60 千米/小时，超车时请注意路况以及后方来车。如听到警笛声或安全部门告知有车队即将经过，建议远离道路并熄灭前灯，在车队完全通过前不要移动，以免发生误会。如政府大楼前正在举行升降旗仪式，建议司机停车等待以示尊重。

5. **卫生安全风险**

刚果（金）存在的流行病种类繁多，破坏性和传染率都较大，且基础医疗设施和医疗条件匮乏，是非洲各种传染病高发的国家，每个季度几乎都有中国人因病死亡案例。本国每年约 50 万人死于疟疾，每天有 1200 人死于各种疾病，其中半数是因暴力及营养不良而死亡的儿童。15~49 岁的人群中，14%的人感染艾滋病毒。多发疾病有艾滋病、疟疾、麻风、肺结核、霍乱、昏睡病、伤寒、血吸虫病、肝炎、猩红热、黄热病和埃博拉出血热等。

2018 年至 2020 年，刚果（金）东北部暴发第 11 轮埃博拉疫情。第 11 轮疫情期间累计报告确诊病例 130 例，其中死亡 55 例，治愈 75 例。埃博拉病毒预计会在非常长的时间内，在刚果（金）持续肆虐。其后的各年间，都陆续爆发了该疫情，我国驻刚果（金）人员一刻也不能放松警惕。2022 年 4 月 23 日，刚果（金）卫生部在姆班达卡发现 1 例埃博拉确诊病例后，世卫组织随即宣布刚果（金）暴发第 14 轮埃博拉疫情，2 日后，共找到 233 密切接触者，出现 2 例死亡病例。

6. **民俗宗教风险**

刚果（金）是世界上民族最多的国家之一，族群 254 个，宗教信仰多样（天主教、新教、原始宗教、金邦古教和伊斯兰教等）。当地宪法保障宗教自由，宗教团体必须在政府注册才能获得承认，但未注册的团体通常可以不受阻碍地运作。一些教会设施、人员和服务容易受到冲突地区宗教暴力事件的影响。因此，外资企业需要充分考虑到当地的运作习惯和宗教习俗，处理好民俗、宗教敏感问题。

7. **用工风险**

刚果（金）需注意劳工本土化要求、外籍人员工作许可、当地劳工的可获取性以及技能水平和工作惯例、劳动合同、沟通语言、劳资纠纷、当地法律规定的劳工保护等问题。一旦处理不好劳工问题，极其容易对工程项目造成极大影响。该项风险较高。

8. 管理风险

管理风险是指因企业自身管理上的疏忽而导致的风险。在国外开展工程，容易在管理过程中出现水土不服、难以适应的问题。在境外常见的管理风险有：

（1）对所在国的法律法规不熟悉导致的风险。如在税法方面，在合同中遗漏或不完全考虑当地税法，直接导致利润流失。在海关条例方面，违反海关条例直接导致进出口时间延迟或被处以罚款。在劳工法方面，对当地劳工法不明导致工作安排不能及时落实，影响项目进度，或由于违反劳工法被起诉。在环境保护法方面，中资企业排放污染物的报道偶见报端。其他的诸如所在国环境法、专利法、合同法和建筑法等。

（2）自身管理制度、程序不到位。如沿用在国内的常见做法，程序不合规使工程实施过程中出现错漏、协调困难等风险。

（3）前期项目要求没有与业主充分明确并达成共识，或外部环境变化及业主方的想法变化，导致后期的大量变更索赔，严重影响项目目标的实现。

[**案例 6-6**]

中国企业洛阳钼业于 2016 年以 26.5 亿美元从美国一家公司手中收购了刚果（金）TFM 公司 56%的股权，该公司拥有世界上最大、最优质的铜钴矿开发权。中国企业的收购遭到了来自刚果（金）政府股东杰卡明商贸和采矿公司（Gecamines 简称杰卡明公司）的阻挠，杰卡明公司认为美国公司在未经自己同意的情况下出售了 TFM，侵犯了自己的优先购买权。

2022年2月，杰卡明公司因额外特许权使用费问题起诉洛阳钼业，在双方进行沟通后，杰卡明公司停止诉讼，并称要恢复双方和谐的关系。然而，2022年6月，杰卡明公司又称洛阳钼业低估了储量水平，减少了支付的额外特许权使用费，并要求中企分享自2022年1月1日起的所有营销和出口信息，否则阻止洛阳钼业的生产营销以及出口，甚至称要将矿收回。

9. **自然风险**

刚果（金）最易受洪水、暴雨和山体滑坡影响，应对与灾害相关的气候冲击的准备不足。刚果（金）是一个洪水多发的国家，经常出现山体滑坡。刚果（金）在2010—2020年间经历了21次严重洪水，对人口和经济造成了影响。刚果（金）快速和无计划的城市化外加排水系统的不足，以及洪泛平原上建造房屋等情况，加剧了该国应对气候相关冲击的脆弱性。根据刚果（金）圣母大学全球适应倡议指数，刚果（金）位于应对气候冲击准备最不充分的国家中的第10位，也是世界上第8位最易受气候变化影响的国家。

[**案例6-7**]

当地时间2022年12月13日，刚果（金）首都金沙萨暴雨引发的洪水和山体滑坡已导致至少141人丧生。当地媒体“Media Congo”报道称，金沙萨暴雨从当地时间12日夜间持续至13日凌晨，此前确认有至少141人丧生，12人失踪，有近4万座房屋被淹，近300座房屋被夷为平地。

10. **技术风险**

技术风险指工程项目所在地的自然条件勘察不力和工程实施的技术难度等给承包商带来的风险。技术风险主要包括以下几种情况：

（1）前期工程资料不准确。前期施工资料，如水文地理等是由业主提供的，而业主给的资料可能存在不详尽、不准确的情况。中企在境外施工，对刚果（金）的经验不丰富，缺乏相应的了解，前期核实和准备不足导致返工风险。

（2）技术规范不熟悉。如中企对当地技术规范不了解；或进入陌生的领域承包工程，对该领域的技术规范不熟悉；或是需要采用新的施工方法和工艺，没有适用的技术规范。

（3）新工艺、新材料和新设备不熟悉。如当地的材料和施工机械设备可能有别于国内常见的品种，工程人员对此缺乏了解，对项目造成影响。

三、刚果（金）未来发展预测与投资机会分析

（一）政治前景

在与前总统的权力博弈中，齐塞克迪展现出成熟的政治技巧，成功巩固了自身执政地位。但是目前看来，刚果（金）政治危机发生的风险仍相当大，尤其是2023年总统大选极可能再度导致国家陷入危机之中。未来3~4年对刚果（金）政治转型的未来方向具有重要意义甚至是决定意义，可能出现如下5种局面：

其一，最理想的局面是，齐塞克迪及其政治联盟赢得2023年大选并维持政权稳定，这将极大地推动刚果（金）政治的长期转型。

其二，较为理想的局面是，卡通比或本巴及其政治联盟赢得2023年大选并实现平稳交权，这将使刚果（金）再次实现反对派当选并和平交接，对其长期政治转型同样意义重大。

其三，仍能接受的局面是，约瑟夫·卡比拉及刚果共同阵线的候

选人赢得 2023 年大选并实现平稳交权，尽管意味着约瑟夫·卡比拉的回归，但也是和平选举结果，因此仍是积极的。

其四，较为无法接受的局面是，约瑟夫·卡比拉及刚果共同阵线参加 2023 年选举但惨败，因此（极可能在选举后一年内）选择暴乱或政变，导致刚果（金）陷入动荡，并引发国际社会全面制裁。

其五，最不能接受的局面是，约瑟夫·卡比拉及刚果共同阵线在 2023 年大选前意识到无法获胜，并（在选举前）采取极端措施发动政变，导致刚果（金）政治转型严重倒退，并引发国际社会全面制裁。

在刚果（金）的中资企业及侨胞面临的最大问题就是政权能否平稳过渡，如果出现武装冲突，对在刚果（金）的每个中国企业、每一个中方人员都将是一个巨大的挑战。

（二）经济预测

国际货币基金组织预计刚果（金）2023 年的增长率为 8%，但东部武装冲突、选举前的不确定性、俄乌战争的持续影响以及不利的贸易条件冲击等都存在重要的下行风险。在此背景下，刚果（金）政府维持审慎的宏观经济政策将有助于增强抵御外部冲击的能力。额外的收入将有助于建立财政缓冲，提高出口价格将有助于建立储备。

刚果（金）总统认为政府需要积极改善人民的社会福利，以缓解俄乌战争造成的冲击并积极恢复该国东部的和平。通过加强支出链和实施充分的保障措施来调动收入和控制当前支出，对于建立财政空间以解决安全局势仍然至关重要。考虑到人道主义状况恶化、粮食不安全和国内流离失所者人数增加，这将需要额外的社会支出。更广泛地说，实施公共财政管理改革，包括建立单一国库账户、加强公共采购体系和公共投资管理，将有助于加强财政治理，提高收入能力和支出效率。此外，开始实施的国内欠款清算战略将提升政府公信力。

预计刚果（金）中央银行将保持积极警惕，以实现价格稳定，同时继续为外部弹性建立储备。中央银行加强货币政策框架和治理改革，有助于增强货币政策有效性。新的商业银行法将有助于实施雄心勃勃的改革，以增强银行业的弹性并促进金融包容性。

点评：

刚果（金）未来经济发展形势主要取决于2023年大选的结果，大选结果决定了现阶段经济政策的连续性和可持续性以及国内经济环境的稳定性。

（三）投资机会

刚果（金）国家投资促进署重点推荐外商投资采矿业、能源行业、农业、建筑业、电信业等行业。

1. 采矿业

刚果（金）蕴藏多种有色金属、稀有金属和非金属矿，其中铜、钴、工业钻石、锌、锰、锡、钽、锗、钨、镉、镍、铬储量颇为可观，在世界上占有重要地位。此外，刚果（金）铁、煤、黄金、银、白金、铅、磷酸盐、硅酸盐等储量也较为丰富。

采矿业是刚果（金）经济的重要支柱。2021年，刚果（金）钴矿产量总计11.8万吨，占全球产量的74%；铜产量179.8万吨，位居全球第三；工业钻石生产量居世界第三，约占全球产量的21%。由于生产经营成本低于南非等传统黄金生产国，刚果（金）黄金开采行业也受到高度关注。

刚果（金）采矿业主要涉及矿物（铜、镍、金、钴等）开采、采矿设备租赁和融资等细分行业。

刚果（金）国家矿业公司杰卡明（Gecamine）是刚果（金）规模最大的国有矿业企业，目前产铜纯度已达99.96%。中国在刚果（金）投资的大型中资矿业项目包括洛阳钼业投资的腾科-丰谷鲁美（TFM）铜钴矿项目、紫金矿业控股的穆索诺伊矿业、中国有色集团投资的迪兹瓦矿业等。其他大型外资矿业企业包括嘉能可、欧亚资源等。

点评：

2018年3月，刚果（金）政府颁布新《矿业法》，对矿权取得、矿产冶炼和开采、下游分包、股权分红和转让、税基、税率和外汇等规定作出调整，并引入了稳定期的取消、超额利润、战略资源税等概念，需要企业特别关注。

2. 能源行业

刚果（金）能源资源多样且丰富，包括石油、天然气和铀等不可再生资源，以及水能、生物质、太阳能和地热等可再生资源。刚果（金）是非洲中部和南部第二大原油储备国，目前石油生产仅限于沿海盆地，每天生产25000桶海上石油，全部用于出口。此外，位于刚果（金）与卢旺达交界处的基伍湖深水中蕴藏着丰富的天然气资源。

刚果（金）能源行业具体可以细分为发电、输电设备制造及维修，汽油、煤油、石油开采及精加工，生物燃料生产等。

刚果（金）面临着严重的电力短缺问题。该国电力供应严重不足，加上电力供应设备老化，中压故障频繁，公共照明系统过时，远不能满足居民日常需求。

刚果（金）政府启动了一项发展能源部门的计划，旨在大力发展水电，并欢迎国内外开发商修建输电线路、销售必要的设备或提供离网电力解决方案。除水电外，刚果（金）还寻求在全国范围内建造和修复几个地热站，目前已有一些太阳能投资者正在探索开发刚果

（金）市场，并签署谅解备忘录。刚果（金）许多大学和学术机构也在探索建立太阳能和生物柴油等可再生能源的研发中心。

3. **农业**

农业是刚果（金）第二大主要产业，约占国内生产总值的20%，并为刚果（金）本地人提供了60%以上的就业岗位，但由于农业技术落后、生产方式粗放等原因，国家粮食安全未能得到保证。

刚果（金）农业涉及种植业、渔业、化肥、相关配套试剂生产（除草剂、杀虫剂和杀菌剂）及农业设备租赁和融资等细分行业。

为发展农业，刚果（金）启动了一项发展计划，旨在加强农业对经济增长的贡献、确保国家粮食安全、减少农村地区贫困、增加食品和耐用品生产。政府采取了部分举措，包括增加农业部预算，建立8个农产品工业区，在面包烘烤行业试验使用木薯，一定程度上减缓了小麦面粉进口危机，节省进口外汇。在145个乡村发展计划框架内，每个地区建立农业大队从事大豆和其他消费品生产，培训富有经验的监督员。刚果（金）拥有大量可耕地和稳定水文状况，农产品生产和加工具有很大潜力。政府鼓励感兴趣的投资者通过双赢伙伴关系支持该国农业发展。

4. **建筑业**

2021年3月，刚果（金）正式启动Tshilejelu工程，旨在发展金沙萨和大开赛等关键地区的基础设施。目前，外国公司在刚果（金）建筑业中占主导地位，其中中国公司承包的项目占刚果（金）所有公共工程项目的一半以上，欧洲建筑公司也是刚果（金）建筑业的主要参与者。

刚果（金）建筑业主要包括医疗保健、道路、发电和输电、水和污水、住宿、教育等基础设施。

5. **电信业**

刚果（金）电信业发展较为落后，其中移动电话普及率为53.1%，互联网普及率约为17.6%。由于相应基础设施的缺乏，刚果（金）只有不到1%的互联网由固定电话连接，使得移动电话运营商事实上成为私人和商业用途的互联网服务提供商。此外，刚果（金）尚未实现5G，仍在开发3G/4G网络，网络安全领域几乎空白。

刚果（金）电信业包括互联网分销、移动应用程序、电信设备供应、电信软件与新技术、网络安全、数据中心和数据管理等。

刚果（金）较为落后的电信业为国外信息和通信技术公司提供了广阔的发展空间和机会。中国相关企业可考虑与当地电信企业合作推进电信网络建设，或为在刚果（金）相关企业提供网络安全服务。

Chapter 7

第七章

工程建设企业合规管理体系建立指南

一、合规管理的内部环境

合规管理是一种风险管理活动，是境外施工企业对业务活动是否遵守所在国（地区）法律、法规、规定、规则、行业自律等的一种鉴证行为。

合规管理的内部环境是其他所有风险管理要素的基础，为其他要素提供规则和结构。内部环境的要素包括：合规管理的目标和基本原则，企业文化和公司战略，管理层的理念和经营风格，公司组织架构及其岗位职责，员工的诚信、道德价值观和胜任能力。

（一）合规管理的目标

建立健全合规风险管理体系，实现合规风险的有效识别和管理，促使境外施工企业全面风险管理体系的建设，确保企业依法合规经营。

（二）合规管理的基本原则

（1）客观性原则。合规人员应当依照相关法律、法规对违规事实进行客观评价。

（2）独立性原则。合规部门在企业中应当有独立地位，合规管理应当独立于其他各项业务经营活动。

（3）专业性原则。合规人员应当熟悉公司业务制度，了解公司内各业务环节的专业知识和业务流程，并准确理解和把握法律法规的规定和变动趋势。

（4）公正性原则。合规人员在对业务部门进行检查时，应当坚持统一标准对违规行为及相关风险进行评估和报告。

（5）协调性原则。合规人员应当正确处理与公司其他部门及监管部门的关系，努力形成公司的合规合力，避免内部损耗。

（6）全面性原则。企业合规管理应覆盖所有境外业务领域、部门和员工，贯穿决策、执行、监督、反馈等各个环节，体现于决策机制、内部控制、业务流程等各个方面。

二、合规管理机构的设置及职责

（一）合规管理机构的设置

企业可根据业务性质、地域范围、监管要求等设置相应的合规管理机构。合规管理机构一般由合规委员会、合规负责人和合规管理部门组成。尚不具备条件设立专门合规管理机构的企业，可由相关部门（如法律事务部门、风险防控部门等）履行合规管理职责，同时明确合规负责人。

1. 合规委员会

企业可结合实际设立合规委员会，作为企业合规管理体系的最高负责机构。合规委员会一般应履行以下合规职责：

（1）确认合规管理战略，明确合规管理目标。

（2）建立和完善企业合规管理体系，审批合规管理制度、程序和重大合规风险管理方案。

（3）听取合规管理工作汇报，指导、监督、评价合规管理工作。

2. 合规负责人

企业可结合实际任命专职的首席合规官，也可由法律事务负责人或风险防控负责人等担任合规负责人。首席合规官或合规负责人是企业合规管理工作具体实施的负责人和日常监督者，不应分管与合规管理相冲突的部门。首席合规官或合规负责人一般应履行以下合规职责：

（1）贯彻执行企业决策层对合规管理工作的各项要求，全面负责企业的合规管理工作。

（2）协调合规管理与企业各项业务之间的关系，监督合规管理执行情况，及时解决合规管理中出现的重大问题。

（3）领导合规管理部门，加强合规管理队伍建设，做好人员选聘培养，监督合规管理部门认真有效地开展工作。

3. 合规管理部门

企业可结合实际设置专职的合规管理部门，或者由具有合规管理职能的相关部门承担合规管理职责。合规管理部门一般应履行以下合规职责：

（1）持续关注我国及业务所涉国家（地区）法律法规、监管要求和国际规则的最新发展，及时提供合规建议。

（2）制定企业的合规管理制度和年度合规管理计划，并推动其贯彻落实。

（3）审查评价企业规章制度和业务流程的合规性，组织、协调和监督各业务部门对规章制度和业务流程进行梳理和修订。

（4）组织或协助业务部门、人事部门开展合规培训，并向员工提供合规咨询。

（5）积极主动识别和评估与企业境外经营相关的合规风险，并监管与供应商、代理商、分包商、咨询顾问和承包商等第三方相关的合规风险。为新业务的开发提供必要的合规性审查和测试，识别和评估新业务的拓展、新客户关系的建立以及客户关系发生重大变化等所产生的合规风险，并制定应对措施。

（6）实施充分且具有代表性的合规风险评估和测试，查找规章制度和业务流程存在的缺陷，并进行相应的调查。对已发生的合规风险或合规测试发现的合规缺陷，应提出整改意见并监督有关部门进行整改。

（7）针对合规举报信息制定调查方案并开展调查。

（8）推动将合规责任纳入岗位职责和员工绩效管理流程。建立合规绩效指标，监控和衡量合规绩效，识别改进需求。

（9）建立合规报告和记录的台账，制定合规资料管理流程。

（10）建立并保持与境内外监管机构日常的工作联系，跟踪和评估监管意见和监管要求的落实情况。

（二）合规管理部门的设置方式

合规管理部门是负责施工企业合规工作的具体组织和执行部门，依照所规定的职责、权限、方法和程序独立开展工作，负责公司各部门和全体员工的合规管理工作，合规管理部门对公司高层负责。

合规管理部门人员应具备较高的思想素质和法制观念，坚持原则、忠于职守、廉洁奉公、公正无私，并具备相应的专业知识。合规管理部门必须制定相应的人员岗位责任制，明确任务，落实责任。合规管理部门工作人员同样应遵守公司各种规章制度和规定。合规管理部门依据国家及有关部门的法律法规、公司章程、公司内部管理制度和承包合同，在所赋予的权限内，按照所规定的程序和方法，对行为对象进行客观公正的检查监督并提出处理建议。

合规管理部门的设置有如下几种类型（见表 7-1）。每种类型都有各自的优缺点。企业应根据公司业务类型、组织结构、组织资源等因素选择合规管理部门的设置。

表 7-1 合规管理部门类型及特点

序号	类型	特点
1	合规管理部	在企业内部建立一个专业的合规管理部门，任命首席合规官作为合规管理总负责人。 优点：企业合规管理部门的独立性强，合规团队专业能力强，合规工作也做得相对专业。 缺点：要求企业投入大量的资金、人力等资源；对合规管理人员职业技能要求高，既要懂合规专业知识，又要懂具体的业务知识；合规管理部门与其他部门之间的沟通协调能力也要求较高。
2	法务合规部	把法务部或者法律事务部的管理职能与合规部门管理职能统一到法务合规部门职能之中，由法务合规部对企业的法律事务工作和合规管理工作进行统一管理。 优点：部门设立相对容易，投入成本相对较低，公司在设立合规管理部门时可以利用公司现有的法务部门的资源，因为大多数公司在成立合规部之前都有法务部门。另外，合规管理工作与法务部工作配合容易，因为合规管理部门有效开展工作的前提须对外部法律法规、监管等规定有正确的理解，在一个领导之下，合规管理部门与法务部门之间的沟通也相对顺畅。 缺点：按照这样的方式设置合规管理部门，开展工作时与其他部门的沟通协调要求较高，需要合规管理部门与业务部门密切配合，对合规管理人员职业技能要求高，既要懂合规专业知识，又要懂具体的业务知识。
3	审计合规部	合规部与审计部结合形成审计合规部。 优点：便于企业对合规风险进行管理，企业可以通过较少的投入达到合规管理的目的。 缺点：独立性不强，适用于业务单一且面临合规风险较低的企业。以生产汽车为主的北京奔驰汽车就采用了该类型。

续 表

序号	类型	特点
4	风控合规部	融合了公司治理、风险控制与合规管理。 优点：大大提升了合规管理部门整合公司资源的能力，有很强的独立性，方便了合规部门与风险管理部门的沟通，合规部门在合规风险评估时可以和风控部门结合起来共同开展工作，实现风险管理工作成果共享。 缺点：对合规部的领导力提出了很高的要求，同时也需要企业提供较多的资源支持，还需要与法务部门等其他部门加强沟通，平衡业务与合规风险管理的关系。
5	其他	具体根据公司业务类型、组织结构、组织资源而定。 如英国石油公司（BP）在集团层面设置“道德与合规部”进行合规管理，同时配以法律各领域专家提供日常的法律专业支持，来保证 BP 各部门的合规专业有效运行。 BP 公司除了在道德与合规部门工作的全职合规工作人员之外，在每个业务与职能部门及其每一个下属地区部门，都有一位部门领导兼任本部门的“道德与合规联络人”。其职责是确保各项合规制度在本部门的有效实施，并且就日常工作中的合规问题进行处理和解答。这种安排能够有效提高本部门领导的合规意识，高效率解决日常合规问题。

三、企业内部的合规管理体系

（一）董事会的合规责任

董事会作为决策层应以保证企业合规经营为目的，通过原则性顶层设计，解决合规管理工作中的权力配置问题。

董事会负责企业整体风险的预防和控制，审核、监督公司风险控制制度的有效执行，可以下设合规与风险管理委员会，负责对企业国内施工承包及境外施工经营的风险控制及合法合规进行审议、监督和检查，草拟企业风险管理战略，评估企业风险管理状况。

董事会对企业的合规管理承担最终责任，履行以下合规职责：

（1）审核批准合规政策，监督合规政策的实施，并对实施情况进行年度评估。

（2）审核批准公司年度合规报告，对年度合规报告中反映出的问题，采取措施解决。

（3）根据总经理提名决定合规负责人的聘任、解聘及薪酬事项。

（4）决定公司合规管理部门的设置及其职能。

（5）保证合规负责人独立与董事会、董事会相关委员会（如审计委员会或者其他专业委员会）沟通。

（6）公司章程规定的其他合规责任。

（二）监事会的合规责任

为了完成合规监督职能，监事会不仅要进行会计监督，而且要进行业务监督。不仅要有事后监督，而且要有事前和事中监督（即计划和决策时的监督）。监事会对经营管理的合规方面监督包括以下方面：

（1）对企业董事、总经理和其他高级管理人员执行公司职务时违反法律、行政法规或者公司章程的行为进行监督并有权通知他们停止其非合规行为。

（2）随时调查企业的合规执行状况，审查合规体系文件、合规记录和合规报告，并把审核意见向董事会报告。

（3）当监事会认为有必要时，一般是在企业出现重大问题时，可以提议召开股东会。

（三）管理层的合规责任

（1）企业的高级管理层应分配充足的资源建立、制订、实施、评价、维护和改进合规管理体系。

（2）管理层人员应当熟悉工程建设相关法律、行政法规及国际性组织的监管要求，依法合规、勤勉、审慎地行使职权。管理层人员应当维护企业的统一性和完整性，在其职权范围内对企业经营活动进行独立、自主决策，不受他人干预，不得将其经营管理权让渡给股东或者其他机构和人员。

（3）管理层人员应当根据企业经营环境的合规要求，督促和落实合规责任体系的建立和运行。

（4）管理层人员应当构建企业自身的合规文化，保持企业内部机构和人员合规责任体系、合规报告路径的清晰、完整，不得违反规定的报告路径，防止内部责任体系、报告路径和内部员工之间出现割裂的情况。

（四）合规管理部门的合规责任

（1）协助领导构建企业合规管理体系，制订、修订企业的合规手册和其他合规风险管理规章制度；

（2）起草年度合规管理计划；

（3）主动识别、评估、监测和报告合规风险；

（4）负责各项具体合规工作方案的拟定，使合规工作顺利展开；

（5）起草合规报告；

（6）参与新业务的开发，识别、评估合规风险，提供合规支持；

（7）违规事件的调查处理，起草违规处理决定；

（8）梳理企业内控流程，提出相关改进建议；

（9）审查企业内部管理制度、业务规程，提供合规改进建议；

（10）组织合规培训并向企业员工提供合规咨询服务；

（11）跟踪法律法规、监管规定和行业自律规则的变动、发展，并根据其有关要求提出制订或者修改企业内部规章制度的建议；

（12）相关辅助性工作和领导指派的其他工作。

（五）合规管理的主要内容

企业应以倡导合规经营价值观为导向，明确合规管理工作内容，健全合规管理架构，制定合规管理制度，完善合规运行机制，加强合规风险识别、评估与处置，开展合规评审与改进，培育合规文化，营造重视合规经营的企业氛围。

1. 合规管理的主要活动

合规管理旨在构造企业监督系统，对企业的决策系统、执行系统进行全程、动态的合规监控，监控的对象覆盖企业经营管理的全部内容，主要包括：

（1）定期学习法律、法规，传达监管要求，打造企业合规文化，提高员工合规意识；

（2）审核业务合同，各部门的制度和工作流程；

（3）依据合规要求，检查和评估日常经营管理活动的合规性；

（4）梳理整合各项法律法规、规章制度，开展合规培训；

（5）为新的承包合同提供合规支持；

（6）开展法律咨询，协同处理企业法律纠纷及其投诉。

2. 合规文化

合规文化建设是合规风险管理的一部分，同时也是企业文化建设的一部分。如果企业上下所有员工都严格遵守高标准的道德行为准则，那么该合规风险的管理是最为有效的。

在企业内部要形成浓厚的合规文化，做到人人合规。所有员工都要有足够的职业谨慎、具有诚信正直的个人品行以及良好的风险意识和行为规范。企业内部要具有清晰的责任制和问责制，以及相应的激励约束机制，形成所有员工理所当然要为自身从事的职业和所在岗位的工作负责任的氛围，进而逐步形成工程建设企业的合规文化。企业加强合规文化建设应从以下四个方面努力：

（1）管理层的重视。

（2）全员合规理念的建立。一定要改变钻政策空子、打擦边球的观念，消除侥幸心理。

（3）合规部门与其他部门的配合、信息交流，实现资源共享，协同作战。

（4）合规考核机制的有效落实。

3. 合规政策

合规政策是企业体现合规理念，培育合规文化，制定实现合规目标的纲领性、指示性的文件，对企业开展合规工作提出了原则性要求。其内容包括：

（1）合规政策的制定。

企业的高级管理层（合规委员会）负责制定书面的合规政策，并根据合规风险管理状况和法律、规则、准则，以及项目所在地的政策、宗教和文化环境的情况适时修订合规政策，经董事会审议批准后传达给全体员工，定期评价各项合规政策和执行状况；若发现重大的合规问题，管理层必须立即向董事会汇报。

（2）进一步明确合规管理部门的职能。

为确保合规管理部门能在公司合规管理中充分发挥作用，对合规管理部门的责任至少应明确：①合规管理部门的功能和职责；②合规管理部门的权限；③合规负责人的合规管理职责；④保证合规负责人和合规管理部门独立性的各项措施，包括确保合规负责人和合规管理人员的合规管理职责与其承担的任何其他职责之间不产生利益冲突等；⑤合规管理部门与其他部门之间的协作关系；⑥设立分支机构合规管理部门或项目部合规管理部门的原则。

（3）合规政策的落实。

①高级管理层：负责贯彻执行合规政策，确保发现违规事件时及时采取适当的纠正措施，并追究违规责任人的相应责任。

②企业职能部门及各项目部：遵循企业合规政策，研究制定本部门或本项目决策和运作的各项制度流程并组织实施，定期对本部门或项目的合规风险进行评估，对其合规管理的有效性负责。

③合规管理部门：作为合规风险的日常管理部门，主要负责识别、评估和监控合规风险，并向管理层和董事会提出合规建议和报告。

4. 合规审核

通过审核，对于外部监督可能发现的问题及时自查自纠，以减少企业损失，避免可能受到的处罚。

合规审核的程序一般包括：制定合规审核机制、合规审核调查、合规审核评价，具体内容见表 7-2。

表 7-2　合规审核的程序及内容

程序	内　容
制定合规审核机制	制定合规审核计划，需要列出审核的目标、步骤和流程。
合规审核调查	合规人员开展内部合规审核时，可能出现内部人员不配合，刻意隐瞒实情的情况，需要合规部门人员进行审核调查，但审核调查手段不能干扰企业或项目的日常运作。
合规审核评价	合规审核工作需要进行阶段性的评估，可以由内部或外部人员进行，最终目的是改进合规部门的工作。

5. **合规审计**

企业合规管理职能应与内部审计职能分离。企业审计部门应对企业合规管理的执行情况、合规管理体系的适当性和有效性等进行独立审计。审计部门应将合规审计结果告知合规管理部门，合规管理部门也可根据合规风险的识别和评估情况向审计部门提出开展审计工作的建议。

6. **合规检查**

合规检查的主要对象是制度、程序和流程的执行情况，合规检查主要看企业各个层面，特别是施工项目部是否落实了合规要求，检查要点：

（1）企业各个层面是否按照相关法律法规和企业章程的规定履行职责，合规记录是否真实、准确、完整，是否按规定存档。

（2）合规问题的整改情况及违规责任人的处理情况。

（3）风险管理制度是否涵盖了不同风险控制环节。

（4）其他需要检查的内容。

7. **合规培训**

企业应将合规培训纳入员工培训计划，培训内容需随企业内外部环境变化进行动态调整。境外经营相关部门和境外分支机构的所有员工，均应接受合规培训，了解并掌握企业的合规管理制度和风险防控要求。决策层和高级管理层应带头接受合规培训，高风险领域、关键岗位员工应接受有针对性的专题合规培训。合规培训应做好记录留存。合规培训的内容包括但不限于：

（1）企业内部的员工守则和各项业务的合规制度。

（2）国际商业公约及项目所在国特定的合规要求。

（3）境内外合规案例警示教育。

8. 合规汇报、举报与投诉

合规负责人和合规管理部门应享有畅通的合规汇报渠道。合规管理部门应当定期向决策层和高级管理层汇报合规管理情况。汇报内容一般包括但不限于合规风险评估情况，合规培训的组织情况和效果评估，发现的违规行为以及处理情况，违规行为可能给组织带来的合规风险，已识别的合规漏洞或缺陷，建议采取的纠正措施，合规管理工作的整体评价和分析等。

如发生性质严重或可能给企业带来重大合规风险的违规行为，合规负责人或合规管理部门应当及时向决策层和高级管理层汇报，提出风险警示，并采取纠正措施。

企业应根据自身特点和实际情况建立和完善合规信息举报体系。员工、客户和第三方均有权进行举报和投诉。企业应充分保护举报人。

合规管理部门或其他受理举报的监督部门应针对举报信息制定调查方案并开展调查。形成调查结论后，企业应按照相关管理制度对违规行为进行处理。

企业各层级人员对违规行为应有制止的义务，企业应有合规投诉处理的渠道和制度，合规投诉处理的流程为：接收、审议、改进、反馈。合规投诉处理的措施包括：

（1）建立合规投诉渠道。

（2）建立合规投诉的管理办法或处理流程等制度，其中建议含保密、奖励等内容。

（3）规定相关处理极限范围、处理流程与时限等。

9. 合规考核

合规考核应全面覆盖企业的各项管理工作。合规考核结果应作为企业绩效考核的重要依据，与评优评先、职务任免、职务晋升以及薪酬待遇等挂钩。

境外经营相关部门和境外分支机构可以制定单独的合规绩效考核机制，也可将合规考核标准融入总体的绩效管理体系中。考核内容包括但不限于按时参加合规培训，严格执行合规管理制度，积极支持和配合合规管理机构工作，及时汇报合规风险等。

（1）建立考核目标。

企业应在相关部门和各层级建立合规目标作为考核依据。

企业策划如何实现合规目标时，应确定：

· 做什么；

· 需要什么资源；

· 谁负责；

· 何时完成；

· 结果如何评价。

（2）建立员工合规操守考核制。

建立包括合规操守、合规业绩考核在内的绩效管理体系。每年初根据境外企业项目建设和生产经营的实际情况，制定考核指标并与主要负责人签订责任书，采取“月度通报、季度考核、半年小结、年度清算”的考核机制，年底根据完成情况进行考核，合规业绩考核结果与企业工资总额、领导班子成员年薪和领导班子成员任职评价“三挂钩”。通过加强合规绩效考核，充分调动企业合规经营的积极性，促进资产的保值增值。将考核结果纳入年度绩效考核，与绩效工资挂钩，以增强员工合规意识，确保员工日常行为合规。

（3）建立违规问责制度。

对于发现的违规事件，要严格认定和追究违规行为人的责任，并采取有效的纠正措施，及时优化经营管理流程和修订相关规章制度，切实消除违规事件产生的负面影响。

10. **合规评价**

企业应定期对合规管理体系进行系统全面的评价，发现和纠正合规管理贯彻执行中存在的问题，促进合规体系的不断完善。合规管理体系评价可由企业合规管理相关部门组织开展或委托外部专业机构开展。

企业在开展效果评价时，应考虑企业面临的合规要求变化情况，不断调整合规管理目标，更新合规风险管理措施，以满足内外部合规管理要求。

（1）建立法律法规及其他要求适用表。

①合规性评价的基础工作是建立适用的法律、法规及其他要求清单。

②合规渊源，包括：

· 立法机构和监管机构的法律、规则和准则；

· 市场惯例；

· 行业协会的行业规则；

· 内部职员行为准则；

· 诚实守信和道德行为准则。

③合规渊源的获取渠道。

（2）建立法律法规及其他要求合规性评价表。

建立法律法规及其他要求合规性评价表的原则和方法。

（3）进行合规性评价。

①归口管理部门；

②评价频次；

③评价人员；

④评价依据；

⑤评价内容；

⑥评价记录；

⑦不合规处置。

（4）提出改进方法。

①企业合规性评价和改进建议表。

②撰写企业规章制度的修改建议书，应注意：

· 如果企业的规章制度体系文件与现行的法律法规有冲突，则必须对规章制度体系进行修改。

· 应通过与有关部门的沟通，了解企业规章制度这样规定的原因，并探讨有无可能提出既合乎技术原理又合乎法律法规的方法。

· 在建议书中，必须写明既有文件的哪一部分与法律法规存在冲突，并给出修改意见。

四、合规管理中的风险控制方法

合规风险是指企业或其员工因违规行为遭受法律制裁、监管处罚、重大财产损失或声誉损失以及其他负面影响的可能性。

合规管理部门应深入调查，梳理各操作岗位的工作规程，研究各岗位原有的内控风险、管理体系风险及法律风险，针对各环节隐藏的或者有可能发生的合规风险进行系统排查，并梳理成全面的合规管理风险。参照国家的法律法规、有关政策和行业标准规范，结合企业实际运营的情况，整理各业务领域需要遵守的法律法规和其他标准，结合上述排查的合规管理风险，细化业务操作标准，量化要求。之后，强调风险提示，列出哪些岗位会出现风险操作、风险级别、业务流程环节中容易出现风险的操作点以及风险控制措施，以便于业务操作人员在工作中能够有意地避开风险操作点，增强风险意识，加强自身责任感。这是企业达成合规要求，实现合规经营的根本策略。

整个风险管理过程是一个闭环系统（见图 7-1），随着风险应对策略的实施及风险监控过程中内外部环境或工作内容的变化，风险会出现许多变化。这些变化的信息可及时反馈，新的风险识别就能及时对新情况进行风险评估和分析，从而调整并实施风险应对策略。这样循环往复，保持风险管理过程的动态性，就能达到风险管理的预期目的。

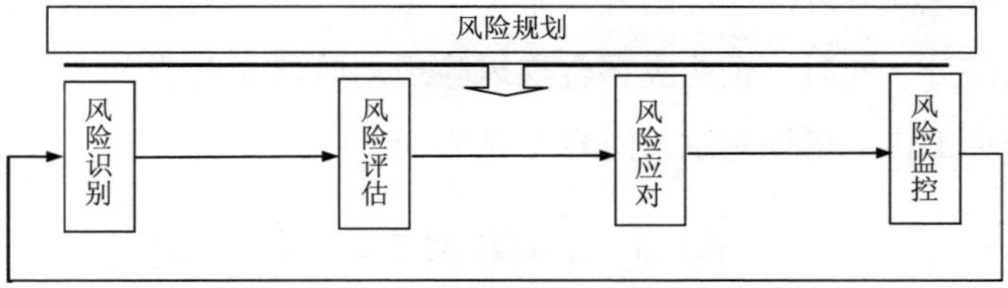

图 7-1　企业风险管理的全过程

（一）风险规划

风险规划是定义如何实施合规风险管理活动的过程，合规部门应该根据企业的业务类型、实施环境和人员特点，制定风险管理规划文档，即风险管理计划。该计划要与业务内容（如所承包的项目类型、项目战略优先级等）对企业和其他相关方的重要程度相匹配，其中特别需要注意的是业务（如工程项目承包）实施过程中关键相关方（如工程所在地政府、业主及企业自身领导层）对合规风险的容忍程度。

风险规划的内容应包括：

（1）确定合规风险管理的领导者和团队，明确其职责；

（2）确定合规风险管理活动所需资金及应急储备和管理储备的使用方案；

（3）确定在项目生命周期中实施合规风险管理过程的时间和频率；

（4）确定合规风险的分类方式和风险分解结构；

（5）记录各相关方的风险偏好度和风险临界值；

（6）根据具体的项目对风险的概率和影响进行定义；

（7）风险登记册、风险报告以及项目风险管理过程中的文档要求和内容格式等。

合规风险管理活动应纳入日常工作范畴，是合规管理工作的最重要组成部分。同时，企业应在合规风险规划阶段对各类相关人员做好合规培训工作。培训对象及内容见表 7-3。

表 7-3　合规培训对象及内容

序号	培训对象	培训内容
1	企业高层、高级合规官	如何建立企业合规管理体系
2	合规管理团队成员	合规管理团队的职责、应知应会等
3	从事境内经营的工程建设企业所有人员	境内合规要求、制度
4	从事境外经营的工程建设企业所有人员	境外合规要求、制度

可采取现场培训、书面培训、网络培训相结合的形式，由合规管理部门制定年度合规培训计划，由各业务部门提出培训需求，以工作

的实际需要为出发点，与岗位紧密结合，根据年度培训计划、国家政策法规的变化及企业业务发展需要实施培训，有计划、有目的地组织各种形式的合规培训，强化合规经营理念。

（二）风险识别

企业应当建立必要的制度和流程（风险规划），识别新的和变更的合规要求。企业可围绕关键岗位或者核心业务流程，通过合规咨询、审核、考核和违规查处等内部途径识别合规风险，也可通过外部法律顾问咨询、持续跟踪监管机构有关信息、参加行业组织研讨等方式获悉外部监管要求的变化，识别合规风险。

企业境外分支机构可通过聘请法律顾问、梳理行业合规案例等方式动态了解掌握业务所涉国家（地区）政治经济和法律环境的变化，及时采取应对措施，有效识别各类合规风险。

企业的合规风险识别工作应在整个经营过程中持续开展，并根据环境和业务特性的变化不断更新风险内容。

具体工程项目上的风险识别应以企业已识别的合规风险为基础，结合项目特性、所在地的环境（包含自然环境、社会环境、管理环境和作业环境）等因素，在合规管理部门的配合下，一同开展合规风险的识别。

可使用头脑风暴、核对单、访谈收集与风险相关的信息，通过根本原因、假设条件和制约因素、各种文件和 SWOT（优势、劣势、机会和威胁）等分析风险及其来源，召开专门会议讨论和完善风险的识别。具体识别风险的方法见表 7-4。

表 7-4 常见风险识别方法

名称	方式	说明
调查法	访谈	约访专家、工程管理人员，或通过实地观察走访等识别潜在的风险。
	专家会议讨论	通过成立风险管理专家小组，召开会议，利用其专业知识和经验识别潜在的风险。
头脑风暴法	自由联想讨论	组织一群人自由联想、讨论，发表自己的观点或看法，互不强制干预对方。
核查法	核查表	将之前相似项目发生过的风险归纳总结列成清单，核查拟建项目是否存在该类风险。
分解法	工作分解法（WBS）	将复杂的整体工程进行系统分解（单项工程-单位工程-分部分项工程-工序），分析潜在的风险和损失。
	风险分解法（RBS）	将整个工程的风险从不同的方面或层次分类，再将大类风险分解为具体的子风险。
	WBS-RBS	将复杂的工程工作和风险分别分解成简单、易于理解的基本单元，再将其耦合形成 WBS-RBS 矩阵，找出可能的风险因素。
情景分析法	场景假设	设想同一环境不同情境下可能出现的风险和其带来的损失。
假设条件和制约因素分析	实施条件审查	每个项目及其项目管理计划的构思和开发都基于一系列的假设条件，并受一系列制约因素的限制。开展假设条件和制约因素分析，来探索假设条件和制约因素的有效性，确定其中哪些会引发风险。从假设条件的不准确、不稳定、不一致或不完整，可以识别出威胁，通过清除或改变会影响项目或过程执行的制约因素，可以创造出机会。

续　表

名称	方式	说　明
流程图法	流程图	将项目划分为连续的作业流程，再将各个作业流程划分为若干个具体板块，分析各板块中潜在的风险。
SWOT 分析	多维度进行分析	项目的优势、劣势、机会和威胁（SWOT）进行逐个检查。
文件分析	历史资料分析	通过对企业或项目以往文件的结构化审查，可以识别出一些风险。可供审查的文件包括计划、假设条件、制约因素、以往项目档案、合同、协议和技术文件。

1. 合规风险识别的领域

企业识别、分析和评估合规风险可以从重点领域、重点环节、重点人员三方面考虑。

（1）重点领域：市场交易、商业伙伴、安全环保、施工质量、劳动用工、财务税收、知识产权、反腐、诚信与反贿赂。

（2）重点环节：重要决策事项事前合规审查。境外施工重大决策、重大合同、大额资金管控、境外子企业公司治理等。

（3）重点人员：管理人员、高风险岗位、海外人员。

2. 合规风险识别的框架

全面识别合规风险的一个良好方法是通过风险分解（RBS）建立合规风险识别框架。

（1）合规风险 RBS 建议，参见表 7-5。

表 7-5　不同类型风险需合规的内容或风险点

类别	需合规的内容或风险点
国际条约、惯例和协议合规风险 相关的规定主要来自联合国（UN）、国际劳工组织（ILO）、世界知识产权组织（WIPO）、国际标准化组织（ISO）、社会责任国际（SAI）、国际商会（ICC）、世界银行（WB）、石油输出国组织（OPEC）等	·合同管理：FIDIC 条款、NEC 合同条款、JCT 合同条款、AIA 系列合同条件等； ·劳工权利：《国际劳工组织宪章》、《建筑业安全和卫生建议书》、《1990 年夜间工作公约》、SA 8000 等； ·知识产权：《保护工业产权巴黎公约》《专利合作条约》《世界版权公约》等； ·环境保护：《生物多样性公约》《控制危险废物越境公约》《联合国气候变化框架公约》《巴塞尔公约》等； ·财务报告：《COSO 全面风险管理框架》《COSO 内部控制整合框架》等； ·国际贸易：《国际贸易术语解释通则》《商业跟单信用证统一惯例》等； ·诚信与反贿赂：《世界银行诚信合规指南》《海外反腐败法》等； ·……
国家（地区）性合规风险	·美国的《海外反腐败法》《针对机构实体联邦量刑指南》《萨班斯-奥克斯利法案》； ·美国的“长臂管辖”司法判例； ·所在国出于国家安全和国家利益作出的行政决定；如美国把华为公司列入出口管制“实体名单”； ·所在国及地区出入境相关规定； ·驻所在国使领馆的规定和要求； ·……

续　表

类别	需合规的内容或风险点
宗教、文化和习俗合规风险	· 基督教； · 伊斯兰教； · 佛教； · 当地的其他教派和习俗； · ……
国内施工企业涉及的主要法律、法规合规风险	1. 法律 《中华人民共和国建筑法》《中华人民共和国安全法》《中华人民共和国消防法》《中华人民共和国合同法》《中华人民共和国招标投标法》《中华人民共和国土地管理法》《中华人民共和国城乡规划法》《中华人民共和国环境保护法》《中华人民共和国环境影响评价法》《中华人民共和国保险法》《中华人民共和国劳动法》等。 2. 行政法规 《工程建设质量管理条例》《工程建设安全生产管理条例》《工程建设勘察设计管理条例》《中华人民共和国土地管理法实施条例》等。 3. 部门规章 《工程监理企业资质管理规定》《注册监理工程师管理规定》《工程建设监理范围和规模标准规定》《建筑工程设计招标投标管理办法》《房屋建筑和市政基础设施工程施工招标投标管理办法》《评标委员会和评标方法暂行规定》《建筑工程施工发包与承包计价管理办法》《建筑工程施工许可管理办法》《实施工程建设强制性标准监督规定》《房屋建筑工程质量保修办法》《房屋建筑工程和市政基础设施工程竣工验收备案管理暂行办法》《工程量清单计价规范》《工程建设施工现场管理规定》《建筑安全生产监督管理规定》《工程建设重大事故报告和调查程序规定》《城市建设档案管理规定》《增值税暂行条例实施细则》等。

续 表

类别	需合规的内容或风险点
国内外行业专业技术合规风险	指针对不同的行业、不同质量控制对象制定的专业技术规范文件。包括规范、规程、标准、规定等，如：工程建设项目质量检验评定标准，有关建筑材料、半成品和构配件质量方面的专门技术法规性文件，有关材料验收、包装和标志等方面的技术标准和规定，施工工艺质量等方面的技术法规性文件，有关新工艺、新技术、新材料、新设备的质量规定和鉴定意见等。
企业内部制度和流程合规风险	·公司章程； ·公司制度和业务流程； ·工艺流程和操作手册； ·……

（2）全面风险识别 RBS 建议，见表 7-6 至表 7-17。

表 7-6　境外工程建设企业全面风险识别框架（RBS 0 级）

序号	层次	风险类型
1	国家层面	经济风险、政治风险、社会风险、自然风险、法律风险
2	项目层面	招投标风险、设计风险、施工风险、采购风险、业主方风险
3	企业层面	融资风险、资金风险、组织结构风险、人力资源管理风险

表 7-7 国家层面：经济风险清单（RBS 1~2 级）

序号	风险因素	风险源
1	经济发展	所在国经济 GDP 总量及发展趋势如何？经济产业结构是怎样的？经济发展规划和政策有哪些？
2	通货膨胀	所在国通货膨胀率是多少？是否得到有效控制？发展趋势如何？国家的货币政策如何？
3	政府财政和债务	政府财政收入、来源及占比是多少？政府财政收支情况如何？政府外债与内债情况如何？政府外汇收入、来源及储备情况如何？
4	市场竞争	政府投资和私人投资情况如何？市场竞争激烈情况如何？市场竞争者来自哪些国家？中国企业的市场份额、分布领域和竞争优势怎样？
5	汇率变化	所在国采用何种货币？是否是国际货币？与美元的兑换比率是否稳定？汇率的发展趋势怎样？
6	外汇管制	所在国是否是外汇管制国家？所在国的外汇储备怎样？外汇管制的对象是哪些？外汇管制的范围有哪些？
7	华人经济团体影响	所在国是否存在华人商会或经济团体？这些商会团体对所在国经济的影响力如何？与当地政府和社会组织团体的关系如何？
8	商业银行合作	所在国的主要商业银行有哪些？银行的资信、业务及收费、效率情况如何？外国人可否开立银行账号和可办理的业务情况有哪些？

表 7-8 国家层面：政治风险清单（RBS 1~2 级）

序号	风险因素	风险源
1	政治制度	所在国政治体制是哪种（民主共和制/君主立宪制）？所在国民主程度如何？是否存在以及多大程度的独裁？政治权力在各组织机构之间如何划分？

续 表

序号	风险因素	风险源
2	政党及政策	所在国的政党情况如何？是一党制、两党制还是多党制？主要政党有哪些？主要政党对国家政策和政治权利的影响怎样？执政党及其他政党对华态度怎样？
3	国家信誉	所在国的国际信誉如何？是否有国家信用评级？评级情况如何？
4	政府腐败	所在国政府廉洁情况如何？腐败行为严重程度如何？政府是否就腐败问题采取打击措施？政府打击力度和决心怎样？
5	政策连续性	国家政策是否稳定？近几届政府更迭过程是否稳定？新政府对原政府行为（各项政令及外交政策）继承是否完整及政策是否稳定？
6	政局稳定性	国家政局是否稳定？影响国家政局稳定的主要因素有哪些？
7	战争或内乱	所在国是否存在反政府武装或恐怖组织？其破坏活动近年来是否频繁？国家是否已采取军事行动？未来的安全形势会如何？
8	国家关系	所在国周边国家政局是否稳定？其与周边国家关系如何？国际上有无敌视国？中国在该国是否设有大使馆？其与中国合作情况如何？
9	舆论风险	我方在项目所在国设立的机构是否建立了舆情监控机制？
10	工程协会	所在国是否存在工程协会？工程协会的作用及其对市场的影响如何？
11	紧急事故应对	我方在所在国设立的机构是否建立了紧急情况的应对机制？包括哪些具体的应急保障措施？

续 表

序号	风险因素	风险源
12	项目安保	我方在所在国设立的机构是否建立了安全保障管理制度？当地是否有专业的安保公司？费用如何？当地政府可否提供安保力量？
13	市场歧视	建筑市场对外国承包商的态度如何？中资企业在当地受欢迎程度如何？

表 7-9　国家层面：社会风险清单（RBS 1~2 级）

序号	风险因素	风险源
1	民族冲突	所在国有多少民族？各民族之间的关系如何？主要民族占人口比例及其对国家政治、社会的影响？
2	宗教冲突	所在国有无宗教信仰？具体信仰哪些宗教？宗教之间的关系如何？宗教对国家政治、社会、文化等的影响程度如何？
3	风俗禁忌	所在国有哪些风俗习惯？禁忌有哪些？
4	法定假日	所在国有哪些法定节假日？法定假日多不多？节假日如何分布？
5	劳工素质	社会教育体系是否完善？教育是否普及？公民受教育程度如何？
6	交流障碍	所在国官方语言是什么？较为通行的外国语言有哪些？
7	医疗卫生	所在国医疗保障体制是否健全？医疗水平和伤病费用成本如何？
8	社会治安	社会治安状况如何？偷盗、抢劫等暴力犯罪率高不高？

表 7-10　国家层面：法律风险清单（RBS 1~2 级）

序号	风险因素	风险源
1	法制差异	所在国属于英美法系、大陆法系还是其他法系？
2	法制不健全	所在国的国家立法程序如何？法制是否健全？基本法律有哪些？法律法规调整是否频繁？
3	公民法律意识	当地法律文件是否易于获取？公民法律意识怎样？公民犯罪率如何？
4	执法风险	所在国执法部门法律执行力度如何？执法是否公正？
5	司法风险	司法环境如何？司法是否公正？司法效率如何？诉讼成本如何？
6	国际法约束	是否与中国签订双边或多边条约？是否共同加入某种国际组织？
7	公司法风险	所在国关于公司设立及治理的相关法律法规有哪些？主要规定是怎样的？
8	进口管理	所在国对进口程序和手续有哪些规定？海关检查是否严格？清关效率怎样？
9	外籍劳务限制	所在国关于外籍劳务的法律法规有哪些？是否对外籍劳务有明确的限制？外籍劳务需要办理哪些签证和手续？
10	外商投资法	所在国关于外商投资的法律法规有哪些？主要规定是怎样的？
11	投标法规	所在国关于投标的法律法规有哪些？主要的规定是怎样的？
12	合同法	所在国关于合同的法律法规有哪些？主要的规定是怎样的？
13	劳动法	所在国关于劳动关系、职业安全健康的法律法规有哪些？主要的规定是怎样的？对工人加班的时间和费用有何规定？

续 表

序号	风险因素	风险源
14	税法风险	所在国关于税收制度的法律法规有哪些？主要规定是怎样的？税率如何？对外国承包商有无优惠？税法是否定期修改？
15	环保法	所在国关于环境保护的法律法规有哪些？主要规定是怎样的？对于破坏环境行为的惩罚是怎样的？
16	企业资质管理	所在国关于建筑企业资质管理的法律法规有哪些？主要的规定是怎样的？资质分为几类几级？资质申请的程序和所需的材料有哪些？
17	工程纠纷管理	所在国关于诉讼、仲裁等争议解决方式的相关法律法规有哪些？主要的规定是怎样的？
18	所在国仲裁机构	所在国仲裁机构有哪些？这些机构的国际影响力、公正性、收费情况如何？
19	国际仲裁有效性	所在国是否为纽约公约成员？外国仲裁裁决在该国承认和执行情况如何？
20	法律资源获取	所在国的法律资源如何？有无国际知名律所？本国律师的水平和能力怎样？律师收费如何？该国有无知名的工程咨询专家和税务顾问专家？

表 7-11　国家层面：自然风险清单（RBS 1~2 级）

序号	风险因素	风险源
1	自然灾害	所在国自然灾害现象（地震、洪灾、旱灾、火山、台风等）是否严重？是否常年缺水？
2	气候恶劣	全年降雨量和气温如何？是否有明显的旱季和雨季？雨季和旱季分别是哪些月份？夏季的最高平均温度和冬季的最低平均温度是多少？

续 表

序号	风险因素	风险源
3	水文地质	所在国的地形地貌如何？水文地质条件是否复杂？
4	传染疾病	所在国是否为传染疾病高发区？主要的传染疾病有哪些？病情是否得到有效控制？公民的疾病防范意识如何？
5	生态保护	所在国是否注重对生态的保护？项目是否经过生态保护区？

表 7-12　项目层面：招投标风险清单（RBS 1~2 级）

序号	风险因素	风险源
1	投标程序	建筑市场投标的基本程序是什么？公正性如何？外国企业投标需要做哪些准备？
2	投标政策	所在国对本国企业和外国企业投标的政策是否不一样？具体政策是怎样的？
3	业主手续	业主的行政审批手续是否齐全？
4	工程量和工程范围	合同中关于工程项目内容描述是否清楚？是否存在可凭借推测和想象而导致工作范围扩大的成分？工程量是否有清单？
5	合同报价	合同计价方式约定是否明确？是固定总价合同还是可调总价合同？合同中有无关于价格调整方式的条款？合同价格包含的风险费是否足够？
6	融资要求	合同中是否要求承包商融资？融资额度是否超过企业规定标准？
7	保函担保	业主是否要求承包商提供保函担保？需要提供哪些保函？保函失效、失效条件及担保金额约定是否明确？
8	预付款约定	合同中是否约定工程预付款？预付款的比例是多少？预付款支付形式是什么？

续 表

序号	风险因素	风险源
9	进度款支付约定	合同中是否约定工程进度款的审批及支付时限？进度款的支付方式是什么？是否约定发包人未按时支付工程进度款的违约责任？
10	工程尾款支付约定	合同中是否约定工程尾款的审批和结算时限？工程尾款的支付方式是什么？是否约定发包人未按时支付工程尾款的违约责任？
11	质保金支付约定	合同中是否约定质量保修期和期满后工程质量保修款的清算和支付时限？
12	竣工结算约定	合同中是否约定工程竣工验收的条件？是否明确规定竣工结算审核单位和审核时限？是否约定中间结算和结算时限？
13	付款形式	合同工程款结算的币种有哪些？业主以何种方式付款？
14	工程变更	是否约定工程变更、洽商、签证价款的审批和支付时限？
15	违约赔偿	合同对双方违约的责任是否作出明确的规定和量化？是否约定赔偿的条件和形式？
16	条款不平等	业主是否特意将自身承担的风险定义模糊化？风险范围是否缩小？是否将一些不可抗风险全部强加给承包商？
17	条款不严谨	合同对一些重要性条款有没有清晰的定义？规定是否详细？前后是否存在矛盾？
18	合同条款误解	合同条款翻译是否正确？双方就条款的理解是否进行沟通并达成一致？
19	业主免责	合同条款关于业主责任的要求是否明确？有无具体的制约措施？

表 7-13　项目层面：设计风险清单（RBS 1~2 级）

序号	风险因素	风险源
1	设计标准	业主要求使用的设计标准规范是哪些？是中国标准、欧美标准还是所在国自身标准规范？设计分包商对国外标准规范的熟悉程度？
2	设计技术	设计院或分包商的资质如何？是否做过海外工程的设计？设计团队人员组成结构是否合理？设计人员的设计经验如何？
3	设计资料	业主提供的资料信息是否真实、完整，有无及时更新？承包商是否亲自到项目现场勘察过？勘察资料的深度和广度是否满足设计要求？
4	设计方案	承包商是否深入研究业主提出的技术指标和要求？设计方案是否合理？业主是否会因喜好任意要求承包商改变设计方案？业主对设计方案的审批效率如何？
5	设计变更	设计分包商是否正确理解业主的概念要求？业主对项目的要求是否一次性交代清楚？
6	衔接风险	设计部门的时间安排是否合理？与采购部门、施工部门工作的衔接是否顺畅？

表 7-14　项目层面：采购风险清单（RBS 1~2 级）

序号	风险因素	风险源
1	本地材料设备供应	所在国有无项目所需的材料设备？当地材料的质量能否达到项目要求？当地的材料生产能力和设备生产效率能否满足项目的需求？材料和设备的价格怎么样？
2	材料设备采购计划	各种材料和设备的采购来源是否合理安排（当地、中国还是第三国）？每次材料采购数量是否经济？采购计划是否合理和灵活？

续 表

序号	风险因素	风险源
3	供货商供货	供货商的信誉情况怎么样？供货数量和质量是否有保障？能否及时供货？供货规格是否与项目匹配？售后服务怎么样？
4	物流运输	物资运输形式和成本如何？运输速度和安全性如何？货物运输损耗大不大？清关手续是否复杂？货物是否在所在国进口管制名单内？
5	物价上涨	材料设备价格是否上涨？跨国采购时货币汇率是怎样的？
6	采购报价	业主是否指定供货商？供货商的数量是多少？承包商询价是否方便？供货商报价是否合理？供货商会不会坐地起价？

表 7-15　项目层面：施工风险清单（RBS 1~2 级）

序号	风险因素	风险源
1	施工技术	技术交底是否清楚？施工工艺是否落后？专项施工方案是否得到论证以及效果如何？有无采用新工艺和技术？
2	安全措施	现场安全措施是否到位？执行力如何？是否安排专职安全巡视员？
3	施工人员管理	施工人员素质如何？施工人员是否服从安排？施工人员是否会盗窃材料设备？施工人员是否会集体要求涨薪或罢工？施工人员是否接受加班安排？
4	分包商管理	分包商之间的施工界限是否清晰？分包商进场安排是否合理？与分包商之间的沟通是否顺畅？有无做好各分包商之间的协调？
5	材料设备管理	现场材料设备是否有专人看管？设备的保养怎样？材料的进场是否及时？设备之间的调度是否协调？

续 表

序号	风险因素	风险源
6	基础设施	施工现场供水供电是否充足？交通方不方便？
7	施工组织	施工方案是否可行？施工进度计划是否科学？施工现场平面布置是否合理？
8	施工影响控制	施工过程中有无注意保护周围的生态环境？有无干扰到周围居民的生活？有无对周围建筑和地下管线造成影响？
9	劳工流动	当地的劳工是否充足？劳工的流动性大不大？
10	技术文件翻译	公司是否拥有既会说当地语言又懂工程技术的人才？技术文件的翻译与原文贴近程度如何？
11	项目目标管理	项目目标分工是否明确？是否制定严格的项目目标管理体制？项目目标管理计划是否严格执行？

表 7-16　项目层面：业主方风险清单（RBS 1~2 级）

序号	风险因素	风险源
1	业主支付不及时	业主拖欠工程进度款和竣工结算款的情况？业主对承包商的请示回复情况？
2	业主干预	业主是否强行干预项目的管理？发出一些不合理的指令？
3	需求变更	业主会否因经济问题减少项目工作量或范围？业主是否要求承包商执行合同规定之外的工作？

表 7-17　企业层面：企业风险清单（RBS 1~2 级）

序号	风险因素	风险源
1	融资风险	企业的融资能力如何？融资渠道有哪些？融资是否得到国家支持？

续 表

序号	风险因素	风险源
2	资金短缺	企业的资金运转是否正常？是否有足够的资金维持垫资施工？
3	人力资源管理	企业雇佣当地员工和国内员工的规划是否合理？员工的培训计划和费用如何？薪酬制度是否透明公正？
4	企业内部组织管理	企业的管理团队是否团结？内部是否拉帮结派？与当地建筑企业是否存在腐败交易？管理人员结构安排是否合理？各自的责任与权力是否明确？
5	组织结构	企业项目组织机构采用何种形式？机构设置是否合理？

3. 风险识别的结果

风险识别的最终的成果是建立风险登记册，记录已经识别的风险、潜在的风险责任人和潜在的风险应对措施。

（三）风险评估

风险评估是指根据工程所处的环境，风险管理人员应用统计、概率分析等方法对已识别风险的发生概率和影响进行综合分析的过程。其主要目的是对风险进行优先级排序，筛选出重点关注的高优先级风险。

企业应通过考虑不合规的原因、来源、后果的严重程度及其后果发生的可能性进行合规风险评估。后果包括（不限于）：个人和环境伤害、经济损失、声誉损失和行政责任等。

企业可根据企业的规模、目标、市场环境及风险状况确定合规风险评估的标准和合规风险管理的优先级。

企业进行合规风险评估后应形成评估报告，供决策层、高级管理层和业务部门等使用。

风险具有动态性、紧迫性、临近性、潜伏性、可控性、连通性、可监测性、可管理性、不确定性、相对性、突发性等众多特性。传统的风险评价方法大都认为风险度为风险发生概率 P 与风险损失 I 的乘积，即 $R=P\times I$ 。这种分析方法仅从概率和损失两个维度来评价风险，不能全面反映风险的发生过程和规律，可能会导致错误的结果。有必要将风险分析从两维向三维甚至多维拓展，也就是除了考虑风险发生的概率和风险损失，还需考虑风险的可控性、紧迫性、临近性等风险特性指标，用风险特征向量表示如下：

$R=(R_1,R_2,R_3,R_4,R_5\cdots)$ =（概率、损失、可控、紧迫、临近……）

风险各评价维度的具体含义如下：

（1）发生概率：风险在工程全过程中发生的可能性大小。

（2）损失：风险发生后影响工程进度、质量、成本等目标而造成的损失，以及连带给企业的经济损失、声誉损失和行政责任等。

（3）紧迫性：为有效应对风险而必须采取应对措施的时间段。时间短就说明紧迫性高。

（4）邻近性：风险在多长时间后会影响一项或多项项目目标。时间短就说明邻近性高。

（5）可管理性：风险责任人（或责任组织）管理风险发生或影响的容易程度。如果容易管理，可管理性就高。

（6）可控性：风险责任人（或责任组织）能够控制风险后果的程度。如果后果很容易控制，可控性就高。

（7）可监测性：对风险发生或即将发生进行监测的容易程度。如果风险发生很容易监测，可监测性就高。

(8) 连通性：风险与其他风险存在关联的程度大小。如果风险与多个其他风险存在关联，连通性就高。

(9) 战略影响力：风险对组织战略目标潜在的正面或负面影响。如果风险对战略目标有重大影响，战略影响力就大。

(10) 密切度：风险被一名或多名相关方认为要紧的程度。被认为很要紧的风险，密切度就高。

值得说明的是，并不是每一个风险特性都需要考虑，除概率和损失外，其他的特性根据项目的情况进行选择，并设定相应的权重。各项评分应由经验丰富的专家进行打分，评分的标准应在风险规划中设定，多位专家的多重评分会显著提高风险评估的准确性。表 7-18 是风险评估模型示例。

表 7-18 风险评估模型（示例）

风险 10 分制	维度	概率	损失	可监测性	紧迫性	…	综合 评分	优先级
	权重	30%	30%	5%	5%	…		
风险 A	—	9	8	8	8	…	8.3	1 级
风险 B	—	7	8	5	6	…	6.5	3 级
	…							

(四) 风险应对

企业应建立健全合规风险应对机制，对识别评估的各类合规风险采取恰当的控制和处置措施。发生重大合规风险时，企业合规管理机构和其他相关部门应协同配合，依法及时采取补救措施，最大程度降低损失。必要时，应及时报告有关监管机构。

合规风险的应对主要从五个大方面考虑，即风险上报、风险规避、风险减轻、风险接受和风险转移。详见图 7-2。

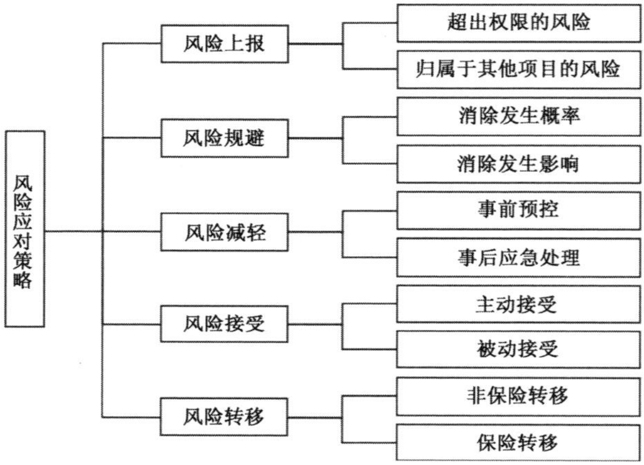

图 7-2　风险应对方案框架图

1. 风险上报

如果某风险不在职责范围内，或提议的应对措施超出了责任人能力或权限，就应该采用上报策略。被上报的风险将在相应的相关部门加以管理。而风险责任人确定应就风险通知哪些人员，并向该人员或组织部门传达关于该风险的详细信息。

上报策略带来的好处是能在更高层次进行统筹管理，能调动更多的资源来响应风险。合规管理人员应该充分意识到上报并不是责任推诿，也更应清楚地意识到如果在超出职权能力范围内自行管控风险或是瞒报而导致风险没有得到及时有效处理，都将导致最终的失控。

2. 风险规避

风险规避是指采取行动来消除威胁，避免受威胁的影响。规避策略其应对的核心是“阻断”，即把概率降低到零；或者风险发生了，主体也会受保护而不受影响。

某些合规风险发生概率和损失都很大，但又没有经济有效的措施来减小风险，合规管理人员就应该采取放弃项目或原计划，或者改变目标，避免损失。

采取风险规避策略常需同时满足以下三点：

（1）对合规风险要有足够的认识和把握。

（2）该风险发生的概率很高，带来的后果很严重。

（3）采用其他应对策略的代价超过风险所带来的经济效益，只有采取风险规避才能将项目损失降到最低。

但运用该策略时也须认识以下三点：

（1）风险是始终都存在的，规避这个风险可能会面对另外一个新的风险。

（2）规避风险也就丧失了从该风险中获取利益的机会。

（3）风险规避要把握最佳时机，当断则断。

正如上所述，在采取规避策略的时候，往往需要付出相对较大的代价，因此在制定策略的时候需要考虑经济性和可行性的权衡，如果无法完全规避，可以考虑强化其他策略。

3. 风险减轻

风险减轻是指采取措施来降低威胁发生的概率和（或）影响，最终使风险在可控范围内。当风险应对目标是只需可防可控时，或对于需要完全消除风险（高风险），但因风险特性或其他因素无法采取规避措施时，优先采用减轻策略。

采取减轻策略，在具体应对方案的制订时，从决定风险严重性的因素入手，通过强化过程控制来降低概率和损失。

减轻策略一般包括事前控制和事后控制。事前控制是指通过制定防范性措施来降低风险事件发生概率的行为，分为有形的和无形的。

有形的措施如高空作业人员必须系安全带，脚手架挂安全网；进场人员须戴安全帽；易燃易爆材料远离办公场所等。无形的措施如对现场工作人员进行风险教育，制定严格的风险管理制度，采取多种货币结算方式等。事后控制是指通过制定应急处理计划来尽量减小风险事故所造成的损失或抑制事故进一步发展的行为。相应的措施如调整施工进度和材料设备采购计划；准备索赔证据，计算索赔金额，递交索赔报告；查看项目资金链运转状况，调整融资计划等。

4. 风险接受

风险接受，又称为风险自留。

风险接受是指承认风险的存在，事前不主动采取措施，因此它不改变风险的概率和损失，是依靠自身的力量来承担风险事故损失的行为。此策略可用于低优先级威胁，也可用于无法以任何其他方式加以经济有效应对的威胁。对于采用接受策略（暂时不管它）的风险，有两种建议，一是为它建立应急储备，包括预留时间、资金或资源以应对出现的威胁；二是定期审查，确保其并未发生重大改变。

5. 风险转移

转移涉及将应对威胁的责任转移给第三方，让第三方管理风险并承担威胁产生的影响。采用转移策略，通常需要向承担威胁的一方支付风险转移费用。购买保险、使用履约保函、使用担保书或保证书是转移的最常见手段。

该行为并不能减小风险发生的概率和损失，而只是将风险损失转移给最有能力承担或控制的其他组织或个人。一般分为保险转移和非保险转移。

保险转移是指项目主体通过购买工程保险来将风险转移给保险公司。常见的保险转移措施有：建筑工程一切险、安装工程一切险、社会保险、车险、汇率险等。

非保险转移是指项目主体通过签订合同将风险转移给对方。该方法能够转移那些不可投保但被转移者长于该类风险管理的风险。但要注意被转移者的财务能力，一旦无法承受风险带来的损失而破产，那么最终的损失仍由转移者承担。此外为确保风险转移的顺利落实，在合同中须明确规定双方的权利与责任。常见的非保险转移措施有：工程分包、转包、担保、出售；技术转让；设备租赁；免责合同等。

（五）风险监控

监控风险是在整个项目期间，监督商定的风险应对策略的实施、跟踪已识别风险、识别和分析新风险，以及评估风险管理有效性的过程。

由于在项目实施过程中合规风险是不断变化的，企业应落实监控措施，管理合规义务和对应的合规风险，实现预期的行为。

采取有效的监控措施确保满足合规义务，能够预防或发现不合规事件并纠正。充分而严格地设计各类、各层次的监控措施，以促进企业的活动和运行环境实现合规义务。

比如，控制包括：

· 清晰、实用并易于遵循的文件化运行方针、程序、过程和操作指示；

· 系统和异常报告；

· 审批；

· 划分有冲突的角色和职责；

· 自动化过程；

· 年度合规计划；

· 员工绩效计划；

· 合规评估和审核；

· 管理层的承诺和促进合规行为的其他措施；

· 对预期的员工行为（标准、价值观和行为准则）进行主动、公开且经常的沟通。

风险监控方法如下：

（1）风险审计：专人督察风险监控机制的执行情况，并定期对风险执行过程进行审核。

（2）风险审查会：定期召开合规风险的审查会，来检查和记录风险应对策略的有效性。在风险审查中，还可以识别出新的合规风险，并及时制定应对措施。

（3）技术指标分析：比较计划技术指标与实际技术指标之间的差异。

（4）风险预警监督：度量项目在运作过程中某指标偏离预警线的强弱程度、发出预警信号并提前采取防范措施。

结 语

开展境外经营是中国企业实现企业发展战略，参与“一带一路”建设，推进中国与世界各国互利共赢的重要方式。强化合规经营意识是企业海外经营行稳致远的前提。

不论国内还是国外，廉洁、合规都已成为世界范围内对企业的基本要求，国际机构以及国家、行业组织等各个层面的监管力度都将越来越大，企业依法合规经营已经成为当今企业治理的国际趋势。中国的工程建设企业也应当积极顺应国际趋势，认识到建立合规制度、强化合规监管的重要性，努力建设和实施符合国际标准的合规经营制度。

我国工程建设企业在“走出去”过程中，因不合规被处罚的案例比比皆是，而在海外失败项目中的经验教训，往往具有很高的相似度。“屁股出去了，脑袋还留在国内”，这十分形象而深刻地概括了合规问题的成因。我国工程建设企业在国内市场的技术、工期等方面创造了一系列的工程奇迹，但是我们必须清楚地认识到，这些“奇迹”的产生是依赖中国这个得天独厚的市场环境，占尽“天时、地利、人和”，一旦脱离了这个熟悉的市场环境，丧失了赖以创造“奇迹”的土壤，中国承包商很难复制“中国速度”。

我国工程建设企业在几十年“走出去”的过程中所形成的经验，往往是以高成本作为代价的。而用高成本换来的境外工程经验，又常常是低效率的。一方面，获得经验的往往是个人，而个人的经验很难转化为组织合规体系的一部分，常常出现“人走了，经验也被带走了”的怪现象。然后，企业又不得不重新开始“交学费”和积累教训，很少能够像成熟的国际承包商那样，及时把经验和教训总结、固定下来，形成失败项目的案例库。另一方面，我国“走出去”的工程企业之间难以建立有效的沟通交流机制，个别企业的经验教训难以成为整个行业的共同财富。如果不能突破这种重蹈覆辙的恶性循环，我们所付出的“学费”会更加惊人。

因此，我们编制了本书，该书是境外合规经营的经验总结，期望能通过我们的努力，把大家的经验串联起来，能使境外经营人员及企业，对境外各国的经营方式及合规要求有总体的了解；同时，希望通过本书，加强企业对合规意识、合规文化及合规具体要求方面的重视。

附录

附录1　刚果（金）部分政府部门和相关机构一览表

序号	机构名称	网　　址
1	国务部（总理府）	www. primature. cd
2	国民议会	www. assemblee-nationale. cd
3	参议院	www. senat. cd
4	国家投资促进署	www. investindrc. cd
5	预算部	www. budget. gouv. cd
6	财政部	www. finances. gouv. cd
7	计划部	www. plan. gouv. cd
8	矿业部	www. mines-rdc. cd
9	石油部	www. hydrocarbures. gouv. cd
10	卫生部	www. minisanterdc. cd
11	司法部	www. justice. gouv. cd
12	经济部	www. economie. gouv. cd
13	海关总署	www. douane. gouv. cd
14	农业部	www. minagri. gouv. cd
15	中央银行	www. bcc. cd
16	税务总局	www. dgi. gouv. cd
17	检验检疫署	occ. cd

续　表

序号	机构名称	联系方式
18	移民局	www. dgm. cd
19	环境与可持续发展部	www. medd. gouv. cd
20	邮电监管局	www. arptc. gouv. cd
21	数字部	www. numerique. gouv. cd
22	保险监督管理局	www. arca. cd

附录2　刚果（金）主要商协会联系方式

序号	商协会名称	联系方式
1	刚果（金）企业联合会	网址：www. fec-rdc. com
2	刚果（金）矿业商会	网址：www. chambredesminesrdc. com
3	刚果（金）中资企业协会	电话：+243-852845666（秘书处）
4	刚果（金）中资矿业企业协会	电话：+243-972568888（秘书处） 地址：33A，Av LOFOI，Q/Golf. C/Lubumbashi，Haut-Katanga

附录3　刚果（金）主要中资企业一览表

序号	企业名称
1	中国海外工程有限责任公司
2	中刚基建股份有限公司
3	中铁七局刚果（金）分公司
4	中铁八局刚果（金）分公司
5	中铁九局刚果（金）分公司
6	中国水电一局
7	中国水电二局
8	中国江西国际经济技术合作公司刚果金有限公司
9	中水电十四局刚果分公司
10	中交一局刚果（金）公司
11	刚果（金）正威公司
12	保利长大刚果（金）项目部
13	中地工程集团公司刚果（金）公司
14	中材国际刚果（金）公司
15	中国建材天津水泥院
16	泛华建设集团刚果（金）公司
17	中国西电刚果（金）公司中江国际集团刚果金公司
18	葛洲坝集团股份有限公司中国西电刚果（金）公司

续 表

序号	企业名称
19	江苏省建工集团刚果（金）分公司葛洲坝集团股份有限公司
20	北京住总集团有限公司刚果（金）子公司江苏省建工集团刚果（金）分公司
21	中国航空技术北京有限公司北京住总集团有限公司刚果（金）子公司
22	中国土木工程集团有限公司刚果（金）分公司中国航空技术北京有限公司
23	华刚矿业股份有限公司
24	中国中铁资源刚果（金）分公司
25	中刚开发股份有限公司
26	金川集团梅特瑞斯公司
27	五矿资源有限公司
28	上海鹏欣刚果（金）希图鲁矿业有限责任公司
29	浙江华友钴业有限公司
30	安徽刚果（金）鼎盛矿业股份有限公司
31	中色矿业香港控股公司（刚果）
32	紫金矿业刚果（金）公司
33	山西地矿刚果（金）分公司
34	中国有色集团刚果矿业有限公司
35	洛阳栾川钼业集团股份有限公司
36	北方工业公司拉米卡矿业股份有限公司
37	中色卢阿拉巴铜矿冶炼有限公司
38	北方工业公司科米卡矿业简易股份有限公司
39	北方矿业技术服务股份有限公司

续 表

序号	企业名称
40	刚果（金）中矿资源有限公司
41	刚果盛屯资源有限责任公司
42	华鑫有限责任公司
43	寒锐钴业刚果迈特利卡西分公司
44	凯鹏矿业股份有限公司
45	金诚信金鑫矿业股份有限公司